KB268784

異文化圈間의 커뮤니케이션

韓·日間의 言語的·非言語的 表現을 中心으로

高大坤 著

머 리 말

系統을 거의 같이 한다고 하는 余地 Altai 諸語들 에서도 類例를 찾아 볼 수 없는 복잡한 待遇表現이 韓·日兩言語에 発達되어 있는 것이다. 이에 따라 兩国의 待遇表現에 대한 比較対照研究가 상당히 蓄積되어 온 것도 事実이지만, 그 研究内容을 보면 一般的으로 待遇表現의 基本体系나 表現形式, 敬語의 使用法 등에 치우쳐 있다고 볼 수 있다. 일찍부터 欧美의 言語学者들 사이에서는 非言語的 行動의 커뮤니케이션의 重要性을 認識하여 이에 대한 研究가 많이 이루어지고 있지만. 한일양국에 있어서는 유감스럽게도 아직 言語行動研究는 충분히 되어 있지 않다. 理論的인 論議는 어느 程度 展開 되고 있지만, 具体的·実証的·定量的인 研究는 되어 있지 않다. 異文化에 대한 正確한 理解와 行動을 위해서는, 従前의 狹義의 待遇表現의 範囲를 넘어서, 広義의 待遇表現에 이르기까지 폭넓은 研究가 이루어져야 되리라고 본다. 이와 같은 必要性에 따라, 本 研究에서는 敬語表現을 言語的 表現과 非言語的 表現으로 나누어 考察하고자 한다.

言語的行動에서는, 韓国語와 日本語의 差異가 있는 것은 당연하다. 그러나, 그것은 어떠한 부분에 어떻게 나타나는가는, 아직, 実証的인 研究가 되어있지 않다. 또한, 오랜 文化的 伝統에 의하여 形成된 韓国人과 日本人의 意識差異에 의해서, 非言語的行動에도 韓国人과 日本人 사이에는 差異가 있을 것이다. 이것은 社会言語学의 테마로서 重要하다. 本 論文은 韓·日対照言語学의 第一歩로서, 大量의 앙케이트調査에 의하여 兩言語의 待遇表現에 대한 構造를 比較対照하려고 하는 것이며, 나아가서는 韓国人과 日本人의 行動 全般에 이르는 比較研究를 目標로 하는 것이다.

이 説問調査는 약 2개월 간('97.10.1-12.5)에 걸쳐 実施했다. 被調査者数는 総 1,612名이다. 説問紙는 다음과 같은 項目으로 構

成되어 있다.

A : 被調査者의　属性(Face Sheet)
B : 場面에 따른 敬語行動
C : 相対에 따른 敬語行動(調査番号1~5까지는 相対와의 交際)
D : 相対에 따른 敬語行動(調査番号6~8까지는 커뮤니케이션上
　　의 問題)
E : 価値観
F : 敬語意識

　日本의 国研에서 SAS라는 統計프로그램을 통하여 国家別・性
別・学校別에 따른 敬語行動의 데이타를 入力하고 出力했다. 出
力된 데이타는 두 가지의 形態로 나누어 比較対照를 実施하였다.
　첫째는, A項目에서 F項目까지의 質問에 따른 兩国의 데이타를
各各 対応시켜 単純分析을 하여, 国家別・性別・学校別에 따라서
敬語行動의 共通点과 差異点이 어떻게 나타나는가를 알아보려고
한다.
　둘째는, 各 項目 間의 질문에 대한 交友分析을 통하여 그 相関
関係를 알아보고, 敬語行動의 体系化에 重点을 두고 있다.
　끝으로 이 책의 出刊을 도와준 語文学社 尹錫山 社長님과 職
員 여러분께 감사 드린다.

著者 씀

目　　次

▶ 図表目次 ◀

I. 序 論

1. 研究의 動機와 目的
2. 研究方法
3. 敬語行動에 대한 先行研究

I. 序 論

1. 研究의 動機와 目的

　系統을 거의 같이 한다고 하는 余他 알타이諸語들에서도 類例를 찾아 볼 수 없는 복잡한 敬語法이 韓·日 両国語에는 発達되어 있다. 이에 따라 両国의 敬語法에 대한 研究가 상당히 蓄積되어 온 것도 事実이지만, 그 研究内容을 보면 一般的으로 敬語法의 基本体系나 表現形式, 敬語의 使用法등에 치우쳐 있다고 볼 수 있다. 일찍부터 欧美의 言語学者들 사이에서는 言語的·非言語的行動의 重要性을 認識하여 이에 대한 研究가 많이 이루어지고 있으며, 이에 関聯된 敬語行動에 대한 研究도 活発히 進行되어 왔다. 日本에서도 이러한 影響을 받아 敬語行動에 대한 研究調査나 論文의 発表가 이루어지고 있으며, 社会言語学会가 発足되어 制度的으로도 이 分野의 研究基盤을 造成하고 있다는 점은 앞으로의 研究方向에 대하여 示唆하는 바가 크다고 말할 수 있겠다. 어쨌든 日本에서도 아직 敬語行動研究는 充分히 되어 있지 않으며, 韓国에서도 거의 같은 状況이라고 볼 수 있다. 특히, 韓·日 両国에 있어서, 敬語行動에 대한 対照研究는 거의 행하여지지를 않고 있다는 점이 넓은 意味에서의 研究動機라고 말할 수 있다. 이 넓은 의미의 研究動機를 몇 가지로 나누어 생각해 보고자 한다.

　첫째는, 両国의 敬語行動에 대하여 対照研究를 하므로 異文化에 대한 理解와 원활한 意思疏通을 하는데 기여가 될 것으로 본다.

　둘째는, 敬語行動에 대하여 交叉分析을 통한 普遍的인 体系를 세우는데 다소나마 도움이 되지 않을까 한다. 世界 各国에는 저마다의 독특한 文化가 있고 敬語行動이 있는 것이다. 生活樣式이나 価値観등에 따라서 言語的·非言語的인 敬語行動이 어떻게 나타나는가를 살필 수 있지 않을까 한다.

셋째는, 日本語教育은 물론 韓国語教育에도 많은 도움이 될 것으로 期待된다. 좁은 意味의 敬語에 대한 対照研究도 重要하지만, 実際의 커뮤니케이션에 도움이 되는 것은 오히려 넓은 意味의 敬語行動의 対照研究라고 할 수 있다.

이에 따라 本研究에서는 大量의 앙케이트調査를 통하여 両国의 高校生·大学生의 敬語行動에 대한 対照研究를 하므로 異文化에 대한 正確한 理解를 도모하는데 그 目的을 두고 있다.

2. 研究方法

이 연구는 국제적인 대조연구를 행하려고 하는 것이다. 그러기 위해서는 어떤 연구방법이 좋을까에 대해 생각해 보고자 한다.

言語学의 세계는 従来부터 言語間의 비교와 관련하여 比較言語学과 対照言語学이라는 두 가지 연구방법이 있었다. 그러나 이들은 모두「言語体系」를 연구대상으로 하는 것으로서「敬語行動」이나「言語行動」에 대한 研究方法論은 매우 미진하다고 해도 과언은 아니다. 그것은 첫째, 言語行動 그 자체가 研究対象이 되는 경우가 적었다는 것, 둘째, 言語行動이라는 것은「言語体系」에 비하면 훨씬 복잡한 研究対象이라는 것 등의 이유 때문이다.

그런데, 日本人의 行動과 意識을 世界의 다른 여러 나라 사람들과 비교하면서 연구하는 분야가 있음을 알게 된다. 그 典型이「日本人論」이다.「日本人論」이란「日本人」이란 무엇인가라는 테마를 다루면서 실제로는「日本文化」의 特質에 대해 서술하는 경우가 많다. 그러한 의미에서 「比較日本人論」은 「比較日本文化論」인 것이다.

日本人論을 보면 많은 저서가 이미 있고, 그것들의 多樣性에 놀랄 정도이며, 비교적 읽기 쉬운 형태로 쓰여진 것을 들면 南博의 『比較日本人論系譜』, 林知己夫의 『比較日本人論』, 林知己夫의 『日本人研究30年』 등이다. 또한 杉本良夫, 로스·마오아의 『日本人は「日本的」か-特殊論を超え多元的分析へ-』도 확실한 방법론을 제시하고 있다고 생각한다. 이러한 특징은

1) 사회가 다양한 것을 인정하고, 단순히 「日本人은 모두 같다」라는 사고 방식을 배제할 것.
2) 많은 통계적·수량적인 데이타를 모아, 그 분석을 통해 객관적인 것으로 보도록 한 것 등이다.

따라서, 日本人論의 現狀을 살펴 보면, 개인의 異文化 体験 그것도 대부분은 극히 短期的인 것에서 얻어진 에피소드를 기술한 것만으로는 결코 文化比較는 되지 않는다는 것이다. 거기에는 몇 가지 이유가 있다고 한다.[1]

첫째로, 個人이 체험할 수 있는 부분은 극히 적어서 거기에 依存할 수 없다는 것이다. 자신의 나라에서 태어나 자란 사람마저도 자기가 直接 알고 있는 部分은 그렇게 많지 않은데, 外国人이 体験할 수 있는 것이란 극히 적을 수밖에 없다는 것이다.

둘째로, 外国人이 본 것이란 (意識하든 하지 않든 관계없이) 끊임없이 自国과의 比較를 염두에 두고 있으므로, 自国과의 差異에 주목하기 쉽고, 그 나라의 文化에 대하여 있는 그대로의 모습을 파악하기가 어렵다는 것이다.

---

1) 荻野綱男,1986,p2

셋째로, 가령 表面的으로 같은 것을 발견했다고 하더라도 各文化 가운데에서는 그 意味附与가 다른 경우가 있고, 또한 반대로 表面的으로는 전혀 다른 것이어도 意味附与가 같은 것도 있을지 모른다는 것이다.

그러한 것을 생각해 보면, 異文化의 比較対照에 있어서는 양쪽 文化에 속하는 많은 사람들에게 같은 질문을 하고, 그 결과를 이용하는 것이 연구의 출발점이 된다. 거기에서 발생되는 問題가 「같은」 질문이 될지 어떨지가 관건이다. 이것은 일반적으로 飜訳問題라 말할 수 있다. 結論的으로 말하면 완전히 같은 의미를 나타내는 번역은 되지 않는다는 것이다. 이것은 위 세 번째의 問題点을 생각하면 당연한 것이다.

이에 따라, 질문 각각에 대한 応答(가령 이것 이것을 応答한 사람이 몇 명이란 것)을 그대로 比較하는 것은 問題가 있으므로, 価値가 있는 것은 各 文化마다 많은 항목을 서로 관련시켜 전체를 확인하여 「応答 패턴」 혹은 「論理의 절차」를 살펴보고자 하는 것이다.

林知己夫가 주장하는 『日本人研究30年』의 「数量化의 方法」이라는 것은 실로 이것이다. 어떤 데이타의 배후에 있는 규칙을 발견해 내는 것이다. 그러한 분석에 입각하여야 비로소 체계적인 国際比較가 가능하다는 것이다. 따라서, 본 연구에서 행하는 접근방법도 대량의 샘플에 대한 앙케이트조사를 基本으로 한 것이다.

그런데 앙케이트조사를 행할 경우, 한국과 일본에서 완전히 같은 것은 무리라 하더라도, 되도록 같은 조사표를 준비하지 않으면 안 된다. 보통 그러기 위해서 우선 한 쪽의 言語로 調査票를 작성하고 다음에 그것을 번역하는 방법을 채용한다.

그러나 그것으로 반드시 「같은」 質問文이 완성되는 것은 아니다. 「같다」는 것이 의미론적인 관점에서 말할 수 있다 하더라도

그것은 話用論的인 관점에서 차이가 있을지도 모른다. 아니, 오히려 차이가 있는 것이 보통일 것이다. 그렇게 되면 어떤 관점에서「같은」것을 목표로 하느냐가 문제가 된다. 가령「あなたはテレビを何時間くらい見ますか (당신은 테레비를 몇 시간 정도 봅니까?)」라는 간단한 질문도 지역에 따라 방송되는 텔레비젼 프로그램 내용에 차이가 있다면, 話用論的으로는 결코「같다」고 할 수 없다. 話用論的인 同質性을 강하게 강조한다면, 어느 지역에서는「텔레비젼」대신에「책」을 선택해야 할 것이다. 그러나 이번에는 意味論的인 동질성이 보증되지 않는다. 어느 지역의「텔레비젼」이 다른 지역의「책」으로 완전히 대응할지 어떨지, 그것을 어떻게 확인해야 할 것인지에 대한 큰 문제에 부딪히게 된다.

3. 敬語行動에 대한 先行研究

여기에서는 이제까지 日本의 敬語行動에 대한 研究가 어디까지 進行되고 있는가를 살피고자 한다.

일찍부터 敬語는 待遇表現의 하나로 생각하여, 일반적으로 尊敬語・謙讓語・丁寧語등으로 分類하였지만, 이와 같은 意識과 分類에는 敬語를 言語行動으로 보는 見解가 이미 있었다고 말할 수 있겠다. 손위・손아래・対等이라는 上下関係에 따라 적당한 敬語를 사용하고 있는 것은 그 좋은 例라고 할 수 있다. 그러나, 특히 敬語를 明確하게 言語行動으로서 位置지은 것은 時枝誠記일 것이다. 그의 言語過程説은 원래 言語行動에 관한 理論이고, 그의 敬語論에서는「主体」「場面」「素材」라는 行動記述의 概念이, 특히 敬語現象의 説明에 有效하게 作用하고 있다. 時枝誠記는 敬語를 場面에 따른 主体의 行動으로 보고, 主体가 여러 가지의 関係規定에서 敬語表現을 한다고 指摘하고 있다. 이것은 言語行動研究에 대한 典型을 보는 것이라고 말할 수 있겠다. 時枝

誠記이후 渡邊実・宮地裕・辻村敏樹등의 敬語論에서도, 각각「話題의 世界」(素材)와「場面」,「主体」와「行為의 方向」(場面),「主体」와「素材」등의 概念을 導入하여, 敬語를 行動으로서 把握한 점도 빠뜨릴 수 없는 것이다. 단순한 語彙・文法의 수준에 그치는 것이 아니라, 言語主体의 場面的行動으로서 파악하는 傾向이 상당히 일반적인 것으로 되어 있다고 말할 수 있겠다. 다만, 일본어학에 있어서 敬語行動의 研究는 言語過程説의「主体」「場面」「素材」의 概念을 利用하여 展開되었지만,「言語」로서의 敬語를 기술하는 段階에 머무르고,「主体」「場面」등의 社会心理学的인 分析에까지는 이르지 못한 점에 限界가 있다.

敬語에 대한 研究는 오랜 歷史를 가지고 있지만, 敬語行動에 대한 研究는 최근에 들어서야 비로소 활발하게 시작되었다. 이에 대한 연구는 日本人뿐만 아니라 外国人사이에서도 행하여지고 있기 때문에, 여기에서는 일본인의 경어행동에 대하여 일본과 외국에 있어서의 연구를 개관하고자 한다.

日美比較의 관점에서 행한 敬語行動의 研究는 그다지 많지 않다. 直塚玲子(1981)는 日本人과 欧美人의 言語行動差異에 대한 事例에 초점을 맞추고, 그 差異의 解明을 통하여 日本人과 欧美人의 言語行動構造를 찾았던 것이다. 또한, 日本의 敬語行動을 欧美의 敬語行動과 비교한 것에 Ide et al(1982)이 있다. 이것은 그때까지의 연구와 内省的 知識을 근간으로 일본의 敬語行動的 規則仮設을 세워 欧美의 敬語行動과의 관련을 고찰한 것이다.

日本語만을 대상으로 한 경어행동연구는, 言語生活研究分野에서 많이 다루어져 왔다. 敬語行動에 관하여 国立国語研究所(以下 国研)에서 대규모의 実態調査가 행하여지고, 그 조사 결과와 분석이 정리되었다. (国研 1957, 1971, 1982, 1983) 国研(1971)은 自然発話의 녹음을 文字化하여 敬語行動의 分析을 시도한 것이다. 国研以外에서 행해진 敬語의 実態調査研究에는 東京大学言語

学科 Group의 것이 있다. 報告書로 정리된 것에 柴田武編(1979), 荻野綱男 他 編著(1980), 東京大学敬語研究会(1982) 등이 있다. 이들 일련의 研究는 어느 것이나 언어생활의 실태조사로서 앙케트・面接調査의 방법을 취하고 있다. 이들 조사의 특징은 데이타 量의 풍부함이며, 또한 그 데이타를 여러 각도에서 数量的으로 분석하고, 그림이나 表로서 明示的으로 기술했던 것이다. 또한 日本人의 敬語行動의 男女差에 주목한 研究는, Ide et al (1986), 井出祥子 他(1985)가 있다.

또한, 井出祥子는 앙케이트調査에 의하여 多量의 데이타를 얻어 그것을 수량적으로 분석한 것이다. 경어행동을 言語・行動・使用法의 3部門에서 조사했다는 점에서, 종래의 경어행동조사방법과는 다소 다른 方法을 이용하고 있다. 그러나, 이 조사방법은 기본적으로는 上述한 国研Group 東大Group의 경어행동 조사방법과 同種의 방법이다. 요컨대, 日本에서 상식적인 앙케이트 조사방법에 의하여 日美의 경어행동을 비교한 것이다.

最近에는 일본의 国研을 중심으로 하여 敬語行動에 대한 研究가 制度的으로 展開되고 있으며, 杉戸清樹(1997)라든지, 吉岡泰夫 (1987) 등은 教育的으로 敬語行動을 어떻게 指導할 것인가에 대한 研究라는 점에서 特記할 만한 것이다.

Ⅱ. 調査概要

Ⅱ. 調査槪要

1. 調査方法

　本論文에서는 高校生·大学生을 被調査者로 삼았다. 그 理由는 敬語行動이라는 特性上 어느 정도 敎育을 받은 사람이 被調査者로 적합하다고 판단했으며, 価値観이나 意識에 있어서 既成世代와는 상당한 차이가 있을 것으로 推定했기 때문이다. 특히, 高校生은 대학생과는 달리 자율적인 생활을 한다기 보다는 선생님으로부터 교육을 받는 타율적인 학교생활을 하기 때문에 敬語行動에 있어서 상당한 차이가 있을 것으로 추정되어 被調査者로 삼았다.

　調査方法은 高校에서는 両国 모두 대부분 国語担当教師에게 設問紙를 의뢰했고, 大学에서는 教養教科目을 담당하고 있는 敎授에게 의뢰했으며, 日本에서는 国研의 연구원의 도움이 컸다. 가장 어려웠던 점은 設問紙를 大学에 의뢰했을 때, 원래 의뢰한 수량보다 3분의 1밖에 回収되지 않아 계획했던 시간보다 지연되었던 점을 들 수가 있다. 回収率 82%이다.

　설문조사는 약 2개월간 ('97.10.1~12.5)에 걸쳐 실시했다. 被調査者数는 総 1,612명이며, 学校別 被調査者数의 属性은 표2-1과 같다.

표 2-1. 学校別 被調査者数

設問調査期間 ('97.10.1 ～ 12.5)

国籍	学校	学 校 名	男 子	女 子	学校所在地	備 考
日本	高校	芝浦工大高校	196		東京都	男子·高校生 196名 女子·高校生 222名 男子·大学生 199名 女子·大学生 201名
		桐生女子高校		222	群馬県桐生市	
	大学	専修大学	150	99	東京都	
		法政大学	20	13	〃	
		早稲田大学	29	12	〃	
		文化女子大学		77	〃	
韓国	高校	仁昌高校	209	180	京畿道九里市	男子·高校生 209名 女子·高校生 180名 男子·大学生 202名 女子·大学生 203名
	大学	群山大学	202	203	全北群山市	

설문지는 다음과 같은 항목으로 구성되어 있다.

A: 被調査者의 属性(FACE SHEET)
B: 場面에 따른 敬語行動
C: 相対에 따른 敬語行動(調査番号 1~5까지는 相対와의 交際)
C: 相対에 따른 敬語行動(調査番号 6~8까지는 커뮤니케이션上의 問題)
D: 非言語行動(敬語와 관련되는 側面에서의)
E: 価値観
F: 敬語意識

本論文의 分析은 回收된 設問紙를 日本의 国研에서 SAS[2]라는 統計프로그램을 통하여 国家別・性別・学校別에 따른 敬語行動 의 데이터를 入力하고 出力했다. 出力된 데이터는 두 가지의 形 態로 나누어 比較対照를 実施하였다.

첫째는, A項目에서 F項目까지의 質問에 따른 양국의 데이터를 각각 対応시켜 単純分析을 하여, 国家別・性別・学校別에 따라서 敬語行動의 共通点과 差異点이 어떻게 나타나는가를 알아보려고 한다.

둘째는, 各項目間의 質問에 대한 交叉分析을 통하여 그 相関関 係를 알아보고, 敬語行動의 体系化에 重点을 두고 있다

2. 調査項目

調査의 項目으로는 A에서 F까지 6개의 項目으로 構成되어 있 으며, 또한 項目間의 相関関係도 設定하였다. 各各의 項目에 대 한 調査内容을 言及하기로 한다.

1) 被調査者의 屬性 (FACE SHEET) <A項目>
A項目에서는 両国의 高校生・大学生에 대하여 共通的으로 年 齢・性別・職業(父親)의 現況을 調査했다. 大学生에게는 아르바 이트의 経験・동아리 活動의 与否등을 設問했으며, 그 대신 高校 生에게는 特別活動에 관련된 事項이나 学級의 任員職을 맡고 있 는가에 대하여 質問했다.

---

2) SAS : Strategic Application System의 약자로서 기술통계와 회귀,분산, 군집, 시계별 분석 등의 통계분석기능을 제공하며 대용량데이터로부터 패턴을 발견 해 내는 데이터마이닝기술, 품질분석 최적화 등을 위한 탁월한 분석기능을 제 공하는 소프트웨어이다.

2) 場面에 따른 敬語行動 <B項目>

B項目에서는 場面에 따라 言語表現이 어떻게 使用되고 있는가를 照明하고자 하며, 좁은 意味의 敬語뿐만 아니라 나선적·直線的인 表現이나 省略的·具体的인 表現등에 대해서도 対照를 하고자 한다. 両国의 言語表現을 対照하기 위하여, 反論의 表現·再促의 表現·不満의 表現·拒絶의 表現을 비롯하여, 간단한 선물을 건넬 때의 言語表現 등을 중심으로 質問했다.

3) 相対에 따른 敬語行動 <C項目>

C1 C2 C3 C4는 相対와의 交際에 대한 意識을 質問했고, C5는 누가 費用負担을 하는가를 알아보기 위하여 18개의 下位問項을 設定했다. 調査番号 6~8까지는 커뮤니케이션上의 差異를 対照하기 위하여, 祝賀膳物을 받을 때· 相対의 말에 대한 信頼의 程度·食堂에서 注文할 때의 表現을 質問했다.

4) 非言語行動 <D項目>

D1 D2 D3 에서는 個人의 生活様式에 대하여 質問을 했다. 両国에서는 처음 만날 때·오래간만에 知人을 만났을 때·오래간만에 両親을 만났을 때, 인사라는 非言語行動을 어떻게 하고 있는가를 把握하기 위하여 D4 D5 D6 問項을 設定했다. 또한,調査番号 7~9까지는 相対와 이야기를 할 때 視線을 마주하는가 하지 않는가에 대하여 質問했다.

5) 価値観 <E項目> 및 敬語意識 <F項目>

E項目에서는 個人의 価値観에 따라서 敬語行動이 어떻게 나타나는가를 살펴보기 위해, 父母의 意見·年長者에 대한 尊重·자기의 経験과 틀릴 때·初志一貫·伝統의 尊重등에 관한 問項을 만들었다. F項目에서는 敬語意識을 알아보기 위해, 恭遜한 音

声・同級生이나 後輩에 대한 敬語・敬語의 使用頻度등의 問項을 設定했다.

6) 項目間의 相關關係

項目과 項目의 相關關係를 알아보기 위하여, 被調査者의 属性과 敬語使用・交際와 配慮・生活樣式과 非言語行動・価値観과 非言語行動・敬語意識과 非言語行動에 대하여 살펴보았다.

3. 被調査者의 属性 (A項目)

1) 年齢 (A1)

韓国의 高校生은 16歲부터 19歲까지 고르게 分布되어 있지만, 日本의 高校에서는18歲에 集中되어, 男女 各各 79, 94%를 차지하고 있다.3) 이것은, 韓国에서는 全学年에서 一定한 数의 被調査者를 選定하였고, 日本에서는 3学年을 主対象으로 設問調査를 한 結果라 볼 수 있다.

韓国의 大学生의 年齢을 살펴보면 20歲가 過半数를 차지하고 있으며, 그 다음으로는 19,21歲의 順으로 分布되어 있다. 이러한 特徴은 教養課程中에 있는 低学年을 対象으로 한데서 비롯된다 할 수 있다. 또 한가지 特記할 만한 것은, 低学年임에도 불구하고 韓国의 男子大学生 가운데는 2割 程度가 23歲 以上의 年齢에 該当된다는 事実이다. 이는 日本에는 없는 兵役義務로 囚하여 在学 中에 軍服務를 마치고 復学한 学生들로 推定된다. 日本의 大学에서는 20歲와 21歲가 차지하고 있는 比率이 全体의 7割 程度이며, 23歲 以上의 学生은 미미한 숫자에 불과하다. 4)

---

3) 부록의 集計表 1page를 参照
4) JMH: 일본 남자 고교생　　JMU: 일본 남자 대학생

그림 2-1. 연령(A1)

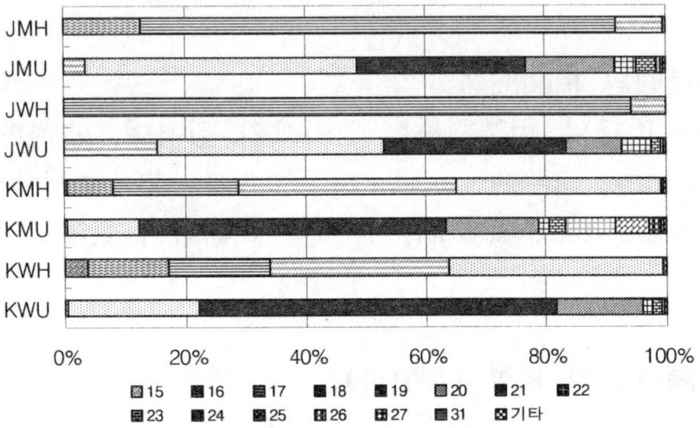

2) 性別 (A2)

設問対象者를 国家別·学校別·性別로 나누면 境遇의 数가 総 8個가 나온다. 細分된 境遇의 数에따라 各各200名 程度의 被調査者를 各学教에 依頼한 바, 大部分은 2百名에 近似한 回收를 보이고 있으나, 日本의 女子高校生은 222名, 日本의 女子大学生은 180名으로 다소 不均衡의 数値를 나타내고 있다. 両国의 被調査者를 学校別·性別로 나누어 보면 표2-2와 같다.

표 2-2. 성별의 현황

(단위 : 名)

国籍	全体	高校生		大学生	
		男子	女子	男子	女子
日本	807	196	222	199	201
韓国	805	209	180	202	203

JWH: 일본 여자 고교생   JWU: 일본 여자 대학생
KMH: 한국 남자 고교생   KMU: 한국 남자 대학생
KWH: 한국 여자 고교생   KWU: 한국 여자 대학생

3) 職業 (A4)

이 問項에서는 父母의 주된 職業이 무엇인가에 대하여 물어보고 있으며, 특히 父親의 職業에 대하여 質問하고 있다. 예를 들어, 父母의 職業이 農業인가 商業인가, 또는 勤労者인가 会社員인가라는 環境이 学生의 敬語行動과는 어떠한 関係가 있는가를 알아보고 싶은 것이다.

日本에서는 高校나 大学 모두 父親이 会社나 公務員등으로 勤務하고 있다고 答한 比率이 7割 程度로 높은 편이지만, 韓国의 高校나 大学에서는 父親이 会社, 商業, 農業, 其他등 多様한 職種에 従事하고 있다는 応答을 보이고 있다. 특히, 韓国의 大学에서 農業의 比率이 2割을 上廻하고 있는 것은 地方에 所在하고 있는 大学에서 設問調査를 実施한 때문으로 풀이된다

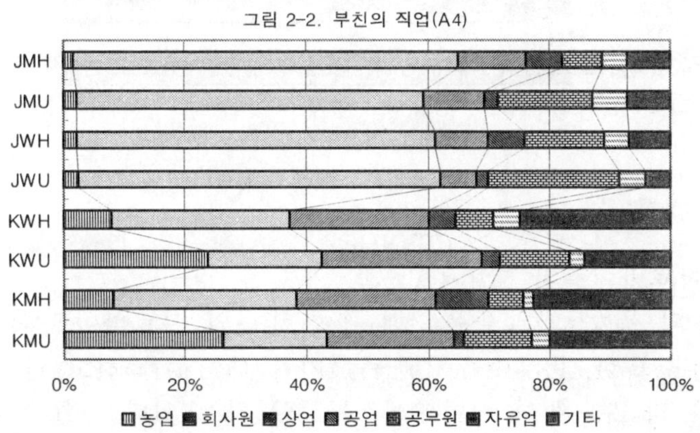

그림 2-2. 부친의 직업(A4)

4) 아르바이트의 経験 (A5-1)

아르바이트의 経験에 대해서 살펴보면, 전혀 아르바이트를 하지 않을 수도 있겠고, 한 두 달처럼 아주 짧은 期間을 한 경우도 있고, 또는 2,3년처럼 긴 期間일 수도 있겠다. 이에 따라 敬語行動도 여러 様相으로 나타날 수 있다는 可能性下에 이 問項을 만들었다.

日本에서는 8~9割의 大学生이 「아르바이트를 하고 있다」와
「한 적이 있다」라고 応答을 하고 있어, 거의 모든 学生이 経験
을 하고 있다. 韓国의 大学生은 男女 各各 45,35%가 아르바이트
의 経験이 없다고 応答하고 있어, 経験이 있는 学生보다는 経験
이 없는 学生이 훨씬 많음을 알 수 있다. 이에는 韓国의 大学에
서는 大部分의 被調査者가 1학년에 属해 있다는 事実에서 起因
한다고 볼 수 있다.

그림2-3. 아르바이트 경험 (A5-1)

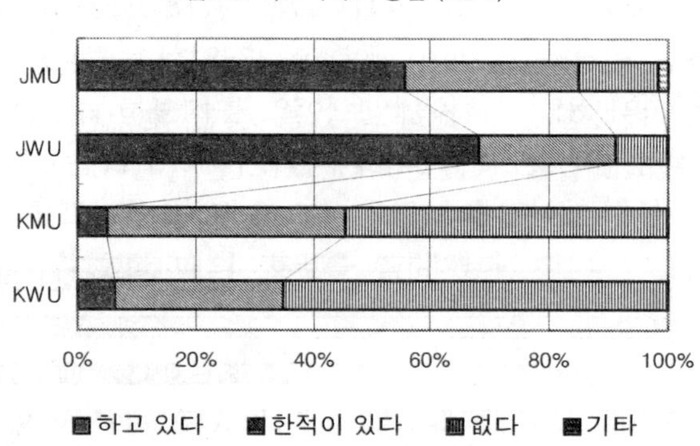

5) 아르바이트의 種類 (A5-2)

日本의 男女大学生들은 3割 强이 店員의 아르바이트를 経験하
고 있다. 또한, 男学生은 2割 程度가 肉体労動을 하고 있으며, 女
学生은 약 2割 弱이 웨이트레스를 経験하고 있다. 韓国에서는 아
르바이트의 経験이 있는 学生이 経験이 없는 学生의 절반에도
미치지 못하고 있는데, 経験이 있는 学生 가운데는 男学生의 1割
强이 肉体労動을 選択하고 있으며, 女学生의 1割 强이 店員을 選
択하고 있다.

그림2-4. 아르바이트의 종류 (A5-2)

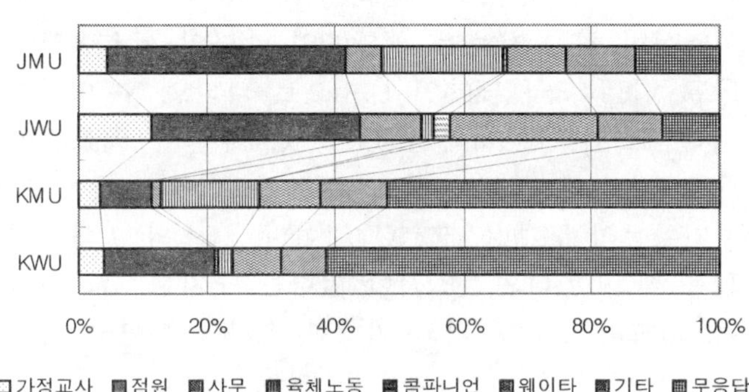

6) 아르바이트의 期間 (A5-3)

日本의 大学生은 2年 未満의 아르바이트期間이 7割 強이지만, 2年 以上의 期間도 1割을 넘고 있다. 韓国에서는 3割 以上이 1年 未満이라는 答을 보이고 있으며, 1年 以上이라고 応答한 学生은 極小数에 불과하다.

그림2-5. 아르바이트의 기간 (A5-3)

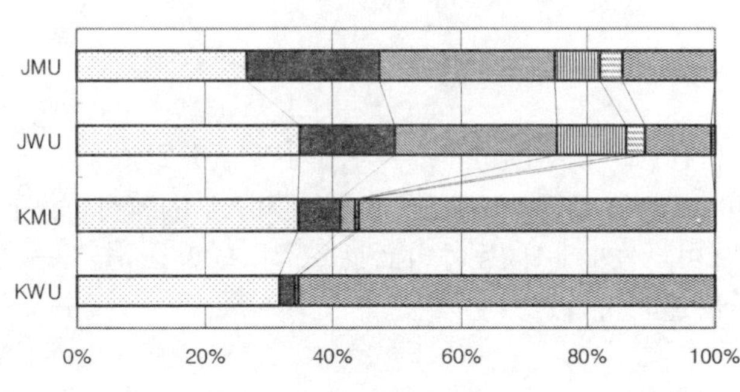

7) 동아리活動의 与否 (A6-1)

大学에서 동아리活動을 하고 있는가 어떤가, 동아리活動은 学

內인가 学外인가, 또한 동아리의 種類는 무엇인가에 따라서 敬語
行動도 서로 다른 様相으로 나타날 수 있다. 예를 들면, 동아리
活動을 열심히 하는 学生은 積極的인 性格의 所有者일 可能性이
많으며, 敬語行動도 積極的인 様相으로 나타날 수 있다고 推定하
는 것이다. 또한, 동아리의 種類가 文科系인가 運動部인가에 따
라서도 敬語行動의 様相이 서로 다를 수도 있는 것이다. 이에 따
라 동아리활동의 問項을 設定한 것이다. 日本의 大学에서는 동아
리 活動을 하고 있다와 한 적이 있다는 숫자를 합하면 7割 程度
가 되며, 韓国의 大学도 거의 비슷한 숫자를 보이고 있다

그림 2-6. 동아리 활동의 여부 (A6-1)

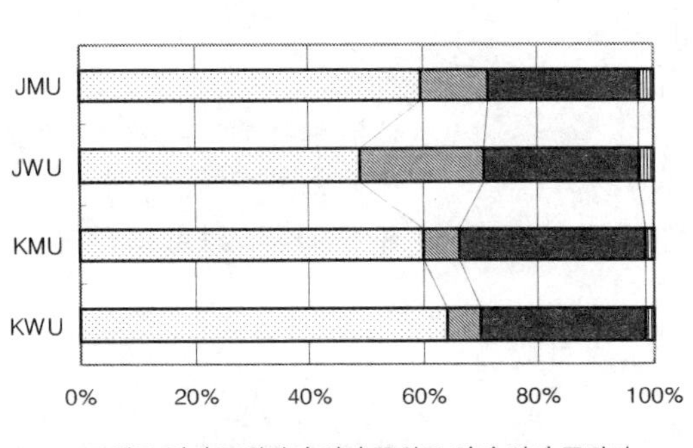

8) 동아리活動이 学内인가, 学外인가? (A6-2)

両国의 大学은 모두 6割 強의 学生이 学内에서 동아리活動을
하고 있으며, 学外에서 동아리活動을 하고 있는 숫자는 많아야 1
割 程度에 불과하다.

그림 2-7. 동아리활동이 학내인가 학외인가 (A6-2)

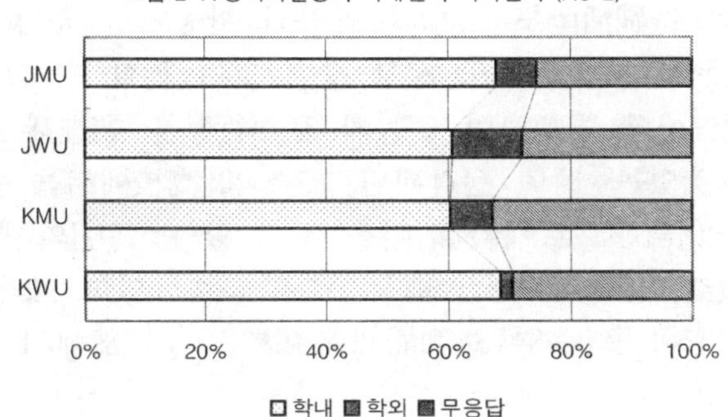

9) 동아리의 種類 (A6-3)

両国의 大学生은 모두 積極的인 동아리活動을 한다는 점에서는 비슷하지만, 種類에서는 差異가 있다. 日本의 大学生은 스포츠나 文科系活動을 選好하고 있는데 비해서, 韓国의 大学生은 趣味活動이나 学習会活動을 주로 하고 있으며, 宗教活動을 하는 学生도 많이 있다.

그림 2-8. 써클이나 동아리활동의 종류 (A6-3)

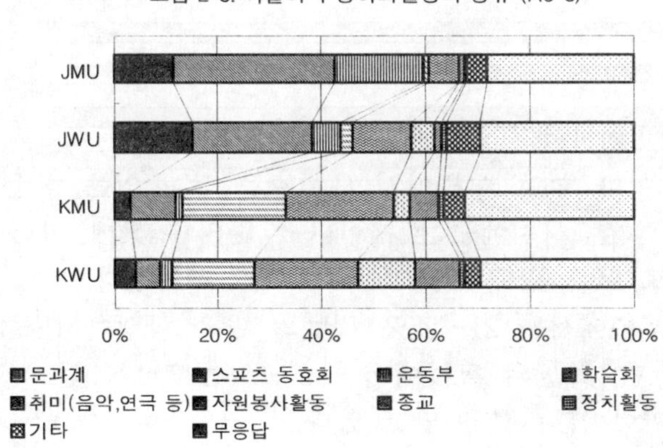

10) 高校生의 特別活動 (A7)

高校生의 特別活動도 大学의 동아리 활동처럼, 学生自身이 자유롭게 特別活動의 種類도 定할 수 있고 行動할 수 있는 時間이기 때문에, 이와 関聯하여 個人의 敬語行動을 調査해 보는 것은 상당히 意義있는 일로 생각된다. 日本의 高校에서는 男女 모두 運動部, 文化部順으로 特別活動을 하고 있다. 韓国의 男子高校에서는 文化部, 運動部, 学習部의 順으로 되어 있고, 女子高校에서는 4割 以上이 文化部이고, 그 다음으로는 学習部에서 많이 活動하고 있다.

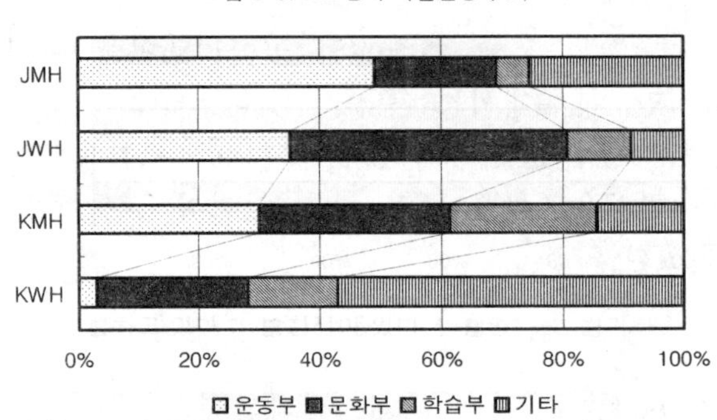

그림 2-9. 고교생의 특별활동 (A7)

11) 特別活動에서 任員職을 맡고 있는가? (A7-1)

特別活動이나 学級, 学校에서 任員職을 맡고 있는 学生과 맡고 있지 않는 学生 사이에는 性格이나 立場의 差異에 따라 敬語行動에서 서로 다른 様相을 보일 수 있다고 생각한다.

日本의 高校에서는 21~25% 程度의 많은 학생이 任員職을 맡고 있는 반면, 韓国의 高校에서는 2~6%程度밖에 안 되는 極少数의 学生만이 任員職을 맡고 있다.

그림 2-10. 특별활동에서 임원직을 맡고 있는가? (A7-1)

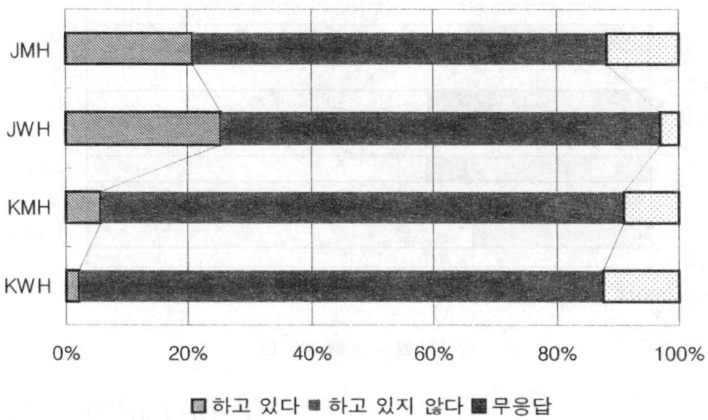

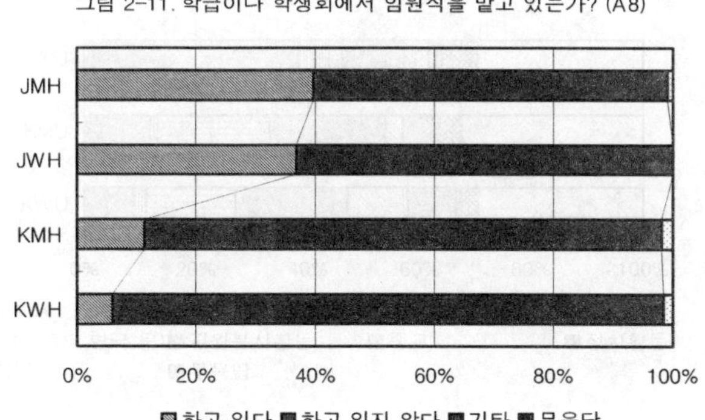

12) 學級이나 学生会에서 任員職을 맡고 있는가? (A8)

日本의 高校生이 学級이나 学校에서 37~63%程度가 任員職을 맡고 있지만, 韓国의 高校에서는 6~18%의 学生만이 任員職을 맡고 있다. 大体的으로 日本의 高校에서는 特別活動이나 学級, 学校에서 任員職의 比率이 높은 편이지만, 韓国의 高校에서는 아주 낮게 나타나고 있다.

그림 2-11. 학급이나 학생회에서 임원직을 맡고 있는가? (A8)

10) 高校生의 特別活動 (A7)

高校生의 特別活動도 大學의 동아리 활동처럼 學生 自身이 자유롭게 特別活動의 種類도 定할 수 있고 行動할 수 있는 時間이 지기 때문에, 이와 關聯하여 個人의 敬語行動을 調査해 보는 것은 상당히 意義있는 일로 생각된다. 日本의 高校에서는 男女 모두 運動部, 文化部順으로 特別活動을 하고 있다. 韓國의 男子高校에서는 文化部, 運動部, 學習部의 順으로 되어 있고, 女子高校에서는 4割 以上이 文化部이고, 그 다음으로는 學習部에서 많이 活動하고 있다.

11) 特別活動에서 任員職을 맡고 있는가? (A7-1)

特別活動이나 學級, 學校에서 任員職을 맡고 있는 學生과 맡고 있지 않는 學生 사이에는 性格이나 立場의 差異에 따라 敬語行動에서 서로 다른 樣相을 보일 수 있다고 생각한다.

日本의 高校에서는 21~25% 程度의 많은 학생이 任員職을 맡고 있는 반면, 韓國의 高校에서는 2~6%程度밖에 안 되는 極少數의 學生만이 任員職을 맡고 있다.

Ⅲ. 調査結果 및 解釈

1. 場面에 따른 敬語行動
2. 相対에 따른 敬語行動
3. 非言語行動
4. 価値観및 敬語意識
5. 項目間의 相関関係

──Ⅲ. 調査結果 및 解釈 ──────────────

1. 場面에 따른 敬語行動 (B項目)

이 項目에서는 場面에 따라서 敬語가 어떻게 使用되고 있는가
에 대해서 질문한 것이다. 尊敬語·謙讓語·丁寧語 등처럼 좁은
意味의 敬語뿐만이 아니라, 나선적인 表現이나 直線的[5]인 表
現·省略的인 表現이나 具体的인 表現·疑問을 나타내는 表現처
럼 넓은 意味의 待遇表現에 대해서도 質問하고 있다. 이것은 敬
語라기보다는 敬語行動이라고 말하는 편이 適当할 것 같다.

1) 場面에 따라서 말씨를 바꾸는가? (B1)
一般的으로 敬語의 使用에 대해서는, 相対에 따른 敬語의 使用
이 잘 調査되고 있지만, 여기에서는 特定의 相対에 대하여 場面
이 다른 경우, 敬語行動을 어떻게 하는가에 대하여 물어 보았다.
全体的으로 보면, 말씨를 바꾼다는 쪽이 많으며, 3~5割의 学
生은 場面에 따라서 말씨를 바꾸지 않는 것으로 応答하고 있다.
特記할만한 事項은, 日本의 경우에는, 말씨를 바꾼다는 쪽이 圧
倒的으로 많으나, 女子高校生만은 5割 強이 말씨를 바꾸지 않는
다고 答하고 있다. 韓国의 경우에는, 말씨를 바꾼다와 바꾸지 않

───────────────────

5) 나선적 커뮤니케이션 스타일이란 자신의 主張이나 意見을 명확히 言語化하지
   않고, 상대에게 여러가지 状況을 説明하고 기분을 전달하면서 상대가 結論을
   推察해 주기를 기대하는 表現方法으로 끝까지 結論을 말하지 않는 스타일이다.
   직선적 커뮤니케이션 스타일이란 자신의 주장이나 의견을 간결하게 표현하고,
   다음으로 그 주장이나 의견의 배후에 있는 理由를 論理的으로 설명하고, 상대
   의 이해와 동조를 구하는 表現方法이다. 우선 結論을 말하고 나서 나중에 説明
   을 붙이는 스타일이다. 八代京子, 1998 ,p82

는다는 応答의 比率이 거의 비슷하지만, 女子大学生만은 5割 強이 말씨를 바꾸지 않는 것으로 答하고 있다. 両国 모두 相対에 따라 말씨를 바꿀 뿐만 아니라, 場面에 따라서도 말씨를 바꾼다고 보아야 할 것이다.

그림 3-1. 장면에 따라서 말씨를 바꾸는가? (B1)

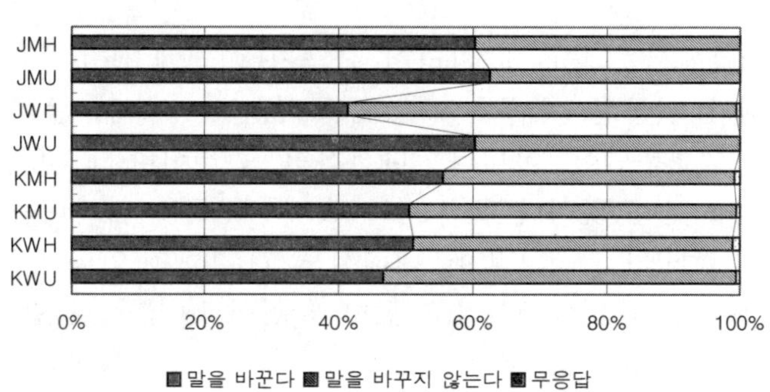

2) 어디에 갔었니? (B2)

B1에서는 敬語行動에 대한 意識을 물어 보았지만, 여기에서는 場面에따라 実際로 敬語行動을 어떻게 하는가에 대하여 質問했다. 場面으로서 選択한 것은, 私的인 場面, 公的인 場面(会議의 議長등), 感情的인 場面, 이 경우는 친구간에 화를 내고 있는 場面이다. 質問과 場面, 보기를 다음과 같이 作成하였다.

<질문> 貴下는 친한 친구에게「어제 어디 갔었니?」라고 묻고 싶을 때, 다음의 경우에 무어라고 말하겠습니까?

<장면> B2-1. 친구와 둘이서 雑談하고 있을 때

B2-2. 친구와 둘이서 화를 내고 있을 때(거짓말하고 있었던 것을 알았을 때 등)

B2-3. 大学教授(先生)앞에서

B2-4. 서클(동아리)에서 会議할 때, 発言者로서

B2-5. 서클(동아리)의 会議席上에서, 貴下가 議長일때

B2-6. 共同研究会時間에
B2-7. 친구 집에 놀러가, 친구의 부모 앞에서

<보기> 1. 어디 갔었냐?   2. 어디 갔었니?
       3. 어디에 갔었지?   4. 어디에 갔는가?
       5. 어디에 갔었죠?   6. 어디에 갔습니까?
       7. 어느 곳으로 가셨습니까? 8. (아무 말도 하지 않는다)

① 친구와 둘이서만 雑談하고 있을 때 (B2-1)

친구와 단둘이서 雑談하면서「어제 어디 갔었니?」라고 물을 때, 日本에서는「どこいったの」「どこいった」와 같은 普通体(だ体)를 使用하고 있으며, 敬体(です・ます体)는 거의 使用되고 있지 않다. 또한, 韓国에서도「어디 갔었냐?」「어디에 갔었니?」라는 普通体가 圧倒的으로 使用되고 있다. 両国 모두 친구 사이에서는 親疎関係라는 心理作用에 따라 普通体의 対話가 이루어진다는 점에서 一致하고 있다.

② 친구와 둘이서 화를 내고 있을 때(거짓말이라는 것을 알았을 때 등) (B2-2)

친구간에 화를 내고 있는 感情的인 場面에서의 表現은, 両国 모두 普通体라는 점에서는 一致를 보이고 있다. 또한, 両国은 各各「どこいったんだ」「어디에 갔었지?」라는 質問이 많이 使用되고 있다.

性別에 의한 差異가, 韓国에는 거의 없지만, 日本에는 顕著히 나타나고 있다. 日本의 女学生은 5~6割이「どこいったの 」이지만, 男学生은 4~5割 程度가「どこいったんだ」이다.

③ 大学教授(선생)앞에서 (B2-3)

全体的으로 보면, 韓国은 普通体로서의「해体」나「해라体」이

지만, 日本은 普通体뿐만 아니라, 敬体인「どこへいきましたか」「どこへいったんですか」등의 比率도 높다. 또한, 予想外로「どちらへいらっしゃいましたか(어느 곳으로 가셨습니까?)」라는 尊敬의 表現이 많게는 2割까지도 나오고 있는데, 教授가 옆에 있는 状況을 감안하면 両国의 敬語行動에서 벗어나는 表現인 것이다.

④ 公的인 場面에서 (B2-4. B2-5. B2-6)

具体的으로는, 동아리의 発言者, 会議의 議長, 小規模 研究会의 一員등이 公的인 場面에서 어떠한 敬語行動을 하고 있는가에 대하여 알아보고자 한다.

全体的으로, 敬体를 많이 使用하고 있지만, 発言者의 位置나 모임의 性格에 따라서는 다른 様相을 보이기도 한다. 日本에서는 大部分 敬体인「どこへいきましたか」「どこへいったんですか」의 答을 하고 있으며, 韓国에서도「어디에 갔었죠?」「어디에 갔습니까?」등의 敬体 즉「해요体」와「합쇼体」를 答하고 있다. 그러나, 韓国에서는 동아리의 会議席上에서 議長의 身分으로 발언을 할 때는「어느 곳으로 가셨습니까?」라는 尊敬表現도 다른 場面에서 볼 수 없는 3割 強의 比率을 보이고 있다. 日本의 제미(小規模 研究会)에서는 敬体뿐만이 아니라,「どこいったの」라는 普通体도 14~46%線을 보이고 있는 것은, 제미를 公的인 場面으로 생각하기보다는 私的인 場面으로 認識하는 傾向이 높음을 反証하는 것이 아닌가 한다.

⑤ 친구의 父母앞에서 (B2-7)

이 場面은 이미 挙論된 大学教授(先生)앞이라는 場面과도 類似性을 가지고 있다 하겠다. 친구의 父母나 大学教授(先生)는 손윗사람이라는 側面에서는 共通点이 있으나, 上下関係나 親疎関係의 意識에 따라서는 敬語行動이 달리 나타날 수도 있겠다.

　日本에서는　大学教授(先生)앞에서는　敬体와　보통체의　比率이　거의　비슷한　分布를　보이고　있지만,　친구의　父母앞에서는　敬体를　使用하는　사람이　높게　나타나고　있다.　韓国에서는　다수의　学生이　常体의　表現을　하고　있으며,　敬体의　比率은　그리　높지　않다.

　綜合的으로　보면,　両国　모두　상대와　場面에　따라　表現을　달리　하고　있다는　点에서는　一致하고　있으나,　具体的인　場面에서는　差異도　많이　나타나고　있다.　日本에서는　私的인　場面에서는　常体가　使用되고　있기도　하지만,　다른　場面에서는　敬体의　比率이　높게　나타나고　있다.　그와는　달리　韓国에서는　公的인　場面등에서는　敬体를　大部分　使用하고　있지만,　一般的으로는　常体의　比率이　높은　편이다.　즉,　日本의　경우,　친구사이에는　相対나　場面에　의한　영향을　크게　받지　않고　敬体를　사용하는데　비하여,　한국에서는　친소라는　심리적인　측면에　비중을　두고　있기에　비격식의　常体가　많이　사용되고　있는　것으로　판단된다.

<보기> 1. どこ　いった　　　　　　　2. どこ　いったの
　　　　 3. どこへ　いったんだ　　　 4. どこへ　いったのか
　　　　 5. どこへ　いきましたか　　 6. どこへ　いったんですか
　　　　 7. どちらへ　いらっしゃいましたか　　8. 無回答

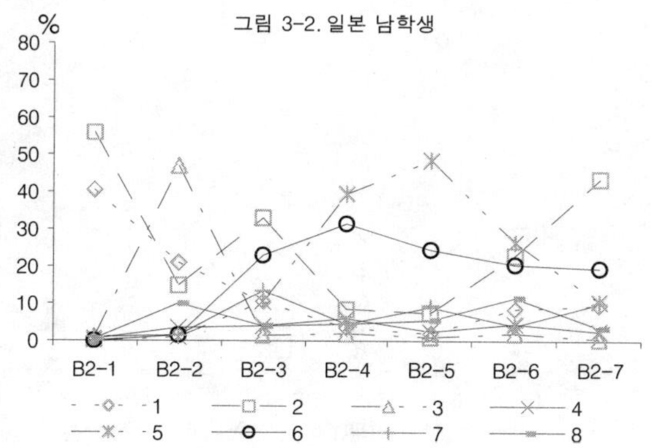

그림 3-2. 일본 남학생

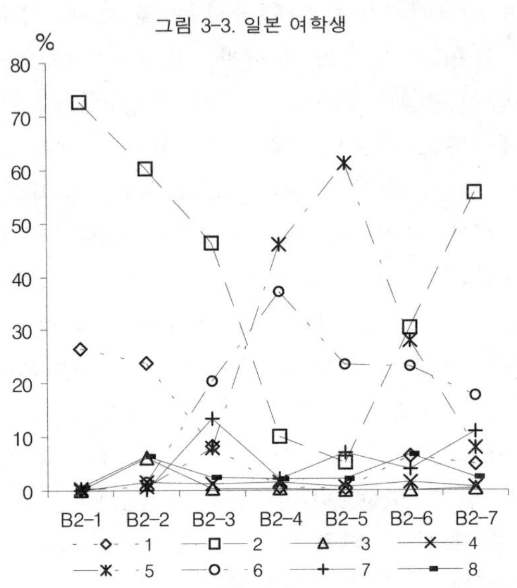

그림 3-3. 일본 여학생

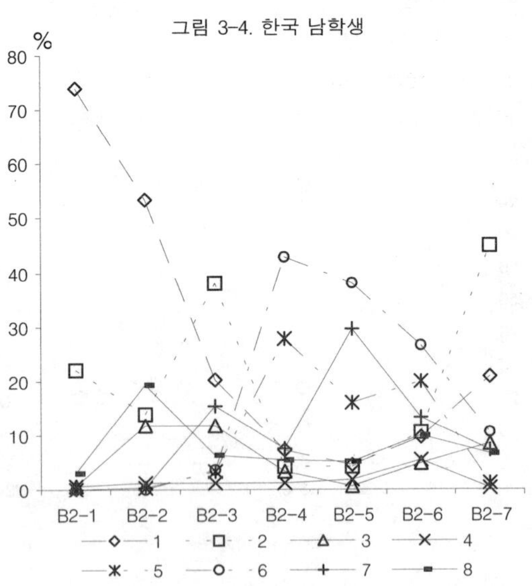

그림 3-4. 한국 남학생

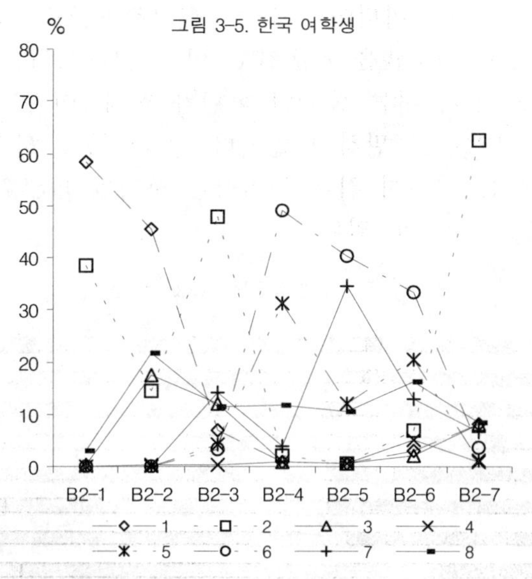

3) 反論 (B3)

B3, B4에서는 相対에 따라 反論을 하는가의 与否, 또한 그 때
의 反論은 어떤 形態로 表現되는가에 대하여 質問한 것이다.

両国 모두「때때로 말한다」라는 比率이 4~6割 程度로서 가
장 높은 편이며, 그 다음으로는「잘 말한다」「그다지 말하지 않
는다」의 順으로 나타나고 있다. 이 가운데「잘 말한다」와 「때
때로 말한다」의 比率이 絶対多数를 보이고 있다. 美国이나 유럽
사람들은 自己意思를 分明하게 表示하는데 비해서, 한국이나 日
本사람들은 남을 配慮하는 마음에서 자기를 내세우지 않는다는
것이다. 그러나 이번 調査에서는 지금까지의 通念과는 달리 反論
의 意見이 多数를 차지하고 있는데, 이는 무엇을 말하고 있는 것
일까? 国家나 社会의 言語行動이 쉽게 바뀌는 것이 아니라고 하
면, 가장 큰 理由는 調査対象에서 찾을 수 있는 것이 아닌가 생
각한다. 이번 調査에서는 対象者 全員이 高校生과 大学生으로 構

成되어 있다. 여러 미디어나 教育, 現場踏査등을 通하여 西欧의 影響을 받으며 価値観을 形成하고 있는 젊은 世代라는 점이 反論의 比率을 높게 하는 要因이 아닌가 한다. 이와는 달리 1割強의 学生이 「그다지 말하지 않는다」라는 答을 하고 있는 것을 보면, 両国에는 여전히 적은 数이기는 하지만 自己意思를 分明히 表示하지 않는 사람도 있다.

그림 3-6. 반론(B3)

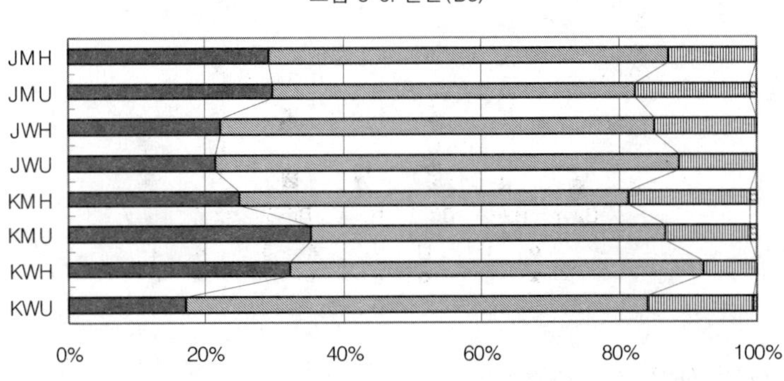

4) 反論의 表現 (B4)

反論할 때, 相対와 場面에따라 어떤 敬語行動이 나타나는가에 대하여 質問한 것이다. 表現의 種類는 일일이 列挙할 수 없을 程度이어서, 보기는 直説的表現, 婉曲表現, 謙譲表現, 依頼表現등을 中心으로 만들었다. 質問과 場面, 보기를 다음과 같이 作成하였다.

<질문> 貴下는 아래와 같은 사람이 말한 意見에 反対입니다.
      만일 反論을 하고자 하면, 무어라고 말하겠습니까?

<장면> B4-1. 친구와 둘이서 雜談하고 있을 때
      B4-2. 서클(동아리)会議에서 친한 친구에게
      B4-3. 서클(동아리)会議에서 先輩에게

B4-4. 共同研究会에서 다른 学生에게
B4-5. 共同研究会에서 教授(先生)에게

<보기> 1. 바로 反論을 시작한다(그것은 틀리다. 그것은 틀리다고 생각
　　　　합니다. 등)
　　　 2. 婉曲하게 相対의 意見에 反論한다(이것이 좋지 않을까 생각
　　　　합니다만. 등)
　　　 3. 단지, 自己의 意見만을 말한다 (나는 이렇게 생각합니다. 등)
　　　 4. 혼잣말처럼 疑問을 나타내는 形態로 反論을 시작한다(그럴
　　　　까...., 좀.... 등)
　　　 5. 우선 相対의 意見을 尊重하고 나서 反論을 시작한다(그런
　　　　意見도 있겠지만, 그럴지도 모르겠습니다만. 등)
　　　 6. 謙遜하게 反論을 시작한다(틀릴지도 모르겠습니다만. 등)
　　　 7. 가르쳐 주기를 바라는 形態로(가르쳐 주시기를 바랍니다 등)
　　　 8. (自己의 意見은 말하지 않는다)
　　　 9. (잘 모르겠다)

① 친구와 둘이서 雑談하고 있을 때 (B4-1)

바로 反論을 시작한다는 것은 相対에 대한 配慮性보다는 自己
中心的인 表現에 가깝다고 할 수 있다.両国에서는 이런 直説的인
応答이 3~4割 強의 높은 比率이지만, 이 중에서 日本의 女学生
만큼은 다소 떨어져 2割 程度의 比率을 보이고 있다.

両国에서는 大体的으로 婉曲한 表現이 고르게 나타나고 있으
며, 自己의 意見을 말하지 않는다는 応答은 거의 없다.

② 서클(동아리)会議에서 친한 친구에게 (B4-2)

서클(동아리)라는 公的인 場面에서, 両国은 바로 反論을 시작
한다는 比率보다는 우선 相対의 意見을 尊重하고 나서 反論을
시작한다가 2~4割의 높은 比率을 보이고 있다. 또한, 余他의 表
現에서도 自己中心的인 表現에서부터 婉曲한 表現에 이르기까지

多樣하게 나타나고 있는 点은 비슷하다. 日本의 男学生은「바로 反論을 시작한다」라는 表現이 2割 強까지도 나타나지만, 女学生은 1割 弱을 보이고 있어, 女学生쪽이 大体的으로 恭遜한 表現을 많이 使用한다고 말할 수 있다.

③ 서클(동아리)会議에서 先輩에게 (B4-3)
日本에서는「우선 相対의 意見을 尊重하고 나서 反論을 시작한다」「婉曲하게 相対의 意見에 反論한다」등의 恭遜한 敬語行動이 이루어지고 있으며, 친한 친구에서는 거의 볼 수 없었던「謙遜하게 反論을 시작한다」「自己의 意見은 말하지 않는다」라는 恭遜한 応答이 많이 나온다. 이는 学校社会에서의 先輩에 대한 敬語行動은 上下関係의 認識에 의해서 비롯된 것으로 推定된다. 여기에서 興味로운 事実은,「自己의 意見은 말하지 않는다」라고 応答한 사람 가운데 高校生이 大学生의 比率보다 2배 이상 많은 것으로 나타나고 있다. 이것은 高校가 大学보다도 先後輩間의 上下関係가 더욱 厳格하다는 것을 反証하고 있다고 보아야 하겠다.
韓国에서는 6割 強이「우선 相対의 意見을 尊重하고 나서 反論을 시작한다」「婉曲하게 相対의 意見에 反論한다」라는 敬語意識을 가지고 있어, 日本에 비하여 훨씬 集中된 分布를 보이고 있다. 先輩를 上位者로 認識하고, 恭遜한 敬語行動을 한다는 面에서는 日本과 相通한다고 보아야겠다.

④ 共同研究会에서 다른 学生에게 (B4-4)
相対가 친한가 친하지 않은가, 모임이 큰 편인가 작은 편인가 등의 場面的인 要因에 따라서 敬語行動은 어떤 様相을 보이고 있는가에 대하여 알아보고자 한다.
日本은「우선 相対의 意見을 尊重하고 나서 反論을 시작한다」「婉曲하게 相対의 意見에 反論한다」 등의 恭遜한 敬語行動을 하고 있지만,「단지, 自己의 意見만을 말한다」라는 一方的인 表現도 있다. 特히, 高校보다는 大学쪽이 보다 一方的인 表現을 많이 하고 있다. 또한, 高校는 大学보다 研究会에서 自己의 意見을 잘 말하지 않는 것으로 調査되고 있다. 韓国은 大体的으로 日本과 비슷한 様相을 보이지만,「謙遜하게 反論을 시작한다」는 다소 많은 편이다. 全体的으로 보아 日本은 서클(동아리)会議에서 친한 친구에게 反論을 말하는 경우에「바로 反論을 시작한다」라는 表現이 상당히 있었으나, 小規模研究会에서는 적게 나오고 있다.

이것은 敬語行動을 決定하는데 있어서는, 集会의 大小보다 親疎関係가 優先임을 意味한다.

⑤ 共同研究会에서 教授(先生)에게 (B4-5)

両国은「謙遜하게 反論을 시작한다」「가르쳐 주기를 바라는 形態로」처럼, 敬度가 아주 높은 表現을 한다는 점에서 一致를 보이고 있다. 그러나, 日本에서는「단지, 自己의 意見만을 말한다」처럼 一方的으로 敬語行動을 하는 사람도 1割을 차지하고 있다.

<보기>　1. すぐ反論を始める
　　　　2. 婉曲に相手の意見に反論する
　　　　3. ただ，自分の意見を述べる
　　　　4. ひとりごとのように疑問を呈する形で反論を始める
　　　　5. 相手の意見をまず尊重してから反論を始める
　　　　6. へり下って反論を始める
　　　　7. 教えをこう形で

그림 3-7. 일본 남학생

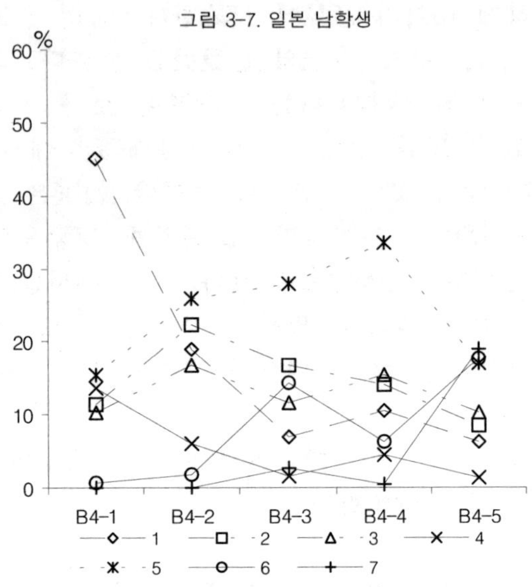

그림 3-8. 일본 여학생

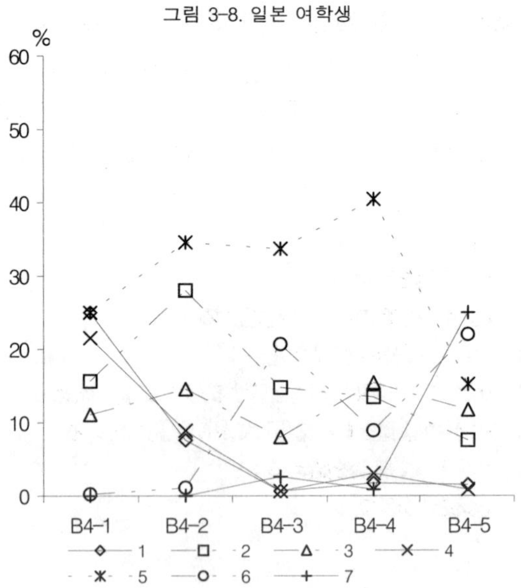

그림 3-9. 한국 남학생

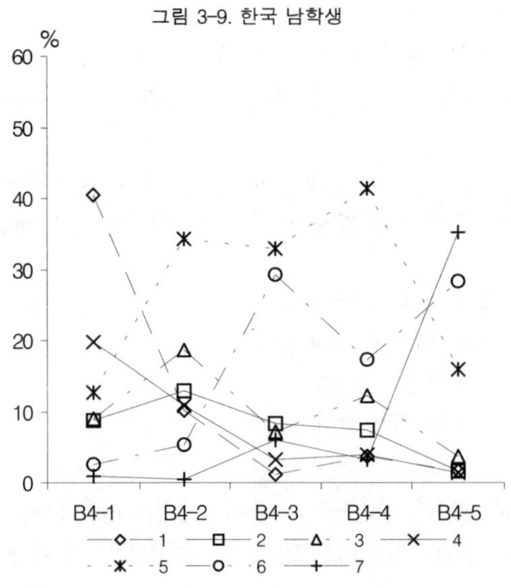

그림 3-10. 한국 여학생

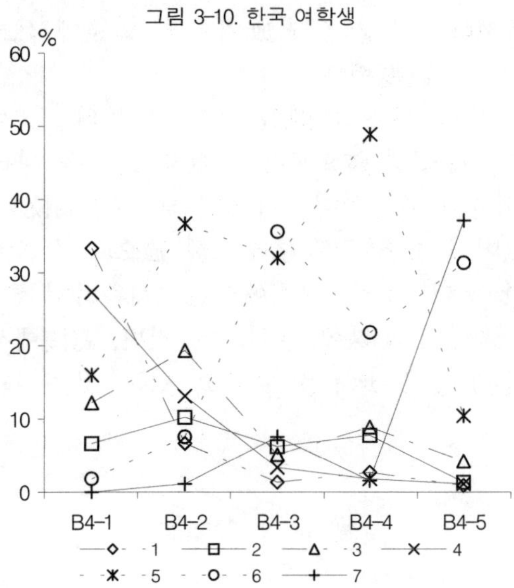

5) 재촉 (B5)

다른 사람에게 재촉을 하는가 하지 않는가, 또는 그 경우의 表現을 물어 본 것이다. 그에 대한 質問과 보기는 다음과 같다.

<질문> 貴下는 친한 친구에게 꽤 많은 돈을 빌려주었습니다만, 約束한 날짜가 되어도 갚지 않는 경우에는 어떻게 하겠습니까?

<보기> 1. 다시 한번 재촉한다
       2. 갚을 때까지 재촉한다
       3. 재촉하지 않는다
       4. 친구와 헤어진다

全体的으로 보면, 両国은 「다시 한번 재촉한다」가 3~7割 程度의 높은 比率을 보이고 있지만, 国家別・学校別・性別에 따라서 많은 偏差를 보이고 있다. 그 다음으로는 日本에서는 「갚을 때까지 재촉한다」가 1~5割 強이지만, 韓国에서는 「재촉하지 않는다」가 1~3割 程度이다.

学校別・性別에 따른 特徴을 보면, 일본의 女学生은 「다시 한번 재촉한다」가 7割 強으로서 多数의 比率을 나타내고 있는 点과, 「갚을 때까지 재촉한다」가 일본의 男子高校生과 韓国男子高校生에게 있어서 各各 5割 強과 2割 強으로 顕著히 나타나는 것은 特記할만 하다. 또한, 日本에서는 「재촉하지 않는다」가 大体的으로 1割 未満의 小数에 그치고 있지만, 韓国에서는 1~3割 程度라는 比較的 높은 比率을 보이고 있는 것은 対照的인 現状이라 하겠다.

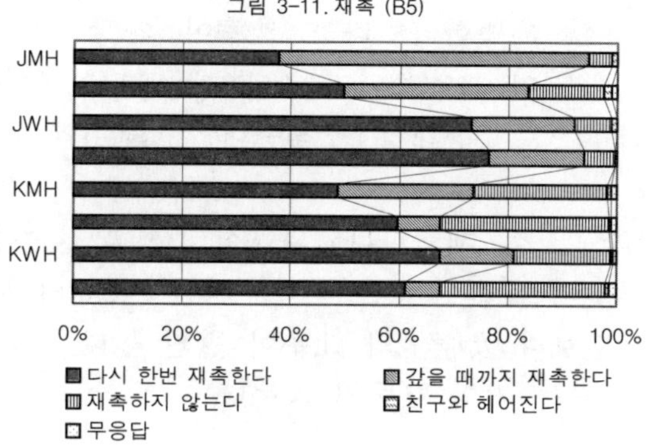

6) 재촉의 表現 (B6)

재촉을 할 때, 敬語行動의 樣相이 여러 가지로 나타날 수 있겠다. 여기에서는 代表的으로 책망, 다그침, 疑問, 에두름, 재촉하지 않음 등의 表現을 例示하고 있다. 質問의 內容은 다음과 같다.

<질문> 貴下로부터 부탁 받은 것을 떠맡고 있으면서도, 아래의 사람은 전혀 해주지를 않습니다. 무어라고 말하면서 재촉하겠습니까?

<장면> B6-1. 친한 친구
       B6-2. 친한 선배
       B6-3. 선생님
       B6-4. 부친이 알고 있는 사람

<보기> 1. 상대를 꾸짖는다 (왜 하지 않는 것인가(입니까?), 무엇하고
          있어(요?) 등)
       2. 직접 재촉한다 (빨리 해 줘, 빨리 해 주세요, 등)
       3. 疑問의 形態를 나타낸다 (아직인가, 아직입니까, 어떻게 되
          었습니까? 등)
       4. 에둘러 말하다 (부탁드린 件 얘기입니다만....., 매우 급합
          니다만..... 등)
       5. (재촉하지 않는다)

① 친한 친구 (B6-1)

両国은「직접 재촉한다」라는 比率이 가장 높다는 点에서는 비슷하지만, 韓国이 日本보다 다소 높게 나타나고 있다. 그 다음으로는 大体的으로「상대를 꾸짖는다」「疑問의 形態를 나타낸다」順이다.

일본에서는「직접 재촉한다」와「상대를 꾸짖는다」에서 女学生보다 男学生의 比率이 높으며, 그 대신「疑問의 形態를 나타낸다」는 男学生보다 女学生의 比率이 훨씬 높다. 韓国에서는 男女別에 따른 差異는 거의 보이지 않는다.

② 친한 先輩 (B6-2)

両国은 相対가 친한 친구였을 때와는 달리,「疑問의 形態를 나타낸다」가 4~5割 程度의 높은 比率이라는 점에 一致하고 있다. 또한「에둘러 말하다」라는 比率도 1~4割 程度로 比較的 높은 편이다. 그러나 日本은「에둘러 말하다」에서 男学生보다는 女学生의 応答率이 相対的으로 높게 나타나고 있다. 韓国에서는 男女別에 따른 差異는 거의 보이지 않는다.

③ 先生 (B6-3)

韓国과 日本은「에둘러 말하다」「疑問의 形態를 나타낸다」順으로 많이 나타나고 있다. 하나의 特徵으로는 韓国의 男子高校生은 1割 強 程度가 「재촉하지 않는다」는 応答을 하고 있다.

④ 父親이 알고 있는 사람 (B6-4)

両国은「에둘러 말하다」「재촉하지 않는다」「疑問의 形態를 나타낸다」順으로 많이 나타나고 있다. 相対가 先生인 경우에는 韓国의 男子高校生에게서만 1割 強 程度가「재촉하지 않는다」는 応答을 보이고 있는데 비해서, 相対가 父親이 알고 있는 사람인 경우에는 1~3割 强의 높은 比率을 보이고 있다.

<보기>　1. 상대를 꾸짖는다(왜 하지 않는 것인가(입니까?),무엇하고 있
　　　　　　어(요?)등)
　　　　 2. 직접 재촉한다(빨리 해 줘, 빨리 해 주세요,등)
　　　　 3. 疑問의 形態를 나타낸다(아직인가, 아직입니까, 어떻게 되
　　　　　　었습니까? 등)
　　　　 4. 에둘러 말하다(부탁드린 件 얘기입니다만....., 　매우 급합니
　　　　　　다만..... 등)
　　　　 5. (재촉하지 않는다)

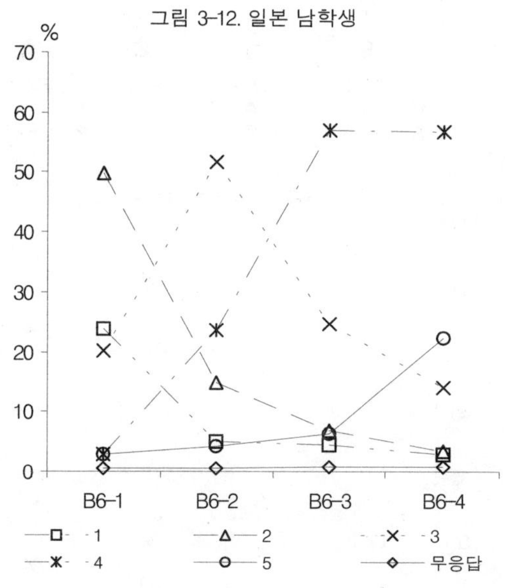

그림 3-12. 일본 남학생

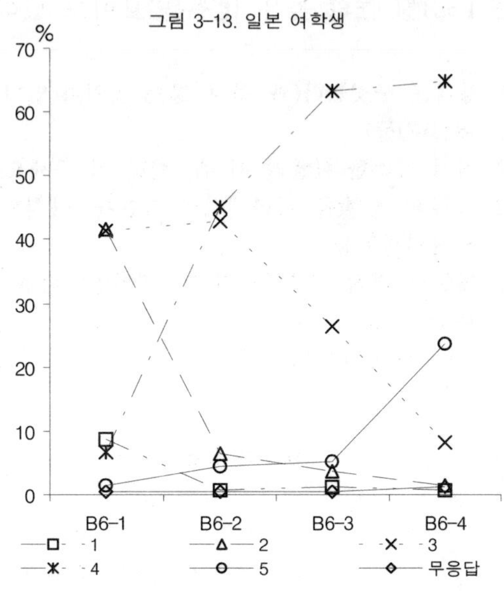

그림 3-13. 일본 여학생

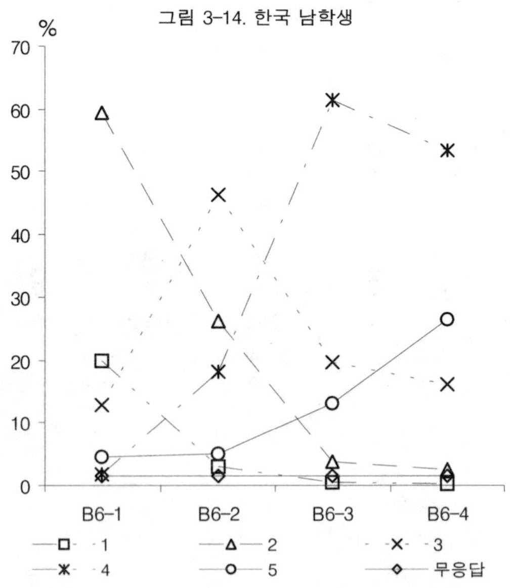

그림 3-14. 한국 남학생

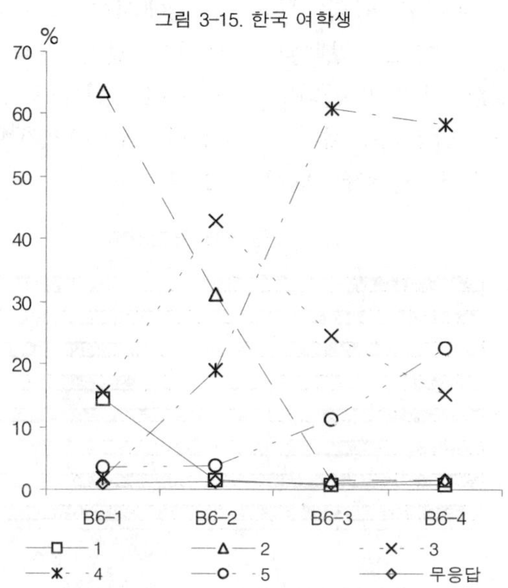

7) 불만(B7)

다른 사람에게 부탁해서 받은 것이 마음에 들지 않는 경우에 어떤 行動을 하는가에 대하여 질문한 것이다. 質問의 內容은 다음과 같다.

<질문> 사 가지고 온 商品이나, 친구에게 부탁해서 받은 것이 마음에 들지 않았습니다. 貴下는 불만을 바로 말하는 편입니까?

<보기>　1. 바로 말한다
　　　　　2. 重要한 것만 말한다
　　　　　3. 原則的으로 말하지 않는다
　　　　　4. 가게에는 말하지만, 친구에게는 말하지 않는다

日本에서는 「重要한 것만 말한다」 의 比率이 6~7割 程度를 차지하고 있는데 반하여, 韓国에서는 다른 表現도 많이 나타나고 있는 樣相을 보이고 있다. 특히, 韓国에서는「原則的으로 말하지 않는다」의 応答이 2~3割 強을 보이고 있는 것과,「가게에는 말하지만, 重要한 것만 말한다」의 比率이 2割 前後인 것은 注目할 点이다.「바로 말한다」에서는 日本의 男子高校生만이 2割 強이라는 比較的 높은 比率을 보이고 있다.

그림 3-16. 불만 (B7)

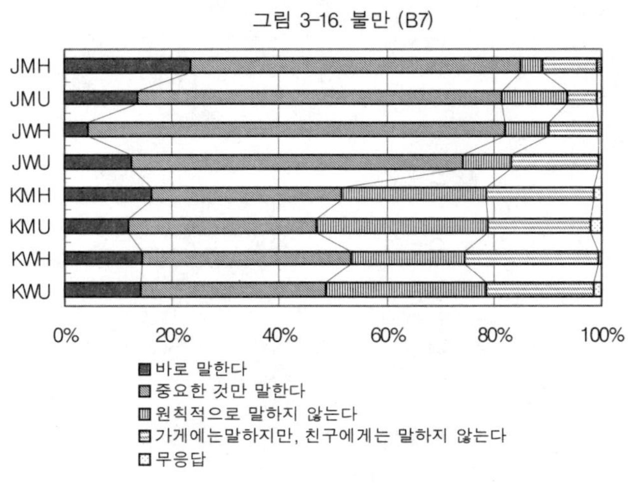

8) 불만의 表現 (B8)

婉曲한 表現에서부터 直接的인 表現에 이르기까지 差異가 있는 여러 敬語行動을 例示하려 했으나, 実際로는 그다지 큰 差異가 없어, 어떤 表現을 選好하고 있는가를 알아보는 선에서 滿足해야 될 것 같다. 이 問項의 質問은 B7에서 어떤 形態로든지 不滿을 말하고 있는 사람에게만 묻고 있는 것이다.

<질문> 그 때, 무어라고 말합니까?

<장면> B8-1. 가게
        B8-2. 친구

<보기> 1. 이것, 좀 이상한데
2. 이것, 좀 이상합니다만
3. 이것, 어떻게 된 것인지
4. 이것, 어떻게 된 것입니까?
5. 이것, 어떻게 할 수 없을까?
6. 이것, 어떻게 되지 않겠습니까?
7. 이것, 이렇기 때문에 바꾸어(고쳐) 줘
8. 이것, 이렇기 때문에 바꾸어(고쳐) 주세요
9. (아무 말도 하지 않는다)

① 가게 (B8-1)

日本에서는「이것, 좀 이상합니다만」「이것, 이렇기 때문에 바꾸어(고쳐) 주세요」의 順序로 말하고 있지만, 韓国에서는 그 反対로 表現되고 있다. 양국이 婉曲한 表現과 恭遜한 依頼表現, 「합쇼体」와「~해 주세요」를 選好하고 있다는 점에서는 一致한다.

② 친구 (B8-2)

両国은 相対가 비록 친구이더라도 불만을 말할 때, 될 수 있는 한 命令調의 表現은 삼가고, 혼잣말 같은 표현이나 疑問을 提起하는 表現을 使用하고 있다. 이는 相対의 感情을 상하게 하지 않으려는 配慮에서 나오는 敬語行動이라고 볼 수 있다. 또한, 相対에게 불만에 대하여 아무 말도 하지 않는 것도 위의 類型에 該当된다고 말할 수 있다. 日本은 「이것, 좀 이상한데」「아무 말도 하지 않는다」「이것, 어떻게 된 것인지」의 順이며, 韓国은 「이것, 좀 이상한데」「아무 말도 하지 않는다」「이것, 어떻게 할 수 없을까?」의 順이다. 이를 보면, 両国은 친구에 대하여 配慮의 敬語行動과 常体를 使用하고 있다는 점에서 一致를 보이고 있다.

<보기>　1. 이것, 좀 이상한데
　　　　2. 이것, 좀 이상합니다만
　　　　3. 이것, 어떻게 된 것인지
　　　　4. 이것, 어떻게 된 것입니까?
　　　　5. 이것, 어떻게 할 수 없을까?
　　　　6. 이것, 어떻게 되지 않겠습니까?
　　　　7. 이것, 이렇기 때문에 바꾸어(고쳐) 줘
　　　　8. 이것, 이렇기 때문에 바꾸어(고쳐) 주세요
　　　　9. (아무 말도 하지 않는다)

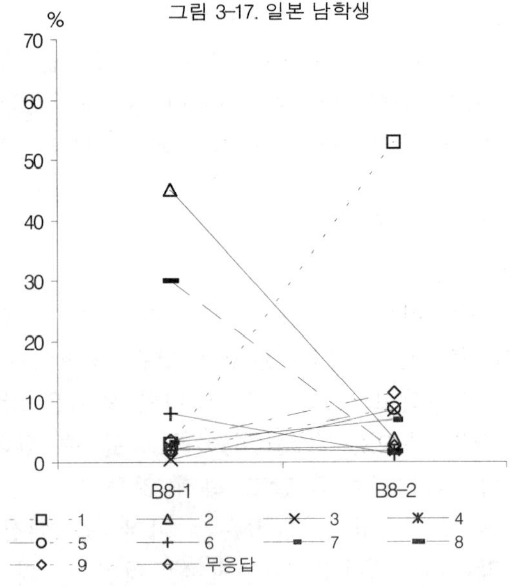

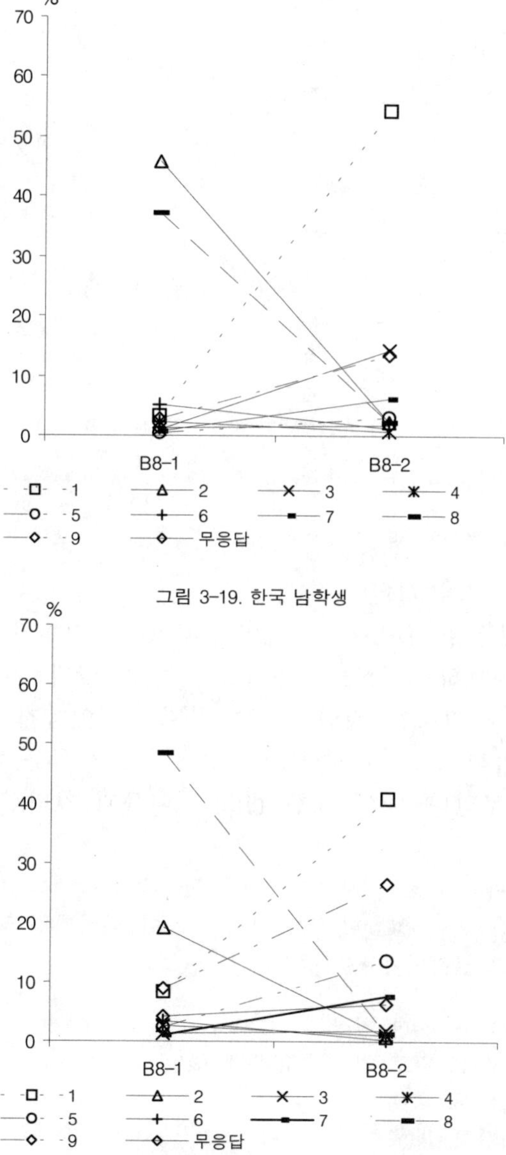

그림 3-18. 일본 여학생

그림 3-19. 한국 남학생

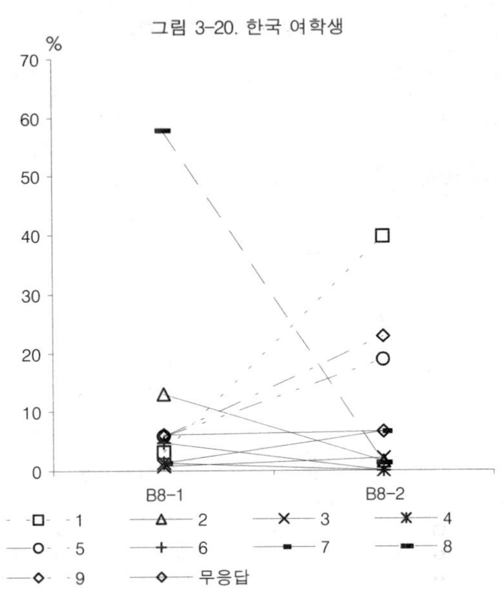

9) 拒絕의 表現 (B9)

어떠한 表現을 使用하여 拒絕하고 있는 것인가, 또는 相對에 따라서는 拒絕하지 않는 것인가를 물어 보았다. 弁明을 하는 것인지, 本心을 말하는 것인지, 또는「갈 수 있을지 어떨지 잘 모르겠다고 말해 놓고, 나중에 拒絕한다」는 行動을 하는가에 대해서도 물어 보았다. 이에 대한 質問은 다음과 같다.

<질문> 아래와 같은 사람으로부터 親睦会에 勧誘를 받았습니다. 時間은 비어 있습니다만, 별로 마음이 내키지를 않습니다. 무어라고 말하며 拒絕하겠습니까?

<장면> B9-1. 친한 친구
B9-2. 별로 친하지 않은 同級生
B9-3. 先輩
B9-4. 後輩

B9-5. 教授(先生)

<보기> 1. 가고 싶지만, 先約(用務, 아르바이트)이 있어서, 아무래도 갈
　　　　　 수 없다(없습니다)
　　　　2. 미안합니다만, 先約(用務, 아르바이트)이 있어서, 갈 수 없
　　　　　 다(없습니다)
　　　　3. 時間이 없어서.....
　　　　4. 기분이 내키지 않아서.....(좀.....), 가고 싶지 않기 때문에
　　　　5. (理由를 말하지 않고) 오늘은 안돼
　　　　6. (갈 수 있을지 어떨지 잘 모르겠다고 말해 놓고, 나중에 拒
　　　　　 絶한다)
　　　　7. (간다고 말해 놓고 가지 않는다)
　　　　8. (拒絶하지 않는다)

① 친한 친구 (B9-1)
　恭遜한 程度를 보면,「기분이 내키지 않아서」→「오늘은 안
돼」→「가고 싶지만, 先約(用務, 아르바이트) 이 있어서」→「미
안합니다만, 先約(用務, 아르바이트)이 있어서」의 順이다.
　日本에서는「기분이 내키지 않아서」를 中心으로 여러 表現
이 나타나고 있지만, 韓国에서는「기분이 내키지 않아서」와
「가고 싶지만, 先約(用務, 아르바이트)이 있어서, 아무래도 갈
수 없다(없습니다)」의 두 가지 表現에 集中되어 있다.
　国家別·学校別. 性別에 따라서는 差異点이 나타나고 있다. 両
国에 있어서, 女学生은 男学生에 비하여「기분이 내키지 않아
서」라는 比率이 越等히 높게 나타나고 있으며, 여러 表現 中에
서 가장 選好하고 있다. 또한, 両国의 男子高校生은 共히 다른
그룹에 비하여「拒絶하지 않는다」는 表現을 많이 하고 있다.

② 별로 친하지 않은 同級生 (B9-2)
　両国은 1~6番까지의 表現이 多様하게 나타나고 있는데, 친한

친구에서는 거의 볼 수 없었던「갈 수 있을지 어떨지 잘 모르겠다고 말해 놓고, 나중에 拒絶한다」는 表現이 1~2割 強을 보이고 있다. 좀더 具体的으로 살펴보면,「오늘은 안돼」에서는 両国의 男子高校生만이 相対的으로 높은 比率(1割 強)을 보이고 있는데, 이는 男子高校生사이에서는 非格式的인 表現을 選好하는데서 起因하는 것이 아닌가 한다. 「미안합니다만, 先約(用務, 아르바이트)이 있어서」에서는 両国 共히 女学生이 男学生보다 높은 応答을 하고 있다.

③ 先輩 (B9-3)

両国은 「갈 수 있을지 어떨지 잘 모르겠다고 말해 놓고, 나중에 拒絶한다」→「가고 싶지만, 先約이 있어서, 아무래도 갈 수 없다」→「미안합니다만, 先約이 있어서, 갈 수 없다」의 順으로 敬語行動을 하고 있다. 先輩에 대하여 拒絶을 나타낼 때는, 바로 意思表示를 한다든지 말끝을 흐리기보다는, 大部分이 恭遜한 表現을 한다.

④ 後輩 (B9-4)

両国은 先輩가 後輩에 대해서도 공손한 敬語行動을 하고 있는 사람의 比率이 비슷한 分布를 보이고 있으며, 拒絶表現의 多樣함도 一致하고 있다. 그러나, 両国의 男子高校生은「가고 싶지만, 先約이 있어서, 아무래도 갈 수 없다」와「미안합니다만, 先約이 있어서, 갈 수 없다」의 공손한 表現에서는 1割 未満의 낮은 분포를 보이고 있으나, 바로 拒絶하는「오늘은 안돼」는 2~3割 強이다.

또한, 両国의 女大生은 어느 그룹보다도 공손한 表現을 많이 使用하고 있으며, 그 대신에 바로 拒絶하는 表現은 낮게 나타나고 있다.

⑤ 教授(先生) (B9-5)

両国은 가고 싶지만,「先約이 있어서, 아무래도 갈 수 없다」와「미안합니다만, 先約이 있어서, 갈 수 없다」의 공손한 表現이 6~8割 程度의 높은 比率을 보이고 있다. 先生에게 가장 恭遜한 表現을 많이 하고 있다. 韓国에서는「拒絶하지 않는다」가 그룹에 따라서는 2割 強까지도 나타나는데, 이는 선생을 아주 높은 相対로 認識하여, 無言의 敬語行動을 한 것으로 判断된다.

<보기> 1. 가고 싶지만, 선약(용무, 아르바이트)이 있어서, 아무래도 갈 수 없다 (없습니다)
2. 미안합니다만, 선약(용무, 아르바이트)이 있어서, 갈 수 없다 (없습니다)
3. 시간이 없어서…
4. 기분이 내키지 않아서…(좀…). 가고싶지 않기 때문에
5. (이유를 말하지 않고)오늘은 안돼
6. (갈 수 있을지 어떨지 잘 모르겠다고 말해 놓고, 나중에 거절한다)
7. (간다고 말해 놓고 가지 않는다)
8. (거절하지 않고 간다)

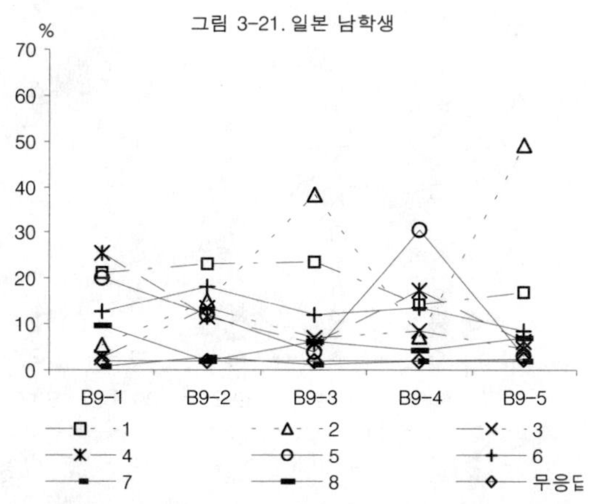

그림 3-21. 일본 남학생

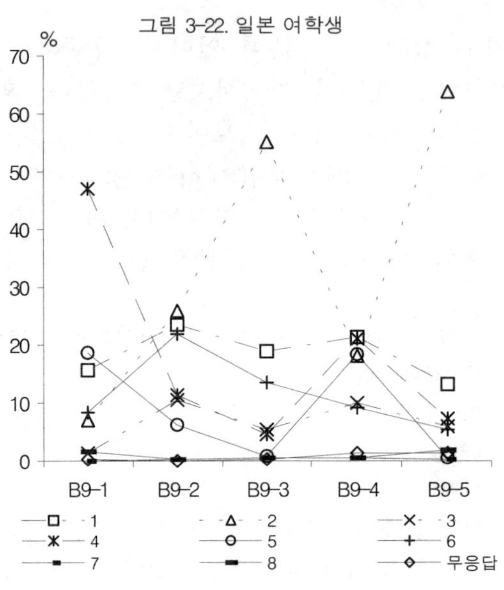

그림 3-22. 일본 여학생

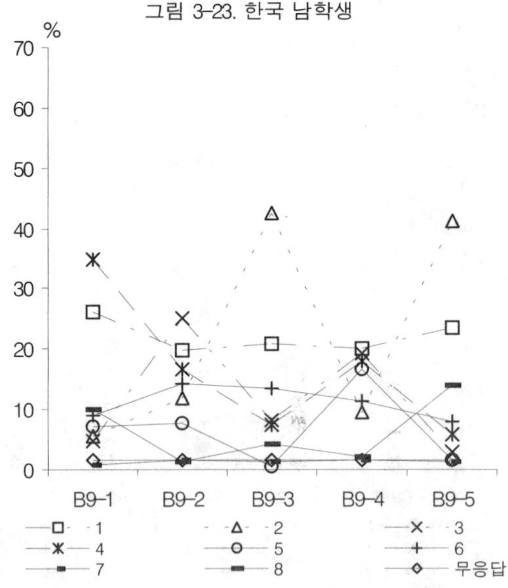

그림 3-23. 한국 남학생

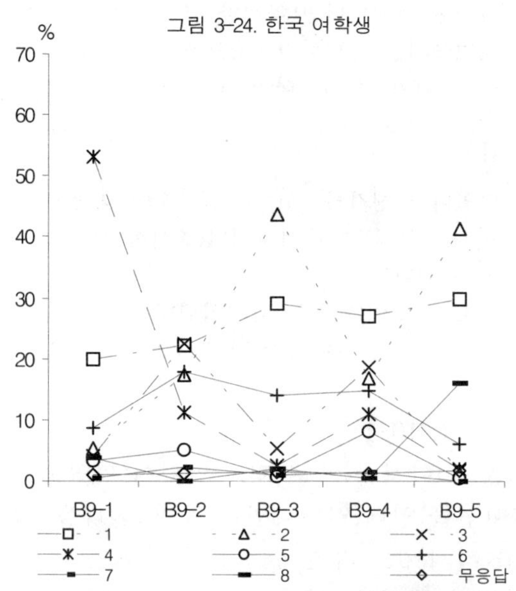

10) 간단한 선물 (B10)

간단한 선물을 건넬 때, 아무 말 없이 訪問한 집에 놓고 올 것인가, 그렇지 않으면 무슨 말을 하면서 건넬 것인가 등 여러 가지 表現이 있을 것이다. 이러한 경우에 敬語行動은 어떻게 나타나는가에 대하여 다음과 같이 質問했다.

<질문> 아래와 같은 사람의 집을 訪問할 때, 自己가 좋아하는 과자를 가지고 갔습니다. 건넬 때, 무어라고 말합니까?

<장면>　B10-1. 친한 친구
　　　　　B10-2. 先輩
　　　　　B10-3. 後輩
　　　　　B10-4. 親戚
　　　　　B10-5. 先生님

<보기> 1. 약소한 것입니다만(약소한 것이지만)
　　　　2. 맛있을지 모릅니다만 (맛있을지 모르지만)
　　　　3. 이것, 과자(선물)인데(입니다만)
　　　　4. (자.....)이것....
　　　　5. 부디
　　　　6. 맛있다고 생각하지만, 들어(잡수어)보세요
　　　　7. 이것, 나(저)는 좋아하지만(좋아합니다만) 맛있어(맛있는 과자 입니다)
　　　　8. 이것, 맛있어(맛있는 과자입니다)
　　　　9. 변변치 못한 것이지만 받아 주십시요

① 친한 친구 (B10-1)

両国은「(자.....)이것....」「이것, 맛있어(맛있는 과자입니다)」「이것, 과자(선물)인데(입니다만)」등의 表現을 많이 하고 있는데, 이 表現들의 特徵이라면 敬語的인 要素는 없이 단지 가져 온 선물만을 가리킬 뿐이다. 이와 같이 친한 친구사이에서는 儀礼的인 敬語行動은 거의 나타나지 않고, 단지 사실만을 짧게 表現하여 더욱 親密感을 나타내고 있는 것이다.

② 先輩 (B10-2)

両国에서는 친한 친구보다는 先輩에 대하여, 補充説明이나 말끝을 흐리는 表現을 하여 恭遜함을 나타내고 있다. 예를 들면, 日本에서는「これ, お菓子(おみやげ)なんだけど(ですけど)」가 가장 높은 比率(3~4割)을 보이고, 그 다음으로는「どうぞ」「おいしいと思うんだけど, 食べて(召し上がって)みて(下さい)」등이 비슷한 比率을 보이고 있다. 또한, 韓国에서도 「맛있을지 모릅니다만 (맛있을지 모르지만)」「이것, 과자(선물)인데(입니다만)」「이것, 맛있어(맛있는 과자입니다)」등의 表現을 많이 하고 있다.

③ 後輩 (B10-3)

両国은 친한 친구일 때와 거의 비슷한 表現을 보이고 있다. 「(자…..)이것….」→「이것, 맛있어(맛있는 과자입니다)」→「이것, 과자(선물)인데(입니다만)」의 順을 보이고 있다. 다만, 日本의 男学生은 女学生에 비해서 3배 以上「(자…..)이것….」을 使用하고 있지만, 그 대신 「이것, 과자(선물)인데(입니다만)」는 훨씬 적게 使用하고 있다. 韓国에서는 男女에 따른 差異가 그리 크지 않은 것으로 되어 있다. 또한, 日本의 学生 가운데서도 특히 女学生은 1割 強이 勧誘表現인「맛있다고 생각하지만, 들어(잡수어)보세요」를 사용하고 있지만, 韓国은 이 勧誘表現은 거의 나타나지 않고 있다.

④ 親戚 (B10-4)

両国은「약소한 것입니다만(약소한 것이지만)」「맛있을지 모릅니다만 (맛있을지 모르지만)」등의 常套語를 包含해서 恭遜한 表現을 많이 하고 있는 것으로 나타났다. 이에 대한 가장 큰 理由로는, 父母는 항상 家庭이라는 울타리 안에서 生活을 하기 때문에 가까운 사이로 認識될 수 있는데 비하여, 親戚은 血縁의 関係는 있지만, 다소 疎遠한 사이로 認識하고 있는데서 비롯된다고 할 수 있겠다.

⑤ 先生님 (B10-5)

両国은 親戚보다도 더욱 恭遜한 表現을 하고 있다. 韓国에서는 2~3割 強이「변변치 못한 것이지만 받아 주십시요」라는 常套語가 섞인 表現을 많이 使用하고 있다. 日本의 男子高校生중에는 1割強이「どうぞ (부디)」라는 表現을 하고 있다.

<보기> 1. 약소한 것입니다만(약소한 것이지만)
　　　 2. 맛있을지 모릅니다만 (맛있을지 모르지만)
　　　 3. 이것, 과자(선물)인데(입니다만)
　　　 4. (자…)이것…
　　　 5. 부디
　　　 6. 맛있다고 생각하지만,　들어(잡수어) 보세요
　　　 7. 이것, 나(저)는 좋아하지만(좋아합니다만)
　　　 8. 이것, 맛있어(맛있는 과자입니다)
　　　 9. 변변치 못한 것이지만 받아 주십시오

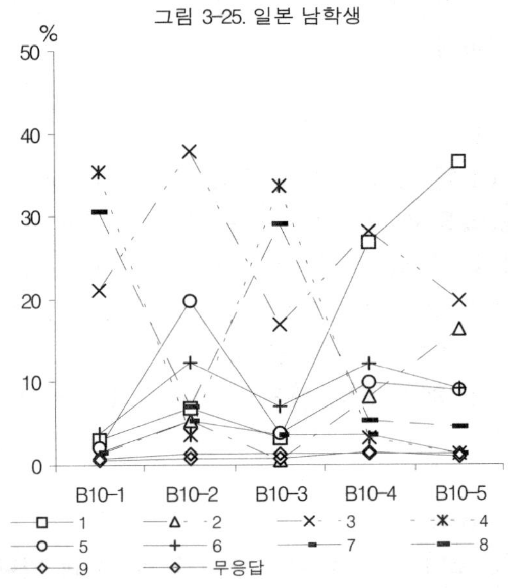

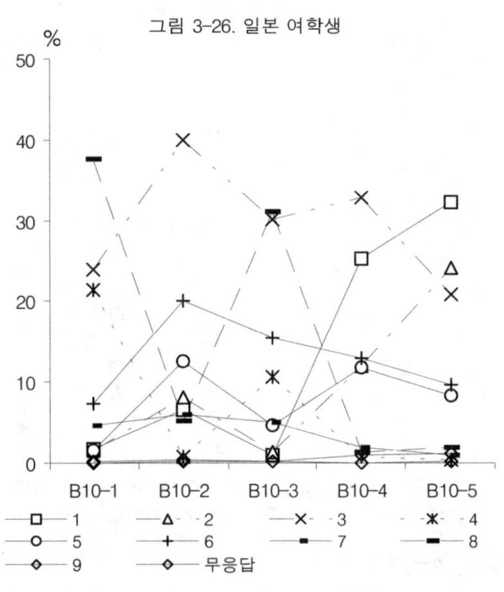

그림 3-26. 일본 여학생

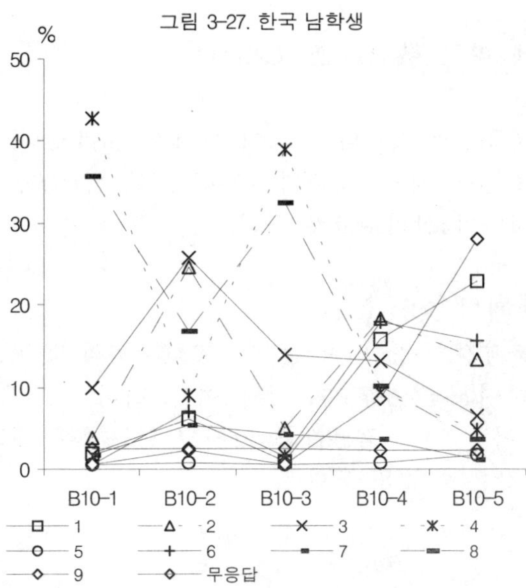

그림 3-27. 한국 남학생

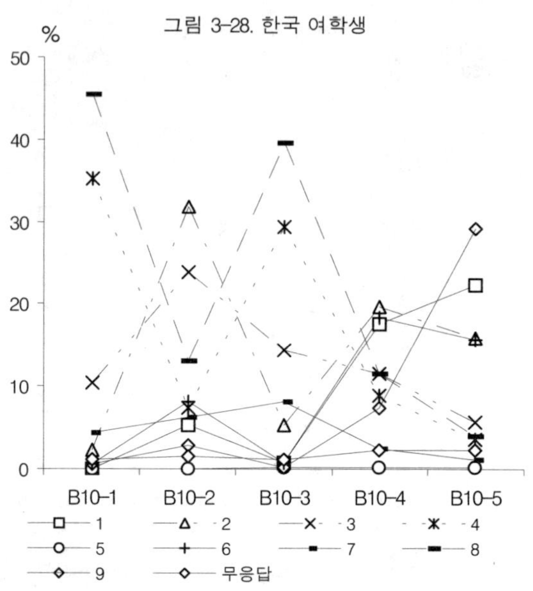

2. 相対에 따른 敬語行動 (C項目)

C1, C2, C3는 他人과의 交際에 대해서 質問했다. 被調査者 個人個人의 交際에 대한 意識과 範圍는, 敬語行動과 어떤 関聯이 있는가에 대하여 살펴보고자 한다.

1) 同級生과의 交際 (C1)

요즈음의 学生들은 核家族化나 尖端産業의 影響으로 인하여, 과거에 비하여 個人主義的인 性向이 강하다는 말을 많이 한다. 이런 말이 어느 정도 客観性을 가지고 있는가에 대하여 알고 싶어 다음과 같은 質問을 했다.

<질문> 同級生과 함께 있을 때는 즐겁습니까?

<보기> 1. 매우 즐겁다 2. 어느 쪽인가 하면 즐겁다
        3. 어느 쪽인가 하면 즐겁지 않다
        4. 전혀 즐겁지 않다 5. 모르겠다. 느낌이 없다

両国은 「매우 즐겁다」 와 「어느 쪽인가 하면 즐겁다」 를 합한 比率이 9割 前後로서, 여전히 大部分이 同級生에 대해서 좋은 反応을 보이고 있다.

그림 3-29. 동급생과의 교제(C1)

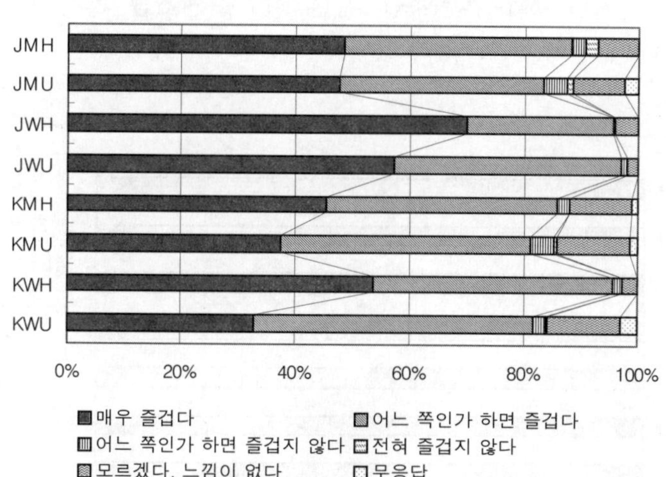

2) 交際의 範囲 (C2)

거의 모든 学生이 同級生과 같이 있을 때는 즐겁다는 答을 하고 있는데, 이는 交際의 範囲와도 関係가 있는 것일까?

<질문> 他人과의 交際는 (다른 친구와 비해서) 많은 편입니까, 적은 편입니까?

<보기> 1. 훨씬 많은 편
      2. 조금 많은 편
      3. 같은 程度
      4. 조금 적은 편
      5. 훨씬 적은 편

交際의 範圍를 다른 친구와 比較해서 물어 보고 있는데, 基準 自體가 상당히 曖昧한 점이 있다는 것을 認定하지 않을 수 없다. 이 점을 勘案하면서 分析할 必要가 있다고 본다.

日本은 大體的으로「조금 많은 편」→「조금 적은 편」→「같은 程度」이지만, 韓国은「조금 적은 편」→「조금 많은 편」→「같은 程度」의 順을 보이고 있다.

그림 3-30. 교제의 범위 (C2)

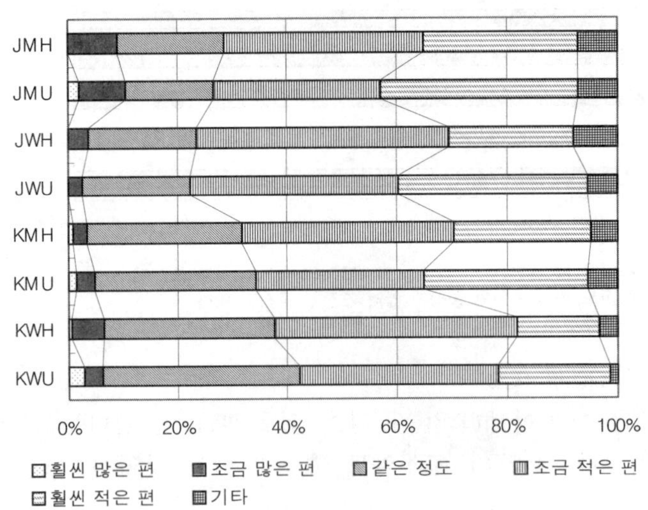

3) 모르는 사람과 함께 있을 때 (C3)
처음 보는 사람과도 쉽게 사귀는 사람이 있는가 하면, 그 反對

인 사람도 있다. 一般的으로 보면　外向的인 性格이 다른 사람과 쉽게 사귀는 傾向이 많으며, 内向的인 사람은 그렇지 못한 경우가 많다고 볼 수 있겠다. 이 問項에서는 個人이 어떠한 性格을 가지고 있는가를 알아보기 위하여 다음과 같이 물어 보았다.

<질문>　모르는 사람과 함께 어떤 곳으로 가기로 되었습니다. 貴下는 이러한 경우에 바로 그 사람과 허물없이 이야기하는 편입니까? 그렇지 않으면 말하기 어려 하는 편입니까?

<보기>　1. 바로 이야기하는 편
　　　　　2. 이야기하기 어려운 편
　　　　　3. 잘 모르겠다

　両国은 恰似한 様相을 보이고 있다.　全体的으로 보면,「이야기하기 어려운 편」이「바로 이야기하는 편」보다 다소 낮게 나타나고 있다. 調査 以前에는 女学生이 男学生보다 「이야기하기 어려운 편」일거라고 생각했었지만, 資料上에는 그 反対의 結果가 나왔다.「잘 모르겠다」의 応答은 両国 모두 1割 強의 比率을 나타내고 있다.

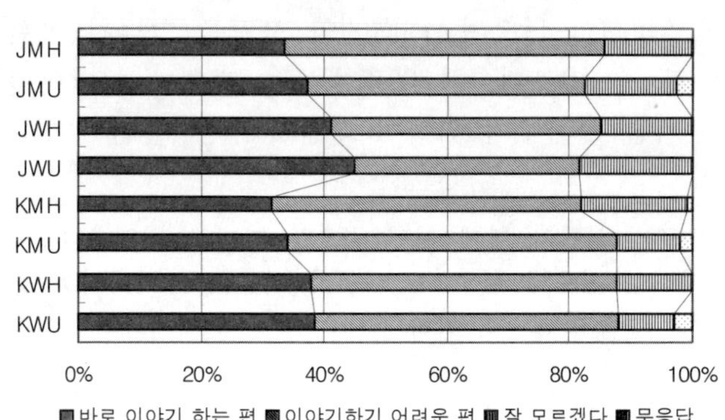

그림 3-31. 모르는 사람과 함께 있을 때(C3)

4) 各自負担 (C4)

C4, C5는 食堂이나 찻집에 함께 갔을 때 食事費나 찻값을 누가 支払하는가에 대하여 물어 보았다. 이 問項도, 相対에 대한 配慮를 생각한다는 점에서, 敬語行動이라고 생각할 수 있다. C4에서는, 一般的인 意識의 傾向을 周囲의 사람과 比較하는 형태로 質問했다.

<질문> 貴下는 다른 사람과 차를 마시거나 식사를 할 때, 한 턱을 내기도 하고 받기도 하는 편입니까?

<보기> 1. 자주 한다
        2. 때때로 한다
        3. 거의 하지 않는다

両国에 있어서 費用負担의 方法은 상당한 差異를 보이고 있다. 먼저 日本에서는 「때때로 한다」가 3~4割 程度로서 比較的 높은 比率을 보이고 있으며, 「거의 하지 않는다」도 거의 비슷한 比率을 보이고 있다.

특히 현저한 現状은, 日本의 女学生은 4~6割 強이 「거의 하지 않는다」의 높은 分布를 보이고 있는데 비해서, 日本의 男学生은 相対的으로「자주 한다」가 높은 分布를 보이고 있다. 韓国에서는「때때로 한다」가 6~7割 程度로서 日本보다 월등히 높게 나타나고 있으며, 그 다음으로는「자주 한다」가 2~3割 程度의 比率을 보이고 있다.

그림 3-32. 각자 부담 (C4)

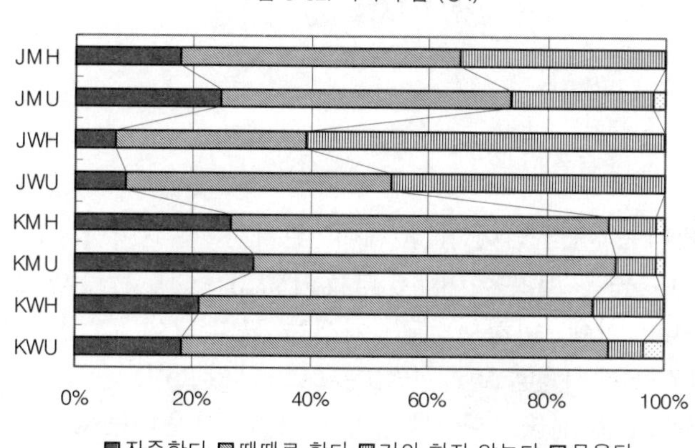

5) 누가 돈을 내는 것이 좋은가? (C5)

両国의 敬語行動은 心理的側面·行動的側面·言語的側面에서 살펴 볼 수 있다. 여기에서는 相対方에 대한 配慮에 親疎意識·上下意識·恩恵意識등의 心理的要因들이 어떻게 作用되고 있으며, 그러한 配慮意識이 国家別·男女別·学校別로는 어떻게 나타나고 있는가를 알아보고자, 주로 아래와 같은 場面을 중심으로 17개의 問項을 設定하였다.

公的인 일로 先輩나 後輩와 함께 나갔을 때, 後輩의 일을 도와주었을 때, 先輩가 자기의 일을 도와주었을 때, 자기가 친구에게 먼저 授業을 마치고 나가자고 제의했을 때, 친구가 먼저 授業을 마치고 나가자고 제의했을 때, 친구가 찾아 왔을 때, 친구가 찾아갔을 때, 자기나 친구에게 돈이 생겼을 때, 친구의 생일이었을 때 등이다.

① 先生님과 学生 셋이서 차를 마시러 갈 때 (C5-1)

<장면> 授業을 마치고 돌아가는 길에 先生님과 学生 셋이서
차를 마시러 갔습니다.

<보기> 1. 先生님
2. 学生
3. 各自負担

日本에서는 先生님이 負担해야 된다는 意見이 5~6割 程度로서 比較的 높은 比率이며, 各自負担도 3~4割 程度의 比率을 보이고 있다. 이에 비하여 韓国에서는 先生님이 負担해야 된다는 応答이 7~8割 程度로서 圧倒的으로 많았으며, 学生과 各自負担의 比率은 1割 前後이다. 韓国의 大学生 가운데는 1割 強의 学生이 負担해야 된다는 의견도 있었다. 이를 보면, 先生님이 負担해야 된다는 意見을 많이 보이고 있는 것은, 師弟之間이라는 身分이나 経済力에서 上位者로 認識하는데서 起因하는 것이 아닌가 생각한다. 또한 일본에서 各自負担의 比率이 높은 것은 社会的인 慣꿜에 의한 것일 수도 있겠으나, 다른 한편으로는 大部分의 学生이 아르바이트를 経験하는데서 오는 発想으로 여겨진다.

韓国의 大学生 가운데는 1割 強의 学生이 負担해야 된다는 의견을 보면, 日本의 大学生보다는 韓国의 大学生쪽에 先生님에 대한 伝統的인 思考方式이 더욱 남아 있다고 볼 수 있다.

그림 3-33. 선생님과 학생 셋이서 차를 마시러 갈때(C5-1)

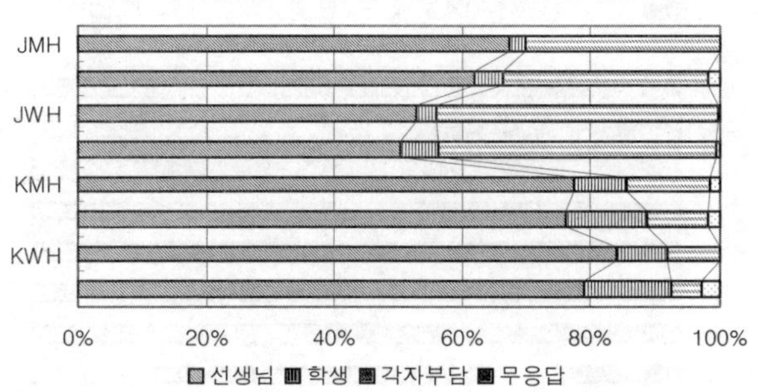

② 後輩와 함께 公的인 일을 보러 나갈 때(누가 돈을 내는 것
이 좋은가) (C5-2. C5-3)

<장면> 동아리나 学科의 男子後輩와 함께 동아리나 学科의 일로 나갔
습니다. (女子後輩의 경우는 C5-3)

<보기> 1. 貴下　　2. 後輩　　3. 各自負担

日本에서는 男子後輩와 함께 나갈 때는 各自負担의 比率이
6~9割 程度이지만, 女子後輩와 나갈 때는 4~8割 程度를 보이
고 있다. 여기에서 特徵的인 것은, 後輩와 나갈 때는 先輩가 부
담한다는 比率이 높으며, 특히 그 중에서도 男子先輩가 男子後
輩와 나갈 때보다는 女子後輩와 같이 나갈 때의 比率이 顯著히
높게 나타나고 있다. 日本의 女学生은 男子後輩나 女子後輩 区
分없이 各自負担에 8割 以上의 応答을 보이고 있다. 韓国에서는
日本과는 달리 先輩가 負担해야 된다는 応答이 5~8割 程度에
이르고 있으며, 各自負担의 比率은 1~3割程度에 그치고 있다.
日本과 마찬가지로 男子先輩가 女子後輩와 같이 나갈 때는 先
輩가 負担해야 된다는 比率도 다소 높게 나타나고 있다.

그림 3-34. 후배(남자)와 함께 공적인 일을 보러 나갈 때 (C5-2)

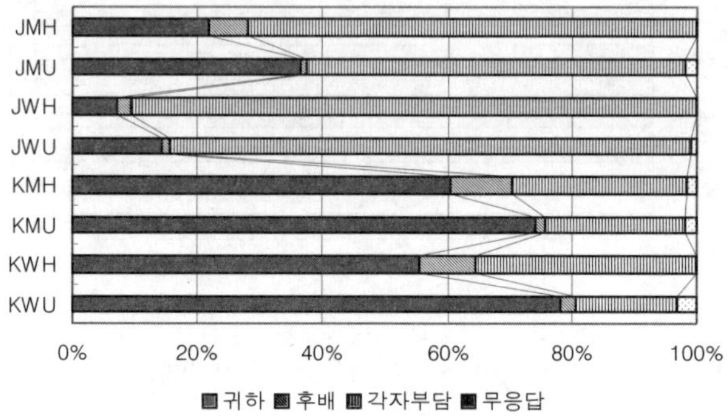

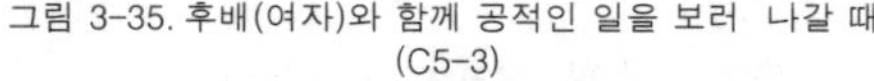

그림 3-35. 후배(여자)와 함께 공적인 일을 보러 나갈 때
(C5-3)

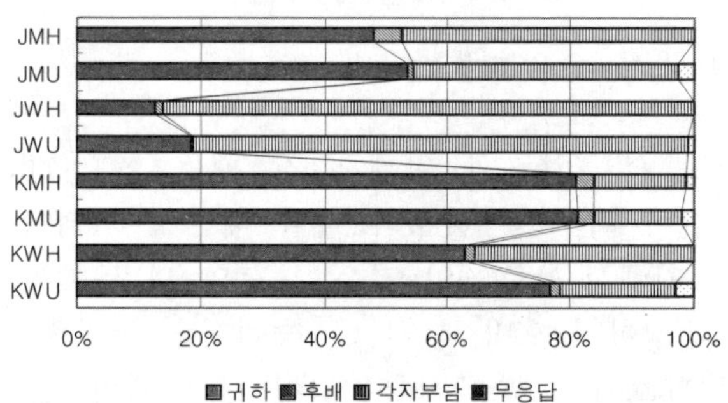

③ 後輩로부터 부탁을 받고 나갈 때 (누가 돈을 내는 것이 좋은가)
(C5-4. C5-5)

<장면> 동아리나 學科의 後輩(男子·女子)로부터 부탁을 받고, 함께 나
갔습니다.

<보기> 1. 貴下   2. 後輩   3. 各自負担

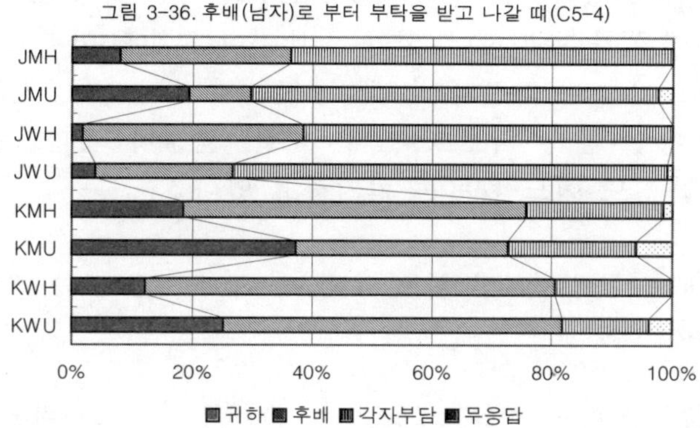

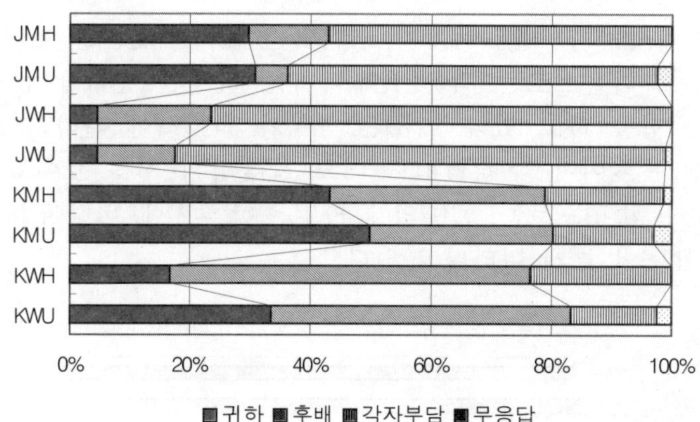

全体的으로 보아, 日本에서는 5~8割 程度가 各自負担이라고 応答을 했지만, 韓国에서는 3~6割 程度가 後輩가 負担해야 된다는 意見을 보였다. 後輩로부터 個人的인 부탁을 받았는가 받지 않았는가에 따라 両国에는 차이가 크게 나고 있다.

具体的으로 살펴보면, 日本은 男子後輩로부터 부탁을 받고 나갔을 때는, 男子後輩가 負担해야 된다는 比率이 많게는 3割 強까

지도 答하고 있다. 또한, 女子後輩로부터 부탁을 받고 나갔을 때
는, 男子先輩가 부담해야 된다는 比率이 3割에 이르고 있다. 韓
国에서도 日本과 마찬가지로 女子後輩에 대한 男子先輩의 敬語
行動은 아주 높게 나오고 있다. 또한, 先輩나 各自負担을 해야
된다는 応答도 어느 程度는 차지하고 있다.

④ 先輩와 함께 公的인 일로 나갈 때 (누가 돈을 내는 것이 좋은가)
  (C5-6. C5-7)

<장면> 동아리나 学科의 先輩(男子·女子)와 함께 동아리나 学科의 일
  로 나갔습니다.
<보기> 1. 貴下   2. 先輩   3. 各自負担

日本에서는 7~9割 程度가 各自負担이라는 反応을 보이고 있
으며, 그 다음으로는 적은 比率이기는 하지만 先輩가 負担해야
된다는 답을 하고 있다. 韓国은 先輩가 負担해야 된다는 比率이
4~8割 程度이며, 各自負担도 어느 程度의 比率을 보이고 있다.
特徴的인 事項으로는, 韓国의 高校生은 大学生에 비하여 各自負
担의 比率이 높게 나타나고 있다.

그림 3-38. 선배(남자)와 함께 공적인 일을 나갈때(C5-6)

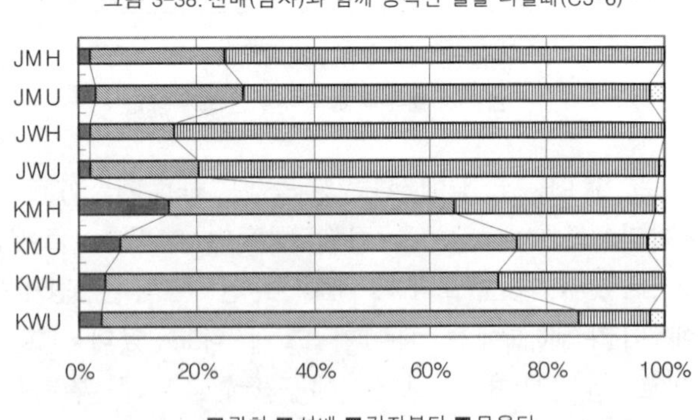

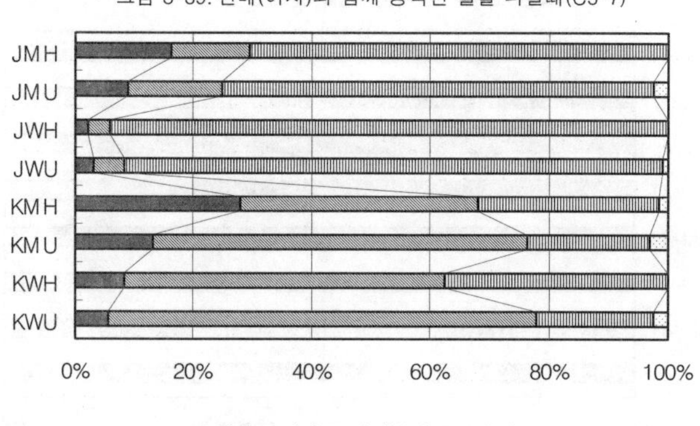

⑤ 先輩의 協助를 받았을 때 (누가 돈을 내는 것이 좋은가)
　　(C5-8. C5-9)

<장면> 동아리나 学科의 先輩(男子・女子)가 貴下의 일에 協助해주었
　　　습니다.

<보기> 1. 貴下　　2. 先輩　　3. 各自負担

　一般的으로 患者는 施惠를 베푸는 医師에 대하여 恩惠者・優
位者로서 待遇하듯이, 協助해 주고 있는 先輩에게는 어떤 意識을
가지고 있는 것일까? 恩惠라는 表現이 다소 適切하지 않을 수도
있겠으나 先輩로부터 도움을 받는다는 것도 恩惠의 側面에서 생
각할 수 있다. 両国은 後輩가 負担해야 된다는 사람이 圧倒的으
로 많이 나타나고 있다. 일본에서는 5~7割 程度이며, 韓国은
8~9割 程度의 比率을 보이고 있다. 이 경우에도 日本에서는 2~
3割 程度가 各自負担이라고 答하고 있다.

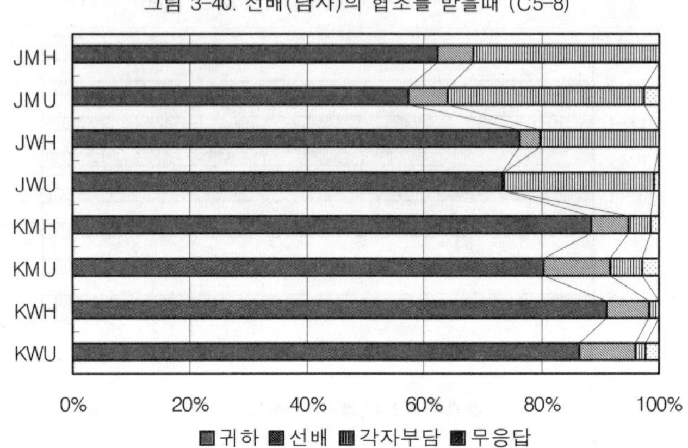

그림 3-40. 선배(남자)의 협조를 받을때 (C5-8)

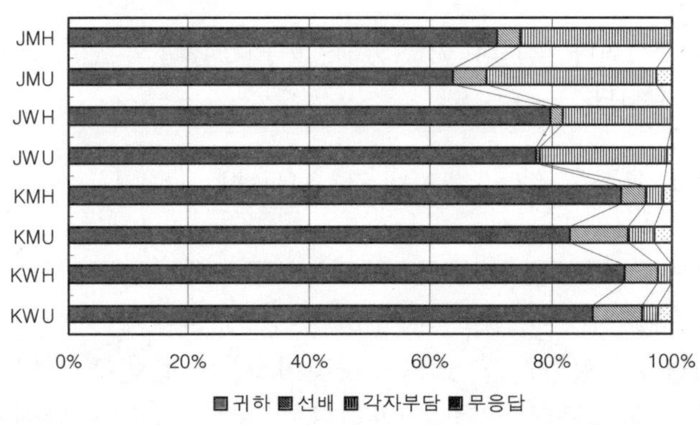

그림 3-41. 선배(여자)의 협조를 받을때 (C5-9)

⑥ 친구를 불러 낼 때 (누가 돈을 내는 것이 좋은가) (C5-10, C5-11)

<장면> 授業 後에 친구(男子·女子)를 불러냈습니다.

<보기> 1. 貴下   2. 친구   3. 各自負担

여기에서는 나가자고 누가 먼저 提議했는가가 敬語行動에 어

떻게 作用되는가를 살펴 본 것이다.

日本에서는 이 경우에도 거의 大部分이 各自負担이라는 応答을 하고 있으며, 本人이라는 応答은 그리 높지 않다. 그러나, 男学生이 女学生을 불러 낸 경우에는 5割 前後의 아주 높은 比率을 나타내고 있다. 韓国은 먼저 提議한 쪽에서 負担해야 된다는 意見이 4~7割 程度인데, 이 가운데는 男学生이 女学生을 불러낸 경우에는 7割 強의 높은 比率을 보이고 있다. 男学生으로부터 提議를 받은 女学生은 2割 前後가 男学生이 負担해야 된다는 意見을 보이고 있다. 또한, 各自負担도 상당한 比率을 차지하고 있는데, 異性間보다는 同性間에서 그러한 傾向이 높게 나타나고 있다.

그림 3-42. 친구(남자)를 불러 낼 때 (C5-10)

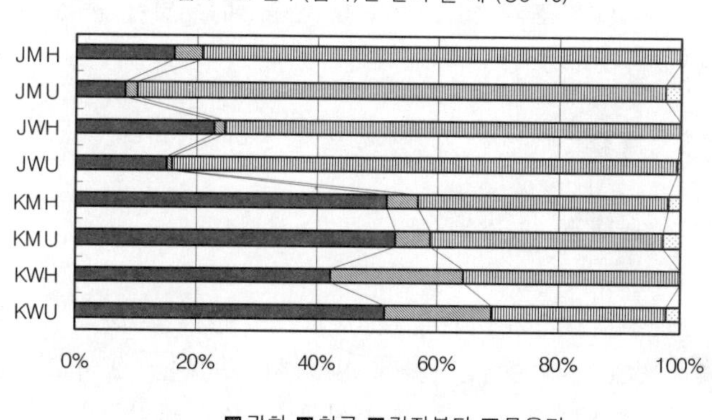

그림 3-43. 친구(여자)를 불러 낼 때 (C5-11)

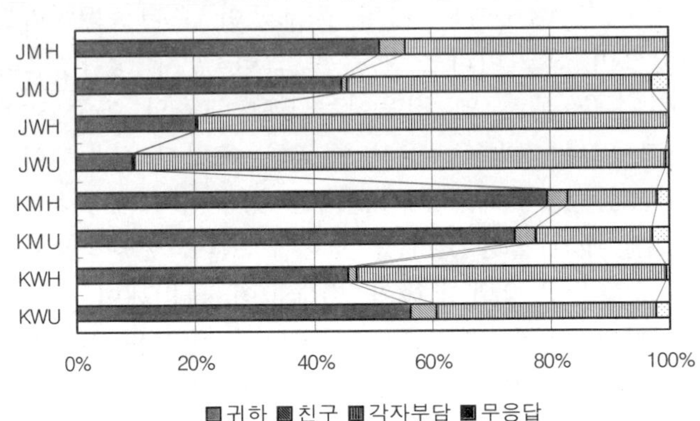

⑦ 친구(男·女)가 불러 낼 때 (누가 돈을 내는 것이 좋은가) (C5-12. C5-13)

<장면> 授業後에 친구(男子·女子)가 불러냈습니다.

<보기> 1. 貴下   2. 친구   3. 各自負担

日本은 6~9割 程度가 各自負担이라는 応答을 하고 있다. 불러 낸 사람이 男性인가 女性인가에 따라서 差異를 보이고 있다. 男子친구가 불러 낸 경우에는 男子친구가 負担해야 된다는 応答이 많게는 4割 가까이 나타나고 있다. 韓国은 불러 낸 사람이 負担한다가 높게 나타나고 있으며, 이보다는 다소 낮지만 各自負担도 比較的 높은 편이다. 男学生중에는 비록 女学生이 먼저 提議했어도 自己가 負担한다가 무려 3割에 이르고 있다.

그림 3-44. 친구(남자)가 불러 낼 때 (C5-12)

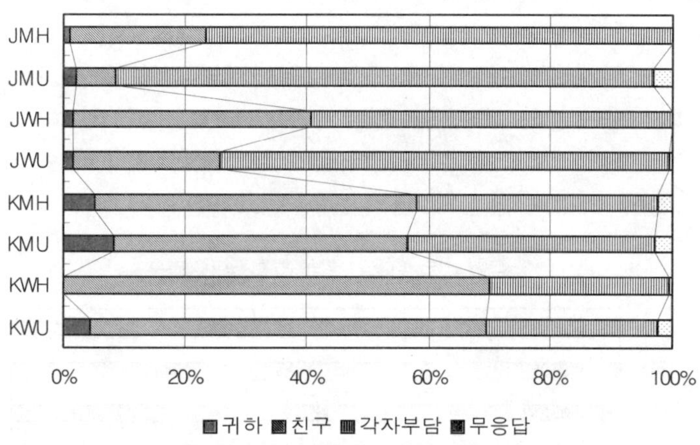

그림 3-45. 친구(여자)가 불러 낼 때 (C5-13)

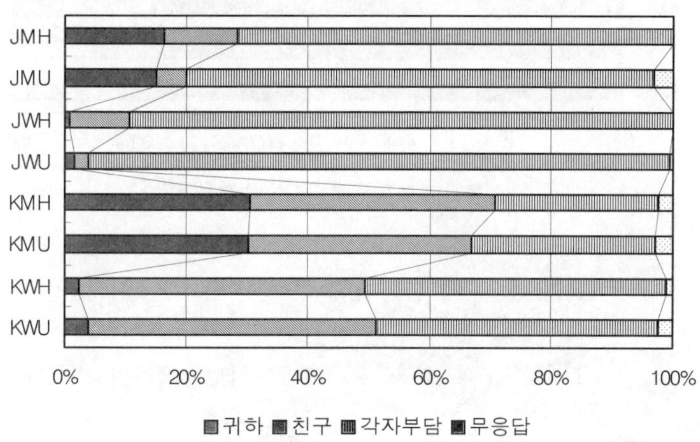

⑧ 친구가 訪問했을 때 (C5-14)

<장면> 貴下의 집에 친구가 찾아 왔습니다만, 근처의 찻집에 가기로
했습니다.

<보기> 1. 貴下   2. 친구   3. 各自負担

　日本은 역시 7~8割 強이 各自負担이라는 応答을 보이고 있으
며, 그 다음으로는 1~2割 程度가 貴下라는 応答을 하고 있다.
韓国은 그와는 反対를 보이는데, 6~7割 強이 貴下라는 答을 하
고 있으며, 1~3割 強은 各自負担을 들고 있다.

그림 3-46. 친구가 방문 했을 때 (C5-14)

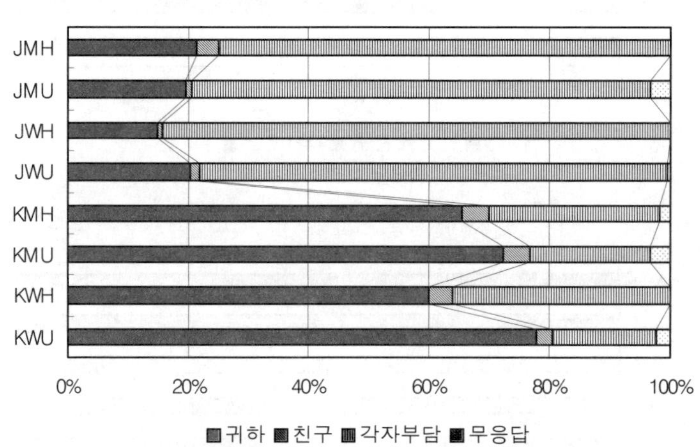

⑨ 친구를 訪問했을 때 (C5-15)

　<장면> 貴下가 친구의 집을 찾아갔습니다만, 근처의 찻집에 가기로
　　　　했습니다.

　<보기> 1. 貴下   2. 친구   3. 各自負担

　日本에서는 8~9割 強이 各自負担이라고 応答을 했다. 이는 친
구가 찾아 왔을 때보다는, 自己가 친구 집을 訪問했을 때 各自負

担이라는 比率이 높게 나타나고 있다. 韓国은 친구와 各自負担이
라는 応答이 거의 비슷하게 나오고 있으며, 貴下라는 応答도 1割
前後로 나오고 있다.

그림 3-47. 친구를 방문 했을 때 (C5-15)

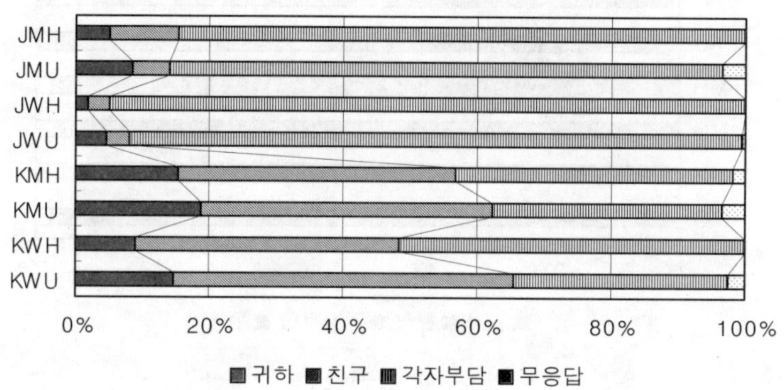

⑩ 貴下가 용돈이 생겼을 때 (C5-16)

<장면> 貴下가 아르바이트를 해서 용돈이 꽤 생겼을 때, 친구를 만나
　　　　좀 이야기를 하기로 했습니다.

<보기> 1. 貴下　　2. 친구　　3. 各自負担

日本에서도 自己가 용돈이 생겼을 때는 負担해야 된다는 意識
이 比較的 높게 나타나고 있으며, 各自負担이라는 比率도 비슷하
게 나타나고 있다. 다만, 男女에 따른 差異가 보이는데, 女性이
各自負担을 選好하고 있는 것으로 나오고 있다. 韓国에서는 7~9
割 程度의 圧倒的인 숫자가 貴下라는 応答을 하고 있다. 学校別
로 보면, 高校生이 大学生에 비하여 各自負担이 높게 나오고 있다.

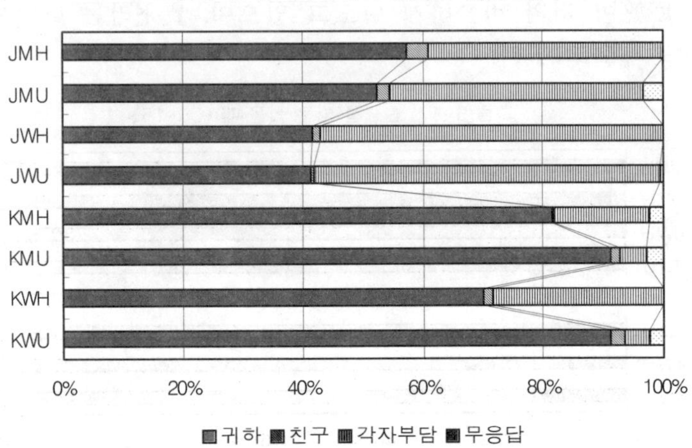

그림 3-48. 귀하가 용돈이 생겼을 때(C5-16)

⑪ 친구가 용돈이 생겼을 때 (C5-17)

<장면> 친구를 오래간만에 만났더니, 아르바이트로 지금 돈이
      꽤 생겼다고 말합니다.

<보기> 1. 貴下   2. 친구   3. 各自負担

　日本은 4~7割 強이 各自負担이며, 그 다음은 2~5割 強이 친
구라고 答하고 있다. 男子高校生은 各自負担보다는 친구가 負担
해야 된다는 応答이 다소 높게 나오고 있다. 韓国은 6~8割 強
이 친구라고 答하고 있다. 高校生은 大学生에 비하여 各自負担을
選好하고 있다.

그림 3-49. 친구가 용돈이 생겼을 때 (C-17)

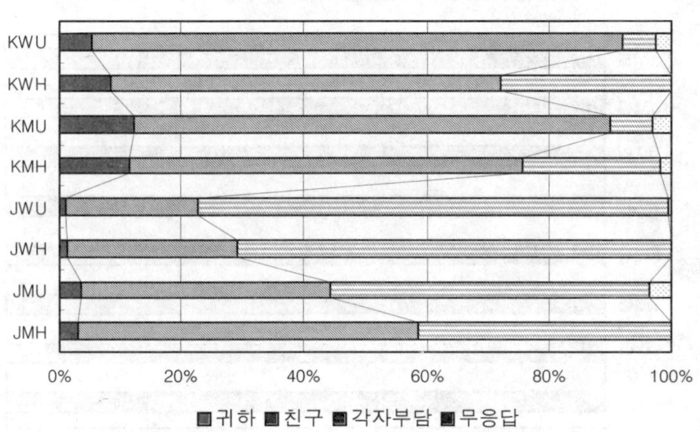

⑫ 친구의 생일이라는 것을 알았을 때 (C5-18)

<장면> 친구를 오래간만에 만나 이야기를 하다 보니, 그 날이 그 친구
의 생일이라는 것을 알았습니다.

<보기> 1. 貴下　　2. 친구　　3. 各自負担

日本에서도 거의 絶対的인 숫자가 貴下라는 答을 보이고 있다.
男学生 가운데는 1割 強이 各自負担이라고 応答하고 있는데 이
는 다소 意外이다. 韓国에서도 7~8割 強이 貴下라는 応答을 보
이고 있다. 그러나, 韓国의 男学生 가운데는 1割 強이 친구라고
答하고 있는데 이는 어떻게 理解해야 될 것인가? 이에 대한 정
확한 분석을 위해서는 設問調査를 통한 연구가 더욱 진행되어야
할 것으로 판단된다.

그림 3-50. 친구의 생일이라는 것을 알았을 때 (C5-18)

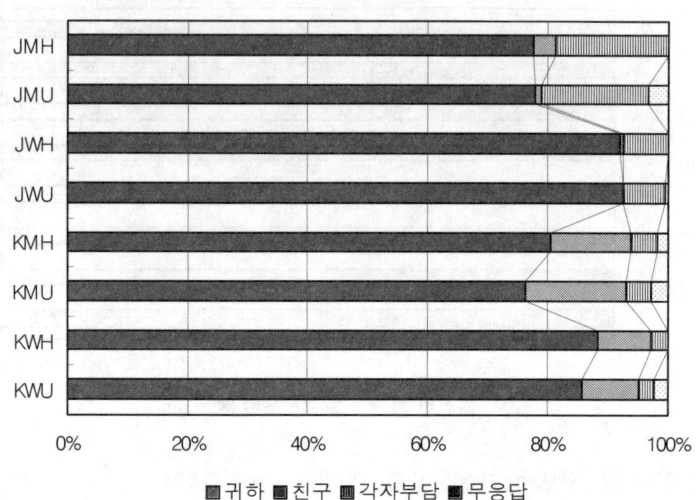

⑬ 費用負担의 綜合的인 分析

누가 돈을 내는 것이 좋은가에 대하여 이미 個別的인 比較対照를 했기 때문에, 여기에서는 C5-2부터 C5-18까지의 17개 項目을 日本男子高校生・日本女子高校生 등처럼 8개의 그룹으로 나누어 綜合的으로 다시 照明하고자 한다.

学生間에는 先輩와 後輩사이, 친구사이를 들 수가 있고 어떤 경우에 한 턱을 내는가에 대하여 물었는데, 全体的으로 日本이 韓国보다 各自負担을 하는 傾向이 아주 높게 나타나고 있다. 또한 女性보다는 男性쪽이 한턱을 내고 싶어하는 傾向이 많이 있음을 볼 수 있다.

両国의 特徵을 보면, 日本은 女子高校生과 女子大学生이 大体的으로 같은 結果를 보이고 있으며, 男子高校生과 男子大学生도 거의 같은 分布를 보이고 있다. 이는 同性間의 差異는 없지만 異性間의 差異는 있다라는 것을 말하고 있다. 학급의 일로 女子後

輩와 함께 나갔을 때는 男子後輩와 나갔을 때보다 자기가 負担해야 한다는 比率이 높게 나오고 있다. 日本의 男学生은 다른 그룹에 비하여, 先輩가 자기의 일을 도와주었을 때도 先輩가 費用을 내야 한다는 応答率이 높은 편이다. 授業을 마치고 난 다음, 누가 먼저 市内에 가자고 提議을 했어도 各自負担의 比率이 共通的으로 높게 나오고 있다. 다만, 日本의 男学生은 먼저 女学生이 제의했어도 자기가 돈을 내야 한다는 의식을 가지고 있는 사람이 많다. 친구가 찾아 왔을 때보다는 친구 집에 찾아갔을 때가 各自負担의 比率이 높다. 친구에게 돈이 생겼을 때는 자기에게 돈이 생겼을 때보다 친구가 돈을 지불해야 된다는 意識이 높다. 친구의 생일인 것을 알았을 때는 자기가 지불해야 한다는 比率이 매우 높다.

韓国에서도 日本과 마찬가지로 女子高校生과 女子大学生이 大体的으로 같은 結果를 보이고 있으며, 男子高校生과 男子大学生도 거의 같은 分布를 보이고 있다. 先輩가 자기를 도와주었을 경우, 도움을 받은 자기 쪽에서 지불해야 된다는 意識이 높으며, 또한 나가자고 먼저 提議한 쪽이 부담을 해야 된다는 경향이 높다. 各自負担이라는 応答이 친구가 찾아 온 경우나 친구를 찾아간 경우 모두 상당한 比率로 나오고 있다. 자기나 친구를 불문하고 돈이 생긴 쪽에서 비용을 부담해야 된다는 応答率이 매우 높다.

일본에서는 한국과는 달리 친구사이에서도 각자 부담의 比率이 높은 것은, 親疏意識보다는 문화의 차이에서 기인한다고 볼 수 있다. 또한, 兩国의 異性間의 비용부담을 보면, 남학생이 여학생의 비용도 부담해야 된다는 의식이 높은데, 이는 성별의 차이가 존재하고 있음을 반증하는 것으로 볼 수 있지 않을까 한다.

6) 祝賀膳物을 받을 때 (C6)

祝賀膳物을 받을 때, 어느 程度 自己의 希望을 말할 수 있는가를 물은 것이지만, 相对에 따라서 差異가 생긴다고 하는 것은 넓은 意味에서의 敬語行動에 包含된다고 말할 수 있다. 相对와 場面은 아래와 같이 設定하여 물어 보았다.

<질문> 貴下가 祝賀膳物(入学祝賀膳物 등)을 받게 되었다고 하겠습니다. 아래와 같은 사람이「무엇이 좋을까?」라고 물었을 때, 어떻게 하겠습니까?

<상대> C6-1. 친한 친구
　　　　C6-2. 친척
　　　　C6-3. 아는 사람

<보기> 1. 自己가 갖고 싶은 것을 솔직하게 말한다.
　　　　2. 相对方의 호주머니사정을 생각하면서 意思를表示한다.
　　　　3. 몇개의 좋아하는 膳物을 말하고, 相对方에게 選擇을 맡긴다.
　　　　4. 좋아하는 膳物을 전혀 말하지 않고, 相对方에게 모든 것을 맡긴다.

① 친한 친구 (C6-1)
両国은 例示되어 있는 네 가지 表現이 폭넓게 나타나고 있는데, 順序에 있어서도 비슷한 樣相을 보이고 있다.「自己가 갖고 싶은 것을 솔직하게 말한다」가 3~4割 程度로서 가장 높게 나타나고,「몇 개의 좋아하는 膳物을 말하고, 相对方에게 選擇을 맡긴다.」가 1割 強으로 가장 적은 分布를 보이고 있다. 韓国에 비하여 日本의 学生이「좋아하는 膳物을 전혀 말하지 않고, 相对方에게 모든 것을 맡긴다.」의 比率이 다소 높게 나타나고 있다.

② 친척 (C6-2)
両国 모두 自己의 意思를 솔직히 말하는 類型과 전혀 말하지 않고 相对方에게 모든 것을 맡기는 類型이 많다. 日本의 女学生

은 男学生에 비하여 몇 개의 좋아하는 膳物을 말하고, 相対方에
게 選択을 맡기는 傾向이 높게 나오고 있다.

③ 아는 사람 (C6-3)

両国은 4~5割 強이「좋아하는 膳物을 전혀 말하지 않고, 相対
方에게 모든 것을 맡긴다.」의 높은 比率을 보이고 있다. 이는
친한 친구나 친척에 비하여 다소 疎遠한 関係로 認識을 하는데
서 起因된다 하겠다. 다른 例示文도 어느 程度의 分布를 보이고
있다는 점에서, 이는 個人的인 性向에 따라 敬語行動이 決定된다
고 볼 수 있다.

<보기> 1. 자기가 갖고 싶은 것을 솔직하게 말한다.
　　　　 2. 상대방의 호주머니사정을 생각하면서 의사를 표시한다.
　　　　 3. 몇개의 좋아하는 선물을 말하고, 상대방에게 선택을 맡긴다.
　　　　 4. 좋아하는 선물을 전혀 말하지 않고, 상대방에게 모든 것을
　　　　　　 맡긴다.

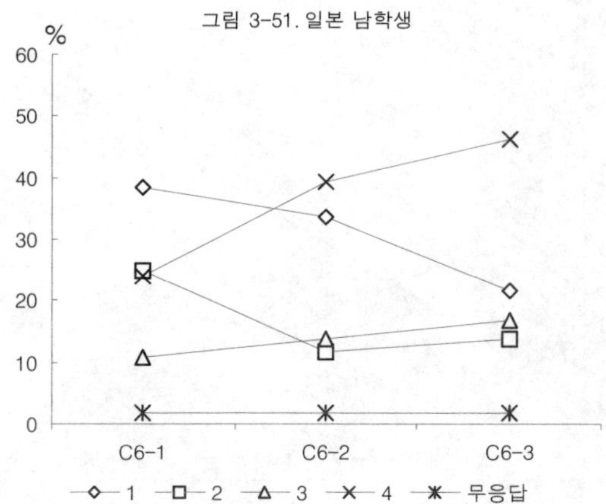

그림 3-51. 일본 남학생

그림 3-52. 일본 여학생

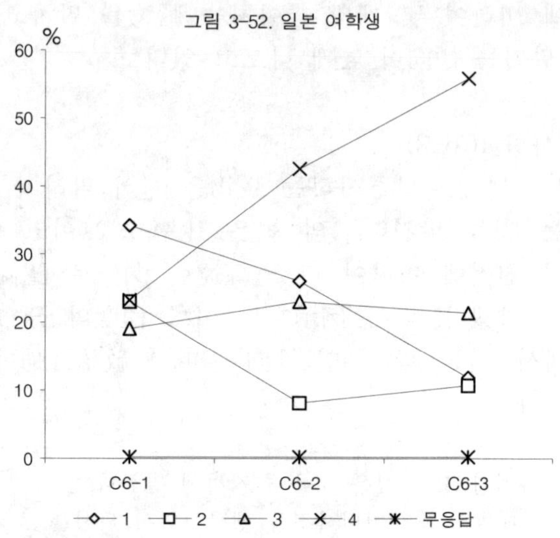

그림 3-53. 한국 남학생

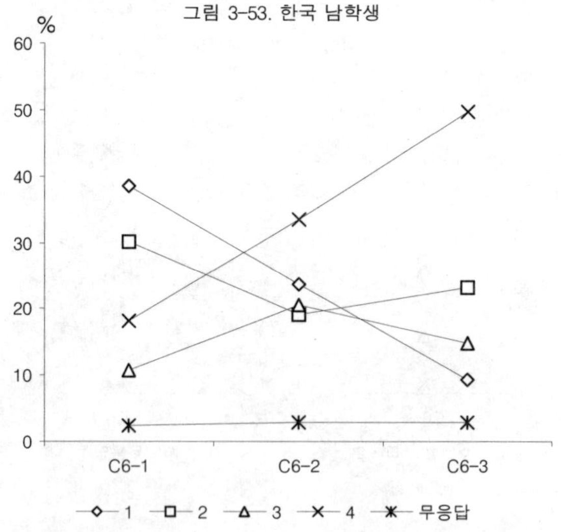

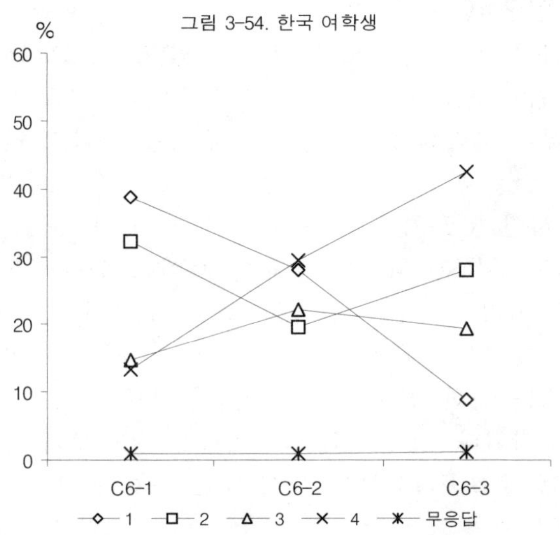

7) 相対의 말에 대한 信頼의 程度 (C7)

相対로부터 許諾의 表現을 들었을 때, 어디까지가 事実이고 事実이 아닌가를 判断하기가 어려운 경우가 많다. 両国은 固有의 文化와 慣習에 따라 相対方의 말을 믿는데도 差異가 생길 수도 있다고 생각되어 다음과 같이 質問을 하였다.

<질문> 貴下가 自転車를 가지고 있지 않은(또는, 自転車가 부서져 버린) 경우, 아래와 같은 사람이 「내 自転車를 使用해도 좋아요」라고 말했습니다. 貴下는 이 말을 믿고 그 사람의 自転車를 이용 하겠습니까?

<상대> C7-1. 친한 친구
　　　　C7-2. 이웃 사람

<보기> 1. 말 그대로를 믿고, 自転車를 利用한다.
　　　　2. 인사치례의 말이라고 생각해서, 自転車를 利用하지 않는다
　　　　3. 状況에 따라서

① 친한 친구 (C7-1)

兩国은 아주 비슷한 分布를 보이고 있다. 말 그대로를 믿는다는 応答이 7割 前後를 보이고 있으며, 그 다음으로는 약한 分布이지만 狀況에 따라서가 2割 前後의 応答을 보이고 있다.

② 이웃 사람 (C7-2)

여기에서도 兩国은 恰似한 分布를 보이고 있다. 5~7割 程度가「狀況에 따라서」라는 応答을 하고 있으며, 그 다음으로는「말 그대로를 믿고, 自転車를 利用한다.」를 들고 있다. 이웃사람과의 関係는 친한 친구보다는 疎遠한 関係로 認識한데서 나온 結果라고 생각된다. 또한, 兩国의 女性은 男性보다 「말 그대로를 믿고, 自転車를 利用한다」에서 낮은 分布를 보이고 있다.

그림 3-55. 상대의 말에 대한 신뢰의 정도 (C7-1)

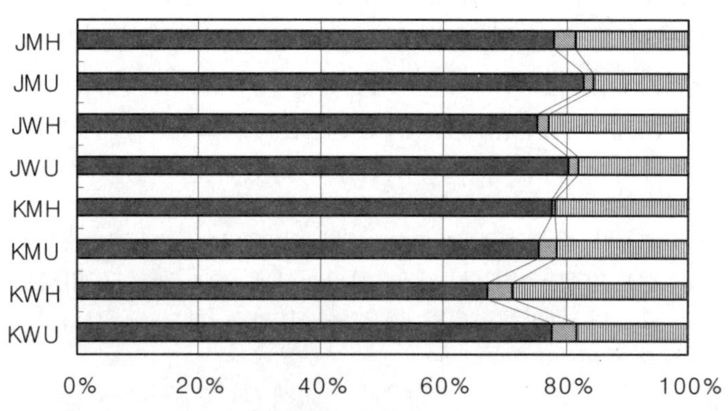

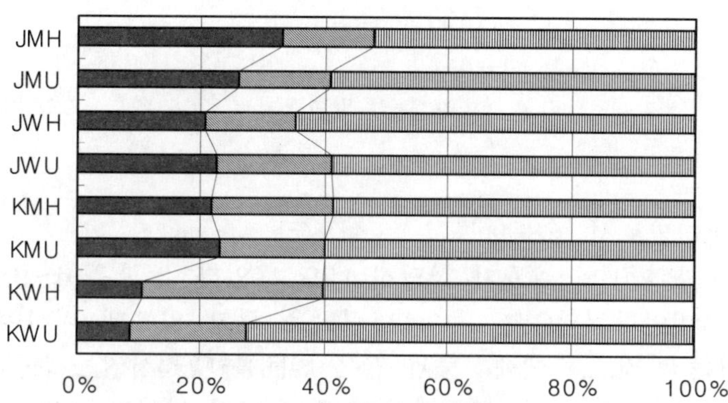

그림 3-56. 상대의 말에 대한 신뢰의 정도 (C7-2)

8) 食堂에서 注文할 때 (C8)

食堂에서 主人이나 從業員에게 注文할 때, 여러 가지의 表現을 생각해 볼 수 있다. 손님이 食堂從業員을 어떻게 보느냐에 따라서 敬語行動도 다르게 나타날 수 있다고 判斷되어 다음과 같이 물어 보았다.

<질문> 貴下가 食堂에서 飮食을 注文할 때, 옆에 있는 食堂主人에게 무어라고 말합니까?

<보기> C8-1. 머리말로서

　　　1.「미안합니다(만)」 등을 말한다.
　　　2.「저....,　에에」 등을 말한다.
　　　3. 그 밖의 머릿말을 말한다.
　　　4. 머릿말은 말하지 않는다.

C8-2. 注文할 때
1. ....을 주세요
2. ....를 부탁합니다
3. ....는 있습니까?
4. ....라고, 飮食이름만 말한다
5. 其他

① 머리말로서 (C8-1)

日本과 韓国의 差異가 상당히 나오고 있다. 일본은 6~9割 程度가 「미안합니다(만)」 등의 머릿말을 하고 있는데 비하여, 韓国에서는 「저...., 에에」 등과 같은 周囲를 喚起시키는 言語行動을 보이고 있다. 또한, 韓国에서는 「그 밖의 머릿말을 말한다.」 「머릿말은 말하지 않는다.」 등도 어느 程度 보이고 있다.

② 注文할 때 (C8-2)

日本에서는 注文하는 表現이 多樣하게 나오고 있다.「 ....를 부탁합니다」 >「 ....을 주세요」 >「 ....라고, 飮食이름만 말한다」 의 順으로 注文을 하고 있는데, 특히 女学生은 4~5割 程度가「 ....를 부탁합니다」 라는 恭遜한 表現을 選好하고 있다. 이에 비하여 韓国은「 ....을 주세요」가 8割 前後를 보이고 있다.

<보기> 1.「미안합니다(만)」 등을 말한다. 2.「저....,에에」 등을 말한다.
3. 그 밖의 머릿말을 말한다.   4. 머릿말은 말하지 않는다.

그림 3–57. 머리말로서 (C8–1)

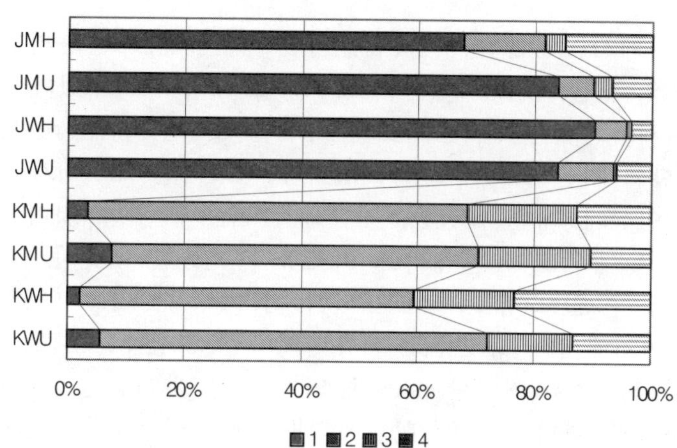

<보기> 1. ....을 주세요   2. ....를 부탁합니다
　　　　3. ....는 있습니까?   4. ....라고, 飲食이름만 말한다
　　　　5. 其他

그림 3–58. 주문할 때 (C8–2)

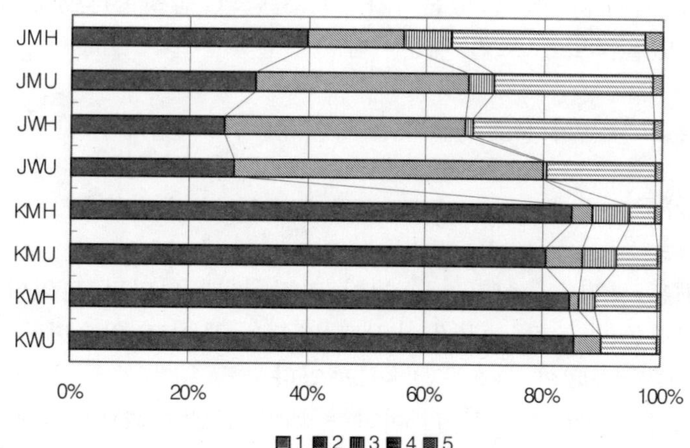

3. 非言語行動 (D項目)

D項目에서는 人間의 「非言語行動」(一般的으로 불리고 있는 것, 몸짓, 행동, 視線, 얼굴의 表情등)에 대하여 다루었다. 人間의 커뮤니케이션 行動은, 言語表現에 의한 것과 非言語行動에 의한 것이 함께 어울려야 비로서 円滿하게 행하여진다고 생각된다. 커뮤니케이션에 대한 研究는, 지금까지 言語에 의한 것이 主流를 이루었고, 非言語에 대해서는 이제까지 充分한 研究가 있었다고는 말할 수 없으며, 겨우 開拓되기 시작한 分野라고 말할 수 있겠다. 여기에서는 異文化間 커뮤니케이션을 생각할 때도 障碍의 要因이 되는 등 커다란 問題가 되기 쉬운 非言語行動에 대하여 고찰하고자 한다.「敬語行動」에 대한 研究이므로 非言語行動중에서 특히 敬語(待遇表現)에 関係가 있는 것을 다루고자한다.

1) 住居의 種類 (D1)

応答해 준 사람이 自宅(父母나 兄弟와 同居하고 있다)인가, 寄宿舍, 下宿(同世代와 同居인가? 交際가 많다)에 살고 있는가를 물었다. 누구와 살고 있는가가 그 사람의 몸짓·行動에 影響을 줄 수 있을지도 모르기 때문이다.

<질문> 貴下가 살고 있는 곳은 다음 중 어느 것입니까?

<보기> 1. 自宅　　 2. 下宿　　 3. 寄宿舍　　 4. 其他

両国은 「自宅」이라는 応答이 가장 높게 나타나고 있다. 「自宅」이라는 応答은 高校生이 9割 以上을 보이고 있으며, 大学生은 4~6割 程度의 分布를 보이고 있다.

日本의 大学生은 「下宿」이라는 応答이 2割 強으로 比較的 높게 나오고 있으며, 韓国의 大学生은 多様한 応答을 보이고 있다.

그림 3-59. 귀하가 살고 있는 곳은 ? (D1)

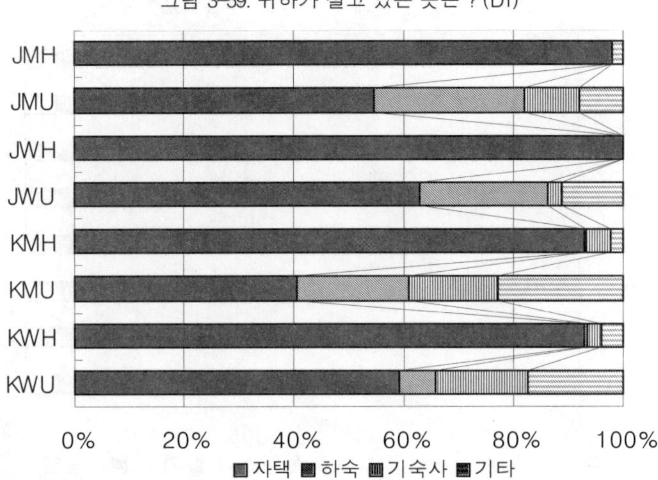

2) 玄関에서 구두를 벗는가? (D2)

집안에서 구두를 벗은 状態인가, 欧美式처럼 구두를 신은 채로 生活을 하는 것인가에 대해서 알아보고자 한다. 基本的인 生活様式의 差異가 地域(文化)에 의한 非言語行動의 差異에 影響을 미칠지도 모르기 때문이다. 이에 대한 質問은 다음과 같다.

<질문> 貴下는 자기의 집(살고 있는 집)에 들어 갈 때, 玄関에서 구두를 벗습니까?

<보기> 1. 벗는다   2. 벗지 않고 그대로 들어간다

両国은 모두 9割 以上이 「벗는다」 라고 応答을 하고 있다.

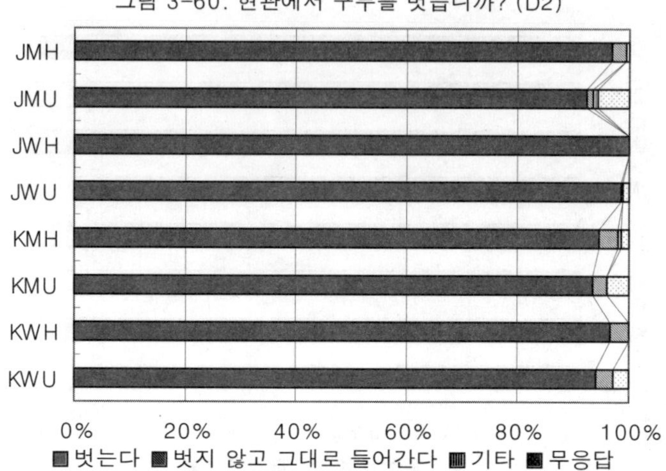

3) 집안에서의 앉는 方法 (D3)

집안에서는 주로 바닥에 앉아서 生活을 하고 있는지, 의자나 소파처럼 걸터앉아서 생활을 하고 있는 것인지에 대하여 알아보고자 한다. 걸터앉는 樣式을 가지고 있는 欧美의 成人(男性)은 「正坐」는 물론 「쭈구려앉는다」의 動作도 할 수 없다고 알려져 있는데, 基本的인 生活樣式의 差異가 非言語行動의 差異에도 影響을 줄 수도 있다고 보아 다음과 같이 질문하였다.

<질문> 平素의 生活樣式에 대하여 가르쳐 주세요. 집안에서는 의자에 앉는 일이 많습니까? 그렇지 않으면, 바닥에 앉는 일이 많습니까?

<보기> 1. 의자에 앉는 일이 많다   2. 바닥에 앉는 일이 많다
        3. 양쪽으로 반반

両国은 비슷한 樣相을 보이고 있다. 「바닥에 앉는 일이 많다」

>「양쪽으로 반반」>「의자에 앉는 일이 많다」의 順을 보이고 있으며, 여전히 바닥에 앉아서 生活하고 있는 사람이 많이 있음을 알 수 있다.

그림 3-61. 평소의 생활양식에 대해서 (D3)

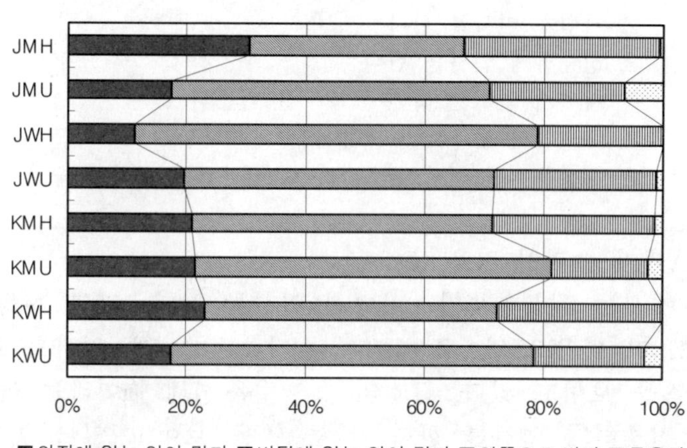

4) 처음 만날 때의 인사 (D4)

D4. D5. D6.에서는 인사의 場面을 想定하고, 인사의 相対가 손위·손아래·同年輩인 경우로 나누어 어떤 非言語行動을 하는가에 대하여 알아보고자 한다.

<질문> 처음으로 A씨라는 사람(貴下와 同性)을 先生님으로부터 紹介를 받았습니다. 그때, A씨가 어떤 사람이고, 貴下와 社会的上下関係가 어떠한가에 대해서도 잘 알 수 있도록 紹介를 받았습니다.「처음 뵙겠습니다」라고 인사 할 때, 貴下는 다음 중에서 어떤 動作을 하겠습니까? A씨가 貴下보다손위·손아래·同年輩의 경우로 나누어 생각하고, 選択肢에서 고르세요.

<상대> D4-1. A씨가 손위인 경우
        D4-2. A씨가 손아래인 경우
        D4-3. A씨가 同年輩인 경우

<보기> 1. 서로 握手를 한다
        2. 가볍게 인사를 한다
        3. 정중하게 인사를 한다
        4. 가볍게 인사를 하면서 握手를 나눈다
        5. 웃으면서 두 세 번 고개를 끄덕이다
        6. 握手를 나누면서, 習慣的으로 정중하게 머리를 숙인다.

① A씨가 손위인 경우 (D4-1)

日本에서는 5割 前後가「가볍게 인사를 한다」라고 答을 하고 있으며, 그 다음으로는 2~4割 程度가「정중하게 인사를 한다」라는 答을 보이고 있다. 日本의 女学生은 4割 強이라는 높은 比率이「정중하게 인사를 한다」라는 答을 보이고 있어 男学生과는 差異를 보이고 있다. 한국에서는 6~8割 程度가「정중하게 인사를 한다」라는 答을 하고 있어, 日本보다는 높은 比率을 보이고 있다. 또 하나의 特徵은 韓国은「握手를 나누면서, 習慣的으로 정중하게 머리를 숙인다」라는 応答도 男性을 中心으로 나오고 있다.

② A씨가 손아래인 경우 (D4-2)

両国은「가볍게 인사를 한다」라는 答이 많이 나오고 있으나, 그룹에 따라서는 差異를 보이고 있다. 韓国의 男学生은「가볍게 인사를 한다」가 2割 強에 그치고, 그 대신「가볍게 인사를 하면서 握手를 나눈다」가 3割 強으로 높게 나오고 있다. 그 다음으로는 日本은「웃으면서 두세 번 고개를 끄덕이다」이지만, 韓国은「가볍게 인사를 하면서 握手를 나눈다」의 順이다. 両国의 男学生은 女学生과는 달리「서로 握手를 한다」2割 前後에서 나오고 있다.

③ A씨가 同年輩인 경우 (D4-3)

日本은 5~6割 強이「가볍게 인사를 한다」라고 答하고 있다. 그 다음으로는, 女学生은 2割 前後가 「웃으면서 두세 번 고개를 끄덕이다」이지만, 男学生은 1割 強이「서로 握手를 한다」라고 答하고 있다. 韓国은「가볍게 인사를 한다」가 많게는 4割 強까지도 나오고 있지만, 日本에 비하면 적은 比率이다. 그 다음으로는「가볍게 인사를 하면서 握手를 나눈다」「서로 握手를 한다」의 順이다. 韓国의 男学生은 3割 前後가「서로 握手를 한다」에 答하고 있다.

　<보기>　1. 서로 握手를 한다
　　　　　2. 가볍게 인사를 하다
　　　　　3. 정중하게 인사를 하다
　　　　　4. 가볍게 인사를 하면서 握手를 나누다
　　　　　5. 웃으면서 두세 번 고개를 끄덕이다
　　　　　6. 握手를 나누면서, 習慣的으로 정중하게 머리를 숙인다

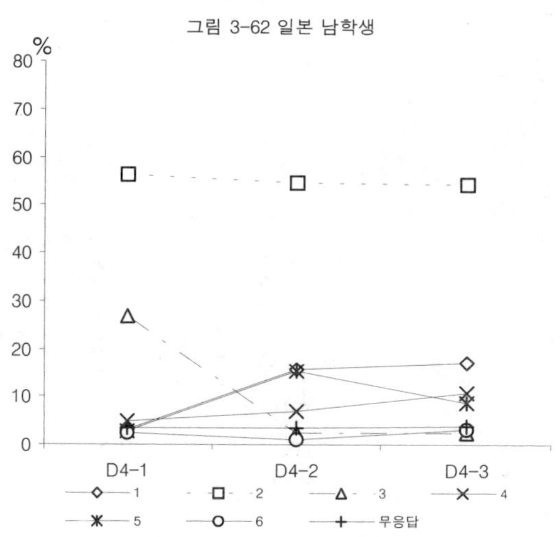

그림 3-62 일본 남학생

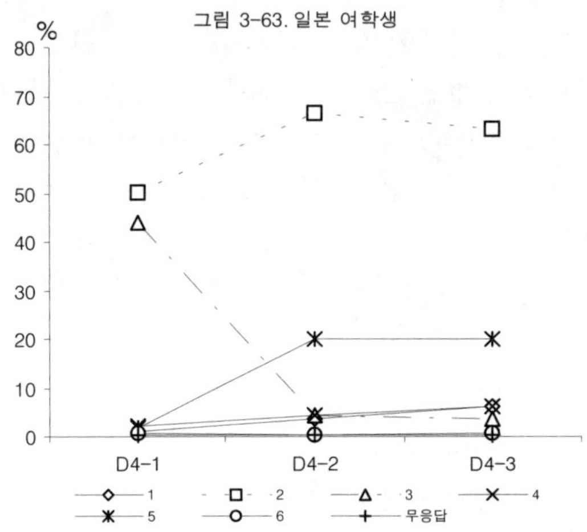

%
그림 3-63. 일본 여학생
80
70
60
50
40
30
20
10
0
D4-1
D4-2
D4-3
1
2
3
4
5
6
무응답

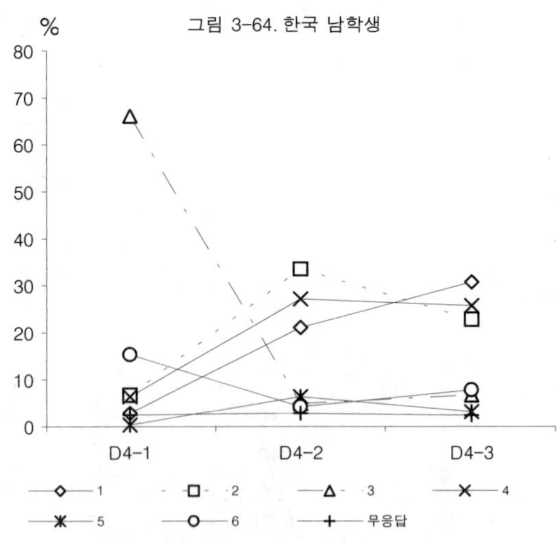

%
그림 3-64. 한국 남학생
80
70
60
50
40
30
20
10
0
D4-1
D4-2
D4-3
1
2
3
4
5
6
무응답

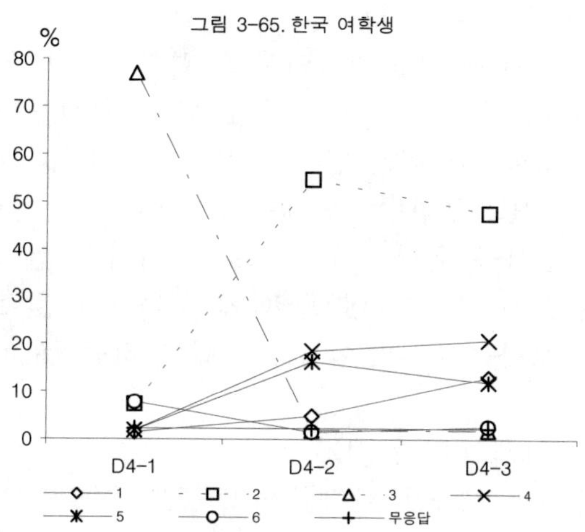

5) 오래간만에 知人과 만났을 때의 인사 (D5)

<질문> 오랜만에 오는 사람 B씨(貴下와 同性)를 만났습니다. 「오래간 만입니다」라는 말을 하고 난 다음에, 貴下는 다음 중 어떤 動作을 하겠습니까? B씨가 손위, 손아래, 同年輩라는 것을 確 實히 알고 있다라고 생각하고 골라주세요.

<상대> D5-1. B씨가 손위인 경우
　　　　D5-2. B씨가 손아래인 경우
　　　　D5-3. B씨가 同年輩인 경우

<보기>　1. 양손으로 握手를 한다
　　　　2. 한손으로 握手를 한다
　　　　3. 인사를 한다
　　　　4. 말로만 인사를 한다

① B씨가 손위인 경우 (D5-1)

日本에서는 6~8割 程度가「인사를 한다」라고 答하고 있다. 즉 大部分의 사람이 言語行動과 함께 非言語行動을 하는 樣相을 보이고 있다. 또한,「말로만 인사를 한다」는 比率도 2割 前後를 보이고 있다. 韓国은「한손으로 握手를 한다」>「양손으로 握手를 한다」>「인사를 한다」의 順으로 나타나고 있다.6) 거의 大部分이 言語行動과 非言語行動을 함께 하는 樣相을 보이고 있다. 両国은 男学生보다는 女学生이 言語行動을 하는 傾向이 많다.

② B씨가 손아래인 경우 (D5-2)

日本은「말로만 인사를 한다」가 6~7割 程度를 보이고 있어, 相対가 손아래인 경우에는 言語行動만을 하는 경우가 많은 것으로 調査되었다.「인사를 한다」는 1割 程度에 머무르고 있으며, 男学生중에는「한손으로 握手를 한다」는 応答도 보이는데, 그 比率은 역시 1割 程度이다. 韓国은「말로만 인사를 한다」와「한손으로 握手를 한다」가 거의 같은 分布를 보이고 있어 言語行動만을 하는 사람과 非言語行動까지도 같이 하는 사람이 両分되고 있음을 알 수 있다.

③ B씨가 同年輩인 경우 (D5-3)

日本은 5~7割 程度가「말로만 인사를 한다」이며, 女学生의 比率이 相対的으로 높게 나오고 있다. 男女모두 1割 前後가「인사를 한다」라고 応答했으며, 男学生은 2割 前後가「한손으로 握手를 한다」는 答도 보였다.

---

6) J. V. 네우스토푸니에 의하면, 日本에는 握手라고 하는 規則이 없기 때문에, 外国人과 握手하는 것을 자주 잊는 경우가 있다고 한다. 그러나 종종 握手하는 경우도 있는데, 그 때 相対에게 接触할 정도로 가까이 다가가서 握手하는 法은 日本의 커뮤니케이션体系에 違反된다고 말했다. J. V. ネウストプニー, 1983, p61

韓国은 4~6割 程度가「한손으로 握手를 한다」라고 応答했으며, 그 다음으로는「말로만 인사를 한다」가 많게는 3割까지도 나오고 있다. 또한, 1割 程度는「양손으로 握手를 한다」의 応答을 보이기도 했다.

<보기> 1. 양손으로 握手를 한다
        2. 한손으로 握手를 한
        3. 인사를 한다
        4. 말로만 인사를 한다

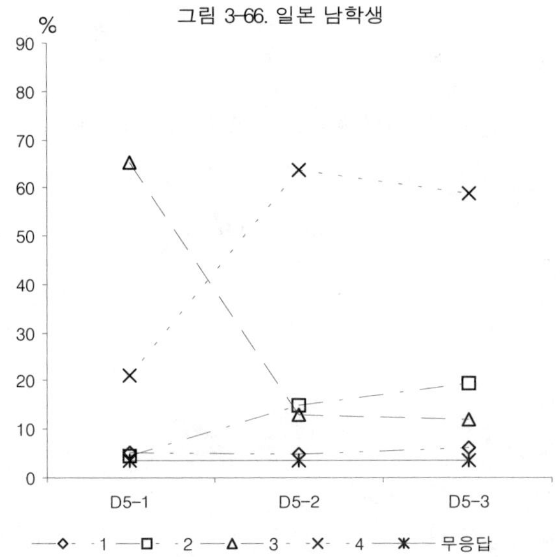

그림 3-66. 일본 남학생

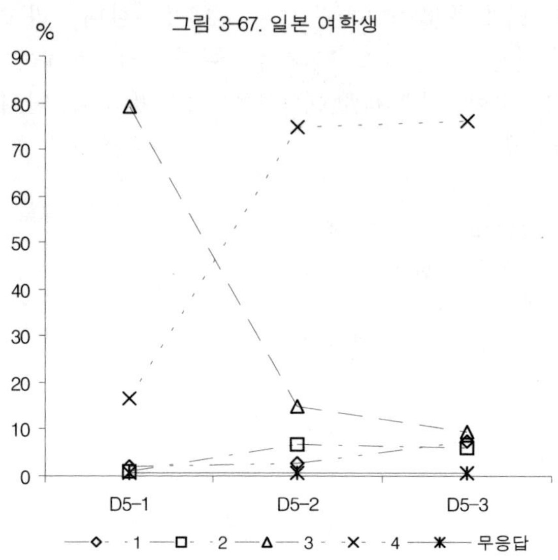

그림 3-67. 일본 여학생

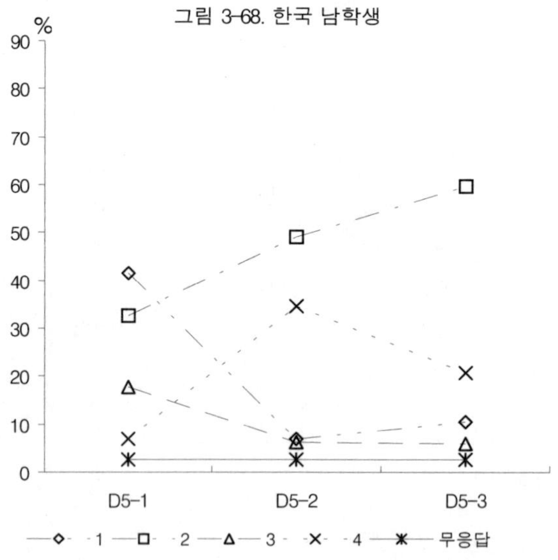

그림 3-68. 한국 남학생

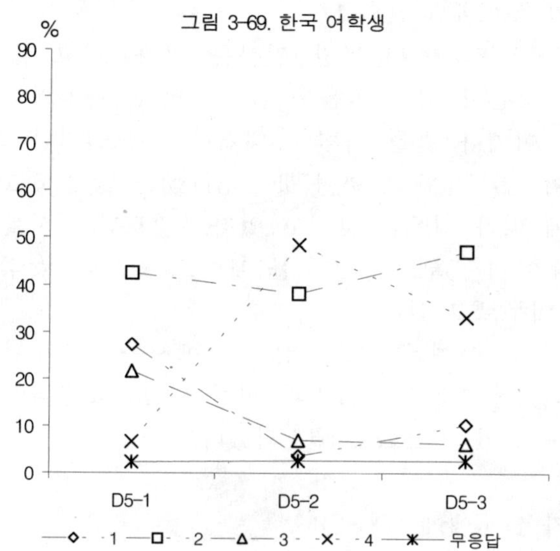

6) 오래간만에 兩親을 만났을 때의 인사 (D6)

<질문> 오래간만에 부모를 만났습니다. 무엇인가를 말하면서, 貴下는
부모에게 어떤 몸짓(動作)을 하겠습니까? 또한, 부모는 貴下에
게 어떤 몸짓(動作)을 할까요?

<상대> D6-1. 貴下가 父母에게
D6-2. 父母가 貴下에게

<보기> 1. 양손으로 相対方의 손을 꼭 잡는다.
2. 한손으로 握手를 한다
3. 어깨를 서로 껴안다
4. 어깨나 팔을 가볍게 대거나, 두드리거나 한다
5. 相対方의 머리를 가볍게 때린다
6. 말로만 인사를 한다

① 貴下가 父母에게 (D6-1)

日本은 7割 前後가「말로만 인사를 한다」라고 答하고 있어 言語行動이 中心이 되고 있음을 알 수 있다. 日本의 女学生은 2割 前後가「어깨나 팔을 가볍게 대거나, 두드리거나 한다」라고 答하고 있어, 男学生에 비하여 非言語行動을 많이 하고 있다. 韓国은 男女에 따라 対照를 보이고 있다.「말로만 인사를 한다」에서는 男学生이 4~5割로서 優勢를 보이고 있으나, 女学生은 2~3割 程度에 머무르고 있다.

이와는 달리「어깨를 서로 껴안다」에서는 그 反対의 比率을 보이고 있다. 韓国에서도 日本과 마찬가지로 女学生이 非言語行動을 選好하고 있는 것으로 調査되었다.

② 父母가 貴下에게 (D6-2)

日本은「말로만 인사를 한다」가 5~6割 程度의 分布를 보이고 있어 言語行動이 強勢임을 알 수 있다. 또한, 1~3割 強은「어깨나 팔을 가볍게 대거나, 두드리거나 한다」라고 答하고 있으며, 다소 女性쪽의 比率이 높게 나오고 있다.

韓国은「어깨를 서로 껴안다」와「어깨나 팔을 가볍게 대거나, 두드리거나 한다」가 거의 비슷한 分布를 보이고 있으며, 그 比率은 各各 2~4割 程度이다. 또한, 2割 前後는「말로만 인사를 한다」라고 응답을 하기도 하였다.

<보기> 1. 양손으로 相対方의 손을 꽉 잡는다.
       2. 한손으로 握手를 한다
       3. 어깨를 서로 껴안다
       4. 어깨나 팔을 가볍게 대거나, 두드리거나 한다
       5. 相対方의 머리를 가볍게 때린다
       6. 말로만 인사를 한다
       7. 기타

그림 3-70. 일본 남학생

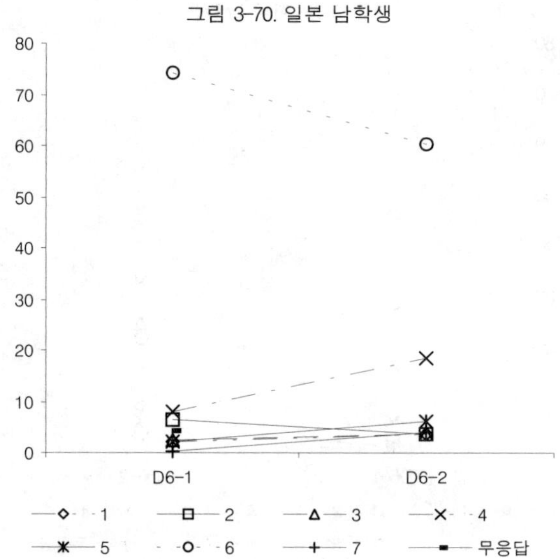

그림 3-71. 일본 여학생

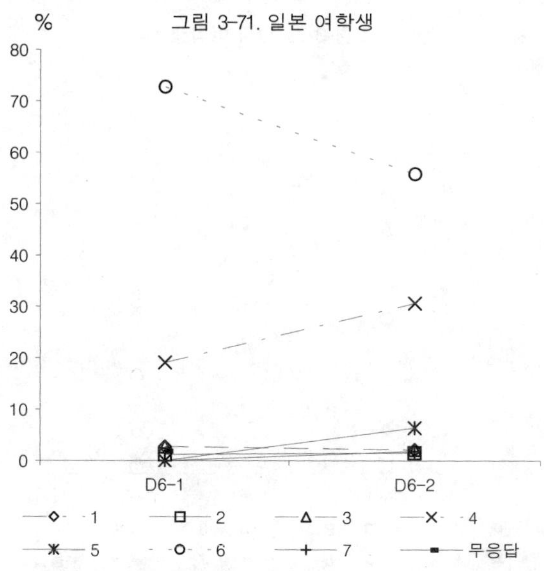

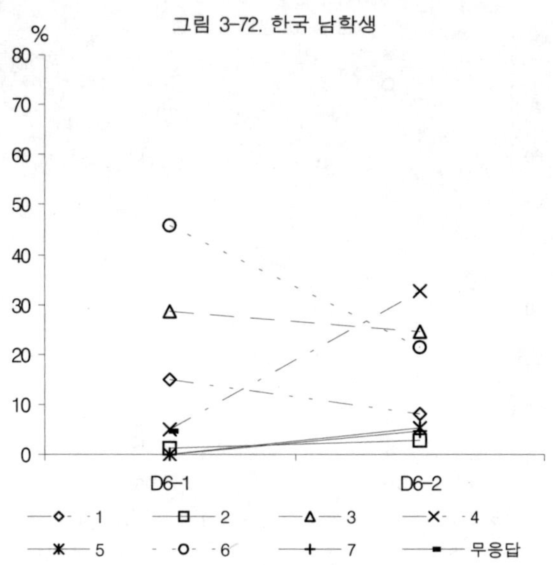

%
그림 3-72. 한국 남학생
80
70
60
50
40
30
20
10
0
D6-1
D6-2
1
2
3
4
5
6
7
무응답

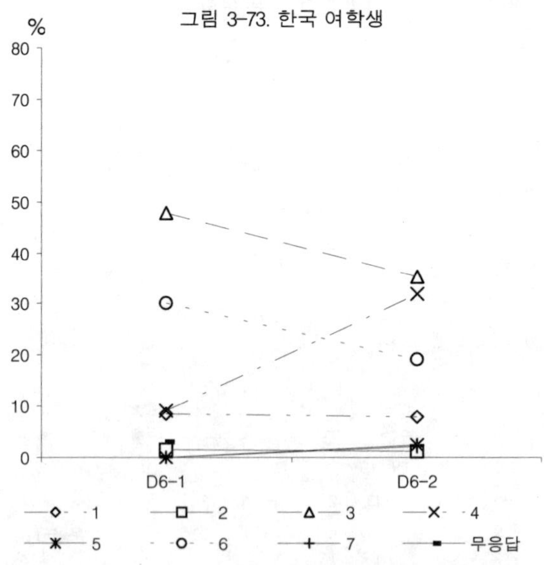

%
그림 3-73. 한국 여학생
80
70
60
50
40
30
20
10
0
D6-1
D6-2
1
2
3
4
5
6
7
무응답

7) 視線 (D7)

<질문> 平素에 별로 친하지 않은 사람과 이야기할 때, 그 사람의 눈
　　　 을 보고 이야기합니까?

<상대> D7-1.相対가 손위인 경우
　　　 D7-2.相対가 손아래인 경우
　　　 D7-3.相対가 同年輩인 경우

<보기> 1. 반드시 눈을 보고 이야기하도록 한다
　　　 2. 눈을 보기도 하고, 보지 않기도 한다
　　　 3. 눈이 마주치지 않도록 한다
　　　 4. 모르겠다

① 相対가 손위인 경우 (D7-1)

日本은 4~5割이「눈을 보기도 하고, 보지 않기도 한다」이고,
3~4割 強이「반드시 눈을 보고 이야기하도록 한다」라고 応答
을 하고 있어, 両分된 모습을 보이고 있다. 韓国은「눈을 보기도
하고, 보지 않기도 한다」가 日本에 비하여 다소 높은 比率(5~6
割 程度)을 보이고 있으며, 그 다음으로는「반드시 눈을 보고 이
야기하도록 한다」「눈이 마주치지 않도록 한다」의 順을 보이
고 있다. 両国의 男子高校生은 다른 그룹에 비하여「눈이 마주치
지 않도록 한다」의 応答이 比較的 높게 나오고 있다.

② 相対가 손아래인 경우 (D7-2)

両国은 가장 많은 응답을 보이고 있는 것은「눈을 보기도 하
고, 보지 않기도 한다」로서, 5割 前後의 分布이다. 그 다음으로
는「반드시 눈을 보고 이야기하도록 한다」가 3~4割 程度를 차
지하고 있다.

③ 相対가 同年輩인 경우 (D7-3)

역시 両国은「눈을 보기도 하고, 보지 않기도 한다」>「반드시 눈을 보고 이야기하도록 한다」의 順序이다. 女性쪽이 男性에 비하여「반드시 눈을 보고 이야기하도록 한다」의 答이 많았다.

<보기> 1. 반드시 눈을 보고 이야기하도록 한다
　　　　2. 눈을 보기도 하고, 보지 않기도 한다
　　　　3. 눈이 마주치지 않도록 한다
　　　　4. 모르겠다

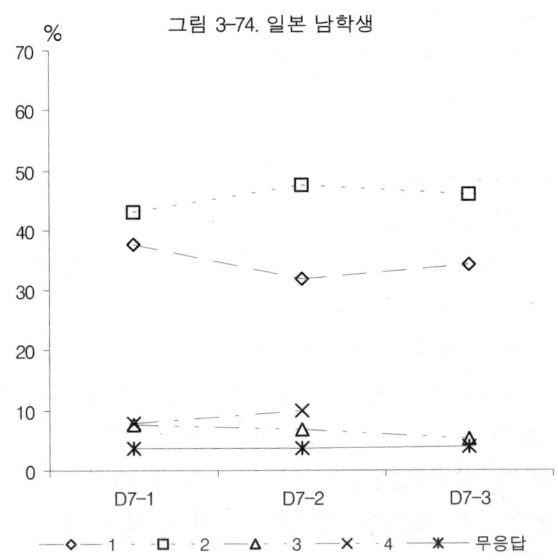

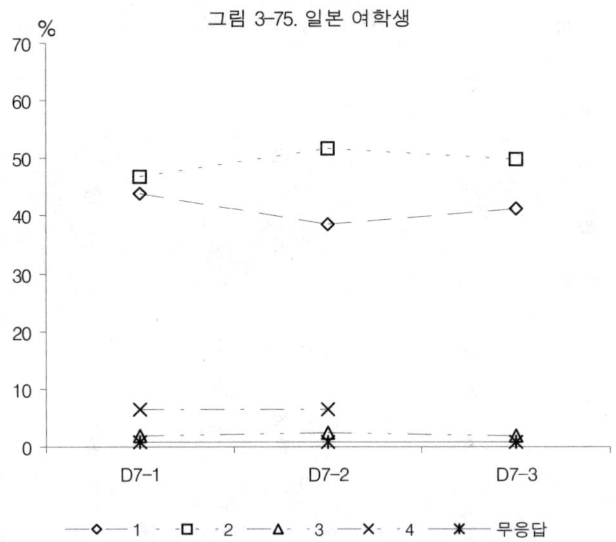

그림 3-75. 일본 여학생

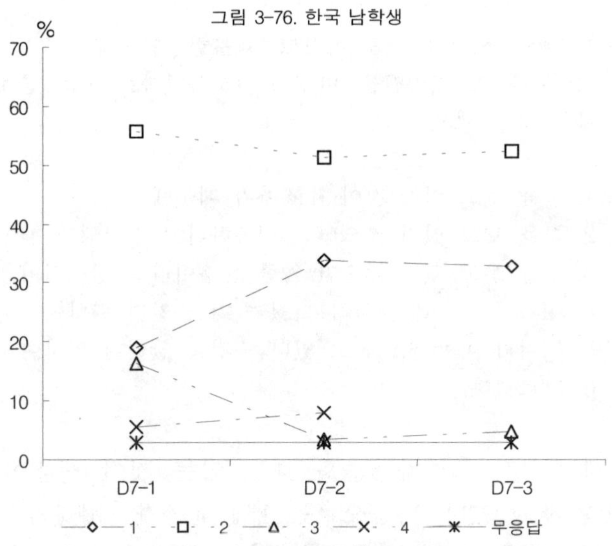

그림 3-76. 한국 남학생

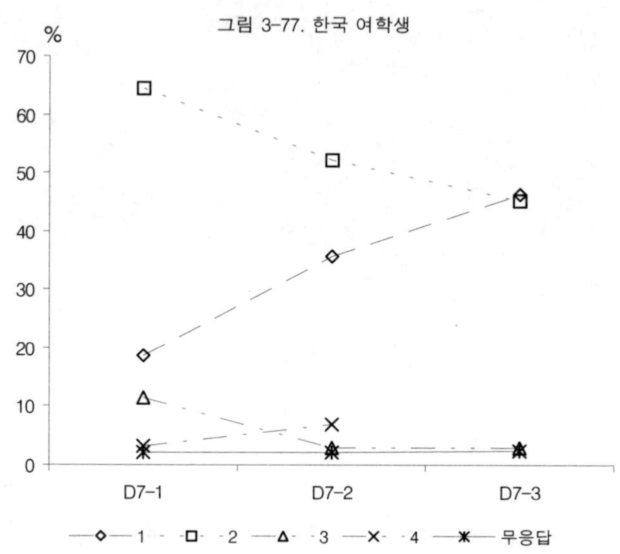

그림 3-77. 한국 여학생

8) 視線을 마주하는 理由 (D8)

<질문> D7에서 하나라도 1 이라고 対答한 분에게 質問하겠습니다.
왜 눈을 보는(視線을 마주치는)것입니까? 다음 중에서 理由
를 골라 주세요.

<보기> 1. 눈을 보고 있는 것이 礼儀이기 때문에
2. 눈을 보고 있지 않으면 不誠実하다고 생각되기 때문에
3. 눈을 보고 있지 않으면 약한 性格이라고 생각되기 때문에
4. 相対가 무엇을 생각하고 있는 지를 알기 위하여
5. 相対의 이야기를 듣고 있다는 것을 알리기 위하여
6. 모르겠다

日本에서는 2割 前後가 「눈을 보고 있는 것이 礼儀이기 때문
에」라고 答하고 있다. 다음으로는 1割 前後가 「相対의 이야기를
듣고 있다는 것을 알리기 위하여」라는 理由를 들고 있다. 이에

비하여, 韓国은 제일 많은 比率을 보이고 있는「相対의 이야기를 듣고 있다는 것을 알리기 위하여」가 2割 前後이다. 그 다음은 「相対가 무엇을 생각하고 있는 지를 알기 위하여」와「눈을 보고 있는 것이 礼儀이기 때문에」가 各各 1割 前後를 보이고 있다.

<보기> 1. 눈을 보고 있는 것이 礼儀이기 때문에
2. 눈을 보고 있지 않으면 不誠実하다고 생각되기 때문에
3. 눈을 보고 있지 않으면 약한 性格이라고 생각되기 때문에
4. 相対가 무엇을 생각하고 있는 지를 알기 위하여
5. 相対의 이야기를 듣고 있다는 것을 알리기 위하여
6. 모르겠다
7. 기타

그림 3-78. 시선을 마주하는 이유 (D8)

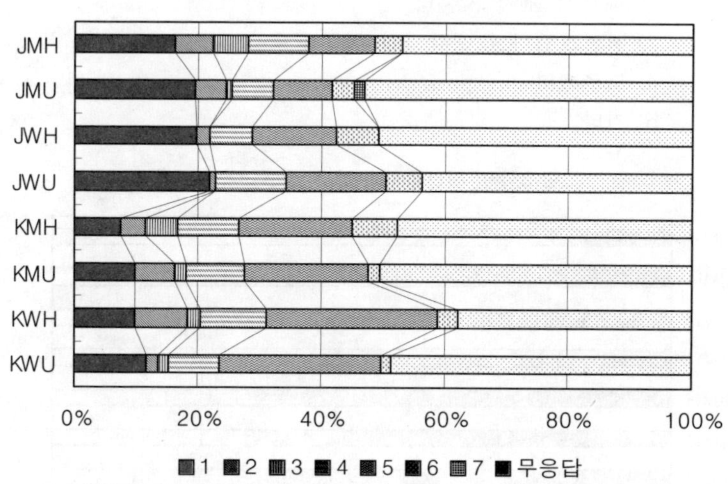

9) 視線을 마주하지 않는 理由 (D9)

<질문> D7에서 하나라도 2나3 이라고 答한 분에게 質問하겠습니다. 그 理由를 고르세요.

<보기> 1. 눈을 계속보고 있는 것은 失礼이기 때문에
       2. 家族처럼 친하면 눈을 보고 있는 일은 있지만, 그렇지 않기
          때문에 보지 않는다.
       3. 뻔뻔스럽다고 생각되기 때문에
       4. 모르겠다

日本에서는 3割 前後가「모르겠다」라는 応答을 보여, 視線을
마주하지 않는 理由를 確実하게 말하지 않고 있다. 韓国에서는
「눈을 계속보고 있는 것은 失礼이기 때문에」「家族처럼 친하
면 눈을 보고 있는 일은 있지만, 그렇지 않기 때문에 보지 않는
다.」「모르겠다」가 거의 비슷한 分布를 나타내고 있다.

<보기> 1. 눈을 계속보고 있는 것은 失礼이기 때문에
       2. 家族처럼 친하면 눈을 보고 있는 일은 있지만, 그렇지 않기
          때문에 보지 않는다.
       3. 뻔뻔스럽다고 생각되기 때문에
       4. 모르겠다
       5. 기타

그림 3-79. 시선을 마주하지 않는 이유 (D9)

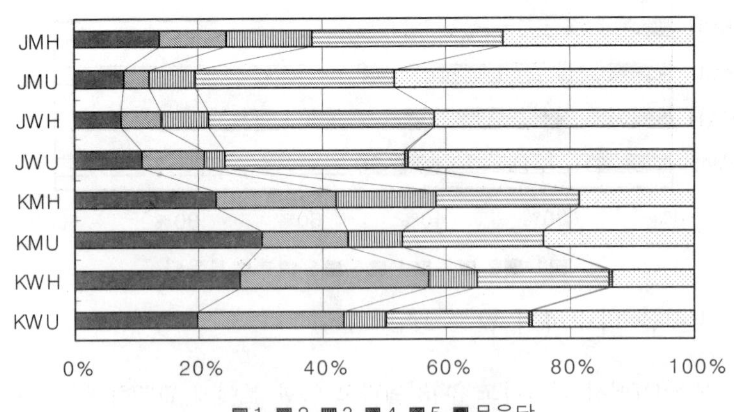

10) 윗사람에 대한 発言 (D10)

<질문> 손윗사람과 同席할 때, 손윗사람이 말을 꺼낼 때까지 発言을 삼가는 일이 있습니까?

<보기> 1. 그러한 傾向은 있다
　　　 2. 전혀 삼가 하는 일은 없다
　　　 3. 자기가 먼저 말을 꺼냈어도, 친구와 있을 때보다는 어색함을 느낀다

　両国은 5割을 前後하여「그러한 傾向은 있다」라는 応答을 보이고 있는데, 이는 윗사람에 대한 礼儀凡節로 認識한데서 비롯된 敬語行動이라 볼 수 있다. 그 다음으로는 大体的으로 3~4割 程度가「자기가 먼저 말을 꺼냈어도, 친구와 있을 때보다는 어색함을 느낀다」의 応答을 하고 있어, 大体的으로 손윗사람에 대해서는 配慮하고 있음을 알 수 있다.「전혀 삼가 하는 일은 없다」에서는, 1割 前後만이 答을 하고 있으나, 日本의 男子高校生만은 2割 程度에 이르고 있다.

　綜合的으로 보면, 両国의 학생들은 視線을 마주하고 対話를 나눈다는 応答者의 数가 의외로 많이 나오고 있는데, 이것은 J. V. 네우스토푸니(1983)에 의해서도 알 수가 있다. 그에 따르면 非言語的커뮤니케이션에 있어서 外国人에 의한 違反事項중에서, 頻繁하게 열거할 수 있는 것이 몇 가지 있다고 했다. 그 중 하나가 他人과 시선을 마주하는 問題이다. 예를 들면, 欧美語에서는 相対와의 接触度를 높이기 위하여 会話 中에 될 수 있는 한, 視線을 마주하도록 努力한다. 물론, 欧美人 사이에서도 똑같지는 않지만, 이러한 傾向이 강할수록 적어도 一部의 日本人에게 있어서는 매우 不快하게 느껴지는 行動인 것 같다. 물론, 이러한 規則

性이 어느 정도 보인다고 할지라도 欧美에서는 이렇게 行動하고, 日本에서는 저렇게 行動한다고 斷定지어 간단히 말할 수는 없다. 日本의 경우에도 視線을 마주하는 것은, 특히 젊은 世代에서는 普遍化된 것 같다. 그러나 外国人 중에는 相対의 視線을 마주하도록 強要하는 사람이 있는데, 그러한 경우에는 문제가 일어나기 쉽다고 말하고 있다.

그림 3-80. 윗사람에 대한 발언 (D10)

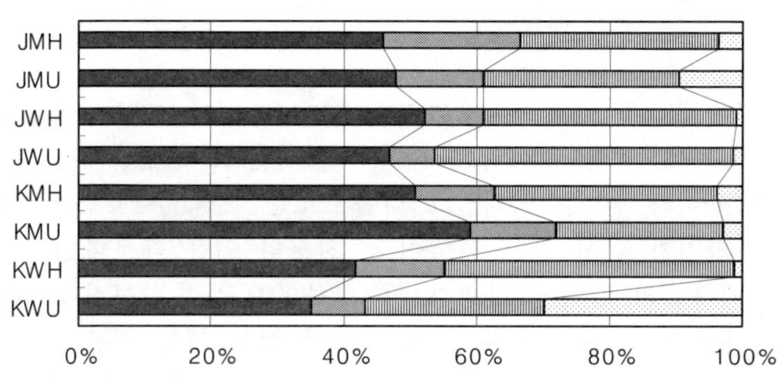

4. 価値観 (E項目) 및 敬語意識 (F項目)

여기에서는, 価値観에 대하여 보기로 한다. 특히, 이 項目에서는 그것 自体만의 分析만이 아니라 他項目과의 関係를 살펴보기 위해서 設定한 것이다. 個人의 価値観에 따라서 敬語行動이 어떻게 나타나는가를 살펴보고자 하며, 다시 그것을 類型別로 分類하여 敬語行動体系를 構築하는데 그 目的을 두고 있다.

敬語意識에서는, 敬語行動에 대하여 묻는 것이 아니라(그것은 B항목에서 묻고 있다), 어디까지나 敬語에 대한 意識을 묻고 있는 것이다.

1) 父母의 意見 (E1)

<질문> 貴下는 父母의 意見을 잘 듣습니까?

<보기> 1. 그렇다　　2. 그렇지 않다　　3. 모르겠다

　両国에서 가장 많이 応答을 한 것은「그렇다」이다. 日本에서는 5割 前後를 보이고 있지만, 韓国은 그 보다 다소 높은 6~7割 程度의 比率을 보이고 있다. 그 다음으로는「모르겠다」와「그렇지 않다」라는 応答도 어느 程度는 나타나고 있다.

　그러나, 이와 같은 項目은 国際比較가 어려운 것 중에 하나이다. 앙케이트調査에서 이렇게 質問한 경우, 被調査者는 어떻게 생각하고, 反応하는 것일까? 우선「父母의 意見을 잘 듣는 편」인가 어떤가를 判断하기위하여는 무엇인가 比較할 基準이 必要하게 된다. 그것이 全世界에 通用되는 것이라면 좋은 것이지만, 좀처럼 그러한 것은 없다. 그렇다면, 被調査者는 周囲의 사람과 比較하게 된다. 日本人은 周囲의 사람과 比較하여 自己는 어떠하고, 韓国人도 같은 方法을 취할 것이다. 그렇다면 데이타는 무엇을 말하고 있는 것일까? 単純히「 父母의 意見을 듣는 일이 많다」라는 側面보다도,「父母의 意見을 듣는다고 생각한다」를 調査하고 있는 것이다.

　다만, 이번 調査처럼 学生을 対象으로 하고 있는 경우는, 여기에 나타나는 傾向은 今後 더욱 많아질 것이 期待된다.

그림 3-81. 부모님의 의견 (E1)

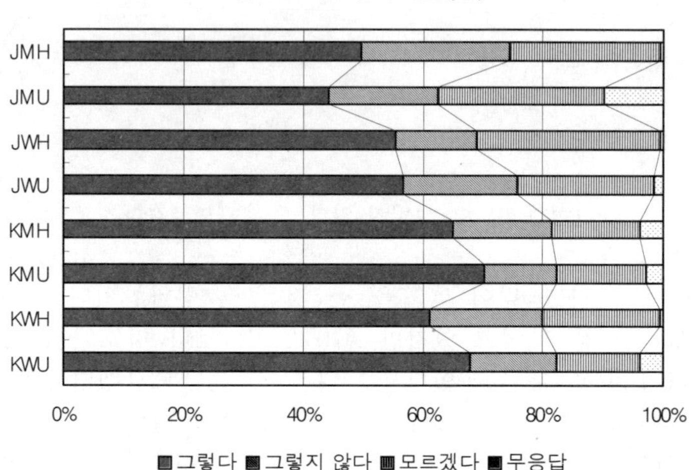

2) 年長者에 대한 尊重 (E2)

<질문> 貴下는 年歲가 든 분의 意見을 尊重하는 편입니까?

<보기> 1. 그렇다   2. 그렇지 않다   3. 모르겠다

日本에서는 「그렇다」가 4割 前後인데 비하여, 韓国은 7~8割 強이다. 따라서, 日本은 「그렇지 않다」 와 「모르겠다」가 상당한 比重을 차지하고 있으며, 여기에는 男子高校生의 3割強이 「그렇지 않다」라고 応答하고 있으며 女子高校生의 과반수가 「모르겠다」라고 答하고 있다.

그림 3-82. 연장자에 대한 존중 (E2)

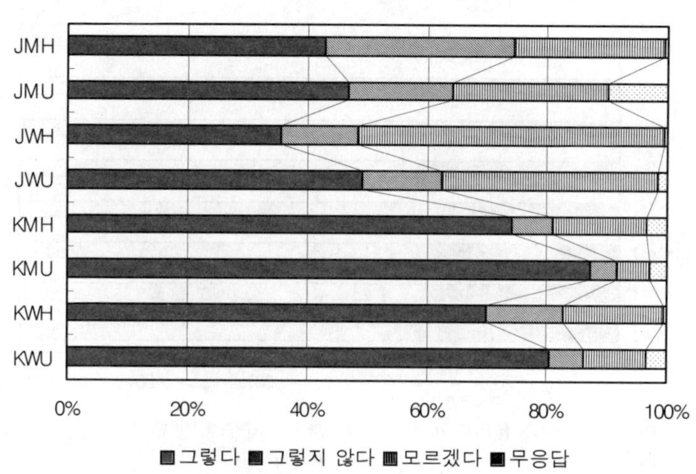

3) 自己의 経験과 틀릴 때 (E3)

<질문> 貴下는, 책이나 TV를 본 것과 스스로 생각하고 있는 것이 틀리는 경우, 어떻게 생각합니까?

<보기> 1. 책이나 TV가 틀리다고 생각한다
      2. 自己의 経験이 틀리다고 생각한다
      3. 모르겠다

日本에서는「모르겠다」는 比率이 많게는 6割 強까지도 나오고 있으며, 그 다음으로는「책이나 TV가 틀리다고 생각한다」「自己의 経験이 틀리다고 생각한다」의 順을 보이고 있다. 相対的으로 自己의 経験을 重視하는 일이 많은 것 같다. 이에 비하여, 韓国은 세 가지가 고르게 3割 前後의 分布를 보이고 있다.

그림 3-83. 자기의 경험과 틀릴 때 (E3)

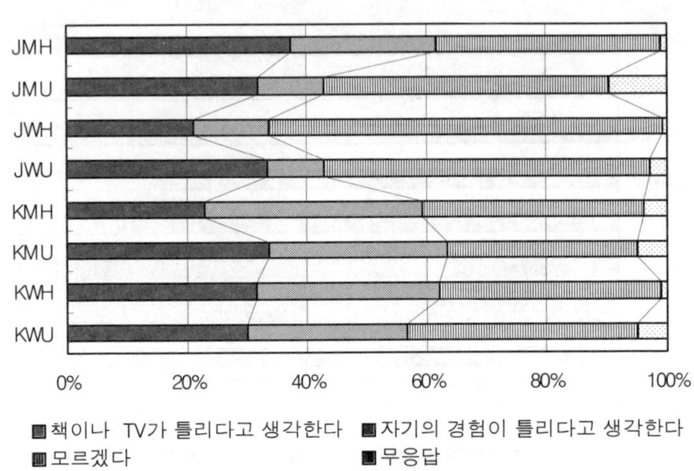

4) 初志一貫 (E4)

<질문> 貴下는 스스로 한번 決定한 것은 지키는 편입니까?

<보기> 1. 그렇다
2. 그렇지 않다
3. 모르겠다

이 項目은 態度의 固定性을 보는 것으로서, 両国은 4割을 前後하여 「그렇다」라는 応答을 많이 하고 있으며, 「그렇지 않다」에서는 韓国의 比率이 日本보다 높게 나오고 있다.

그림 3-84. 초지일관 (E4)

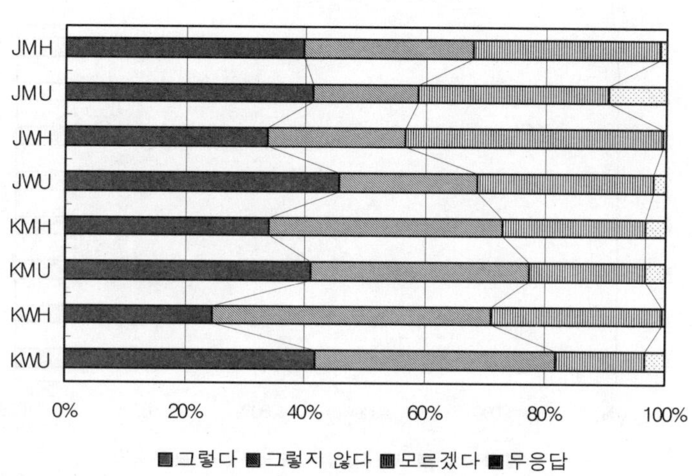

5) 伝統의 尊重 (E5)

<질문> 貴下는 헌 책방이나 伝統的인 것은 남겨야 한다고 생각합니까?

<보기> 1. 그렇다
　　　　2. 그렇지 않다
　　　　3. 모르겠다

　日本은 5~8割 程度가 「그렇다」라는 応答을 보이고 있지만, 특히 女学生이 男学生보다 높은 比率을 보이고 있다. 이에 비하여 韓国은 8割 前後가 「그렇다」라는 応答을 하고 있어 日本보다 伝統을 尊重해야 된다는 意識이 높게 나오고 있음을 알 수 있다.

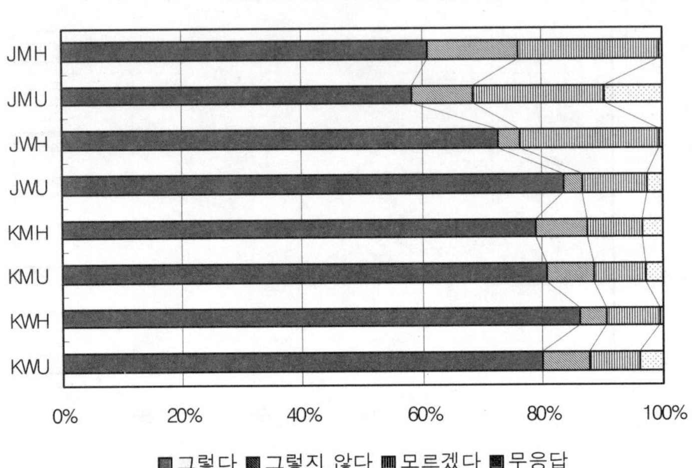

그림 3-85. 전통의 존중 (E5)

6) 새 것에 대한 選好度 (E6)

<질문> 貴下는 新製品이 나오거나, 새로운 가게가 생겼을 때, 바로 사거나 가거나 하는 편입니까?

<보기> 1. 그렇다
      2. 그렇지 않다
      3. 모르겠다

日本은 「그렇지 않다」 가 「그렇다」 에 비하여 다소 높게 나오고 있으나, 韓国에서는 7割 前後가 「그렇지 않다」 에 応答하고 있다. 새 것에 대한 選好度에 있어서는 日本쪽이 훨씬 높게 나타나고 있다.

그림 3-86. 새 것에 대한 선호도 (E6)

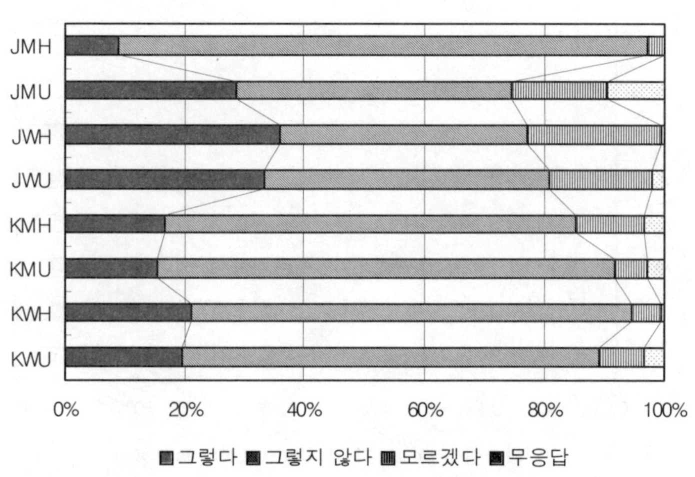

7) 誠実性 (E7)

<질문> 貴下는 授業에 誠実하게 出席하는 편입니까?

<보기> 1. 그렇다
2. 그렇지 않다
3. 모르겠다

両国은 7~9割 程度가 授業에 성실하게 出席한다는 応答을 보이고 있지만, 日本의 男子大学生은 4割 程度만이 応答을 하고 있다. 그 대신 3割 強이 誠実하게 出席하지 않는다고 答하고 있다.

그림 3-87. 성실성 (E7)

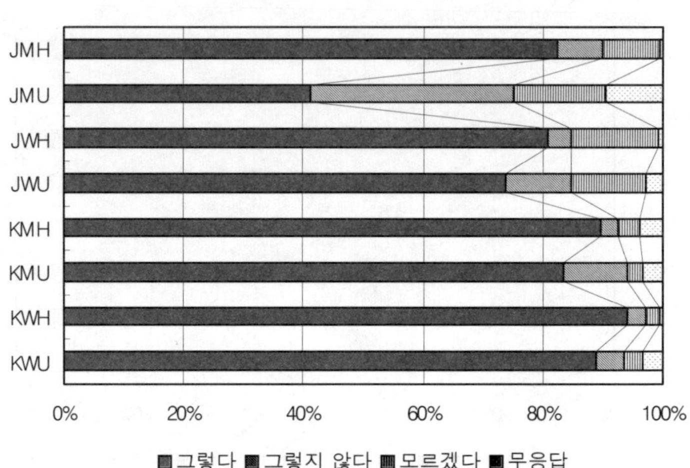

① 성실하게 出席하는 理由 (E7-1)

<질문> (1 이라고 対答한 분에게)어째서입니까?

<보기> 1. 授業이 재미있기 때문에
       2. 学生의 本分이라고 생각하기 때문
       3. 좋은 成績을 받고 싶기 때문에
       4. 出席과 欠席에 대한 点検을 正確하게 하기 때문에
       5. 父母로부터 그렇게 들었기 때문에
       6. 비싼 学費를 내고 있기 때문에
       7. 왠지 모르게
       8. 그밖에 할 일이 없기 때문에
       9. 기타

日本에서는 1~3割 程度가 「学生의 本分이라고 생각하기 때문에」라고 答하고 있으며, 이 가운데서 男子大学生은 1割 強만이

答하고 있다. 이밖에 高校生중에 1割 強은「왠지 모르게」의 応答을 보이고 있다. 韓国은 6割 前後의 学生이「学生의 本分이라고 생각하기 때문에」라는 答을 보이고 있으며, 男子大学生중에는 2割 程度가「좋은 成績을 받고 싶기 때문에」, 女子高校生중에는 1割 程度가「出席과 欠席에 대한 点検을 正確하게 하기 때문에」라고 答을 하고 있다.

<보기> 1. 授業이 재미있기 때문에
　　　　2. 学生의 本分이라고 생각하기 때문에
　　　　3. 좋은 成績을 받고 싶기 때문에
　　　　4. 出席과 欠席에 대한 点検을 正確하게 하기 때문에
　　　　5. 父母로부터 그렇게 들었기 때문에
　　　　6. 비싼 学費를 내고 있기 때문에
　　　　7. 왠지 모르게
　　　　8. 그밖에 할 일이 없기 때문에
　　　　9. 기타

그림 3-88. 성실하게 출석하는 이유 (E7-1)

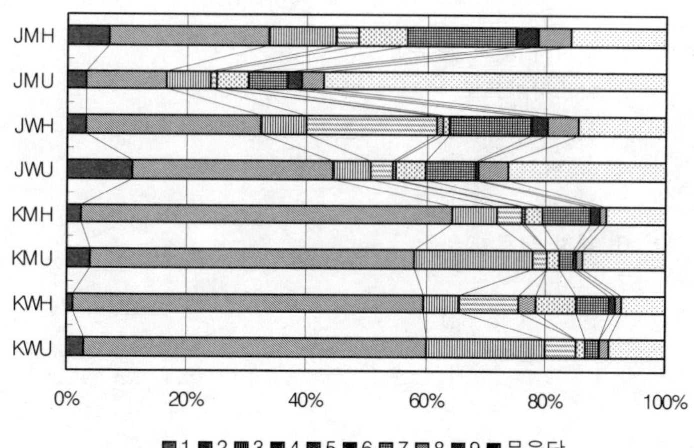

② 誠実하게 出席하지 않는 理由 (E7-2)

<질문> (2 라고 対答한 분에게)어째서입니까?

<보기> 1. 재미가 없기 때문에
       2. 아르바이트로 바쁘기 때문에
       3. 서클(동아리)등으로 바쁘기 때문에
       4. 그 밖의 理由로 바쁘기 때문에
       5. 늦잠을 자기 때문에
       6. 왠지 모르게
       7. 기타

日本의 男学生은 女学生에 비하여「재미가 없기 때문에」라는 答을 많이 하고 있으며, 大学生중에는「늦잠을 자기 때문에」등을 들고 있다. 韓国은「재미가 없기 때문에」「왠지 모르게」「기타」등을 많이 들고 있으며, 男学生중에는「그 밖의 理由로 바쁘기 때문에」라고 답한 사람도 많이 있었다.

<보기> 1. 재미가 없기 때문에
       2. 아르바이트로 바쁘기 때문에
       3. 서클(동아리)등으로 바쁘기 때문에
       4. 그 밖의 理由로 바쁘기 때문에
       5. 늦잠을 자기 때문에
       6. 왠지 모르게
       7. 기타

그림 3-89. 성실하게 출석하지 않는 이유 (E7-2)

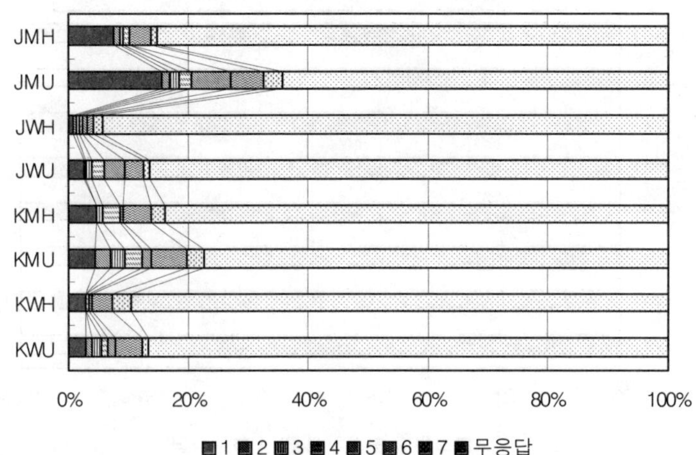

8) 成績과 就職과의 関係 (E8)

<질문> 貴下는 좋은 成績을 받아, 좋은 곳에 就職하고 싶습니까?

<보기> 1. 그렇다
　　　 2. 그렇지 않다

　日本에서는 5~7割 程度가「그렇다」라는 応答을 보이고 있는 반면,「그렇지 않다」는 3割 前後를 나타내고 있다. 韓国에서는 9割 程度가「그렇다」라는 応答을 보이고 있어, 実利的인 性向이 높음을 알 수 있다.

그림 3-90. 성적과 취직과의 관계 (E8)

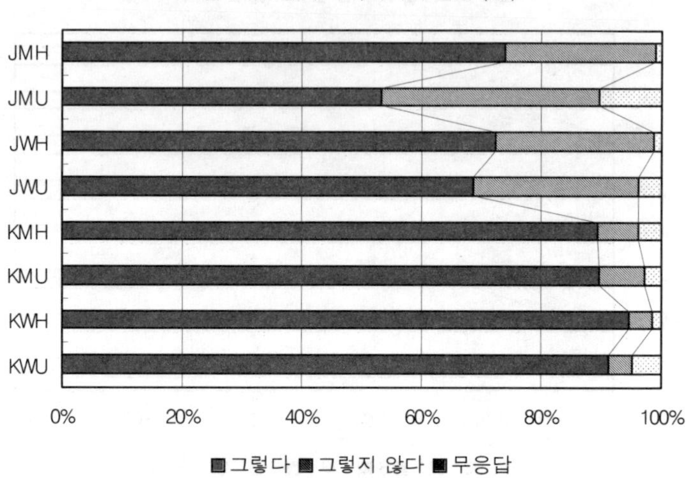

9) 出世와 趣味의 比重 (E9)

<질문> 貴下는 出世하기 위해서는 生活을 犧牲하여도 좋다고 생각합니까, 그렇지 않으면 自己의 趣味生活에 重点을 두고 싶습니까?

<보기> 1. 出世   2. 趣味

両国 모두「趣味」라는 応答이 높게 나타나고 있으나, 日本쪽이 더 높은 比率을 보이고 있다.「出世」를 보면, 韓国이 日本보다 높게 나타나고 있으며, 日本의 男学生은 女学生에 비하여 높게 나오고 있다.

그림 3-91. 출세와 취미의 비중 (E9)

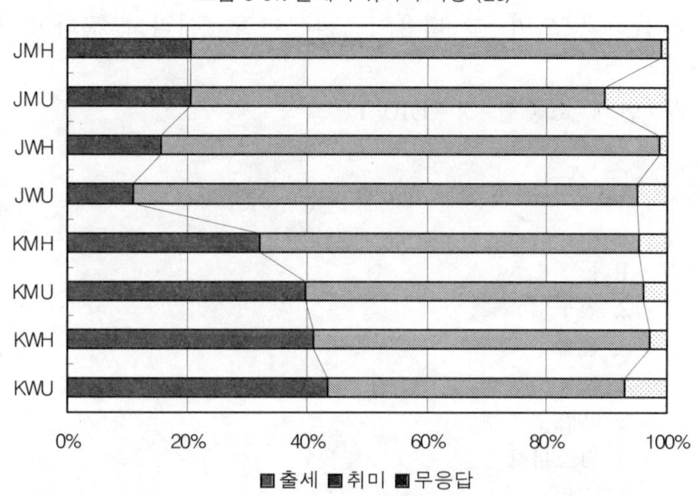

10) 제일 소중한 것 (E10)

<질문> 貴下는 다음 중에서 무엇이 제일 重要합니까?

<보기> 1. 돈
2. 친구
3. 趣味
4. 家族
5. 時間
6. 自己自身
7. 宗教

　제일 소중한 것으로서, 日本에서는「家族」「自己自身」을 많이 꼽고 있으며, 그 다음으로는「친구」를 꼽고 있다. 특히, 男学生은 女学生에 비하여「친구」를 많이 꼽고 있으며, 男子高校生은 1割 程度가「돈」이라고 応答을 하고 있다. 그에 비하여 女学

生은「家族」에 応答을 많이 하고 있다. 韓国은 4~5割 強이「家族」을 들고 있으며, 그 다음이「自己自身」이라고 答하고 있다.

① 두 번째 소중한 것 (E10-1)

<질문> 그러면, 두 번째로 重要한 것은 무엇입니까?

<보기> 1. 돈
      2. 친구
      3. 趣味
      4. 家族
      5. 時間
      6. 自己自身
      7. 宗教

両国모두「家族」과「친구」를 많이 들고 있으며, 男学生은 女学生에 비하여「家族」보다는「친구」라는 応答을 많이 하고 있다. 그 다음으로, 日本에서는 1割 前後, 韓国에서는 2割 前後가「自己自身」을 答하고 있다.

<보기> 1. 돈
      2. 친구
      3. 趣味
      4. 家族
      5. 時間
      6. 自己自身
      7. 宗教
      8. 기타

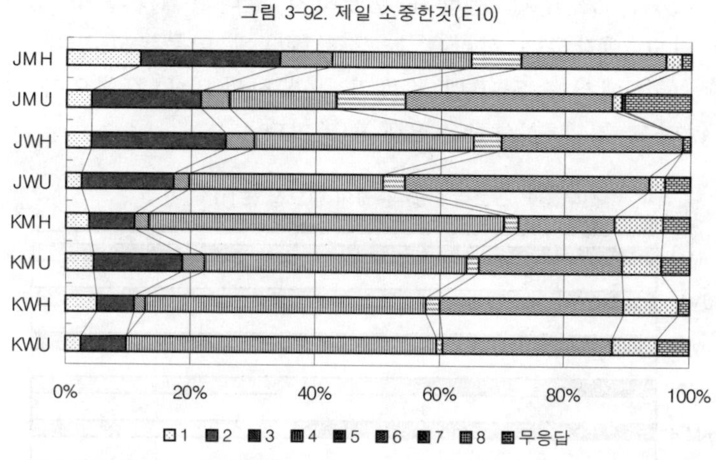

그림 3-92. 제일 소중한것(E10)

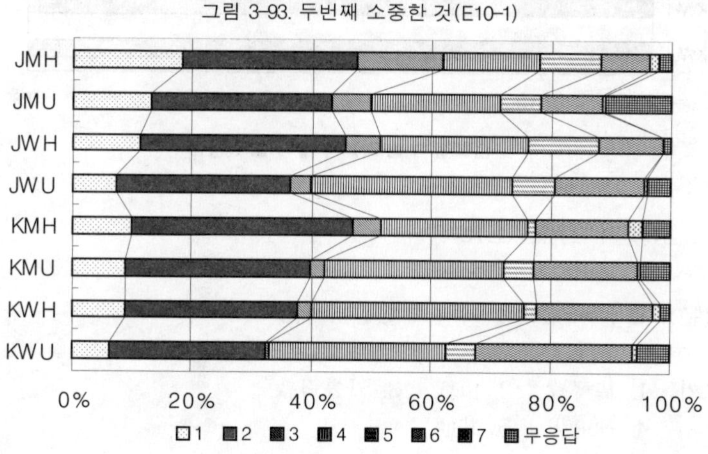

그림 3-93. 두번째 소중한 것(E10-1)

11) 宗教의 必要性 (E11)

<질문>　貴下는 宗教가 必要하다고 생각합니까?

<보기>　1. 그렇다　　2. 그렇지 않다

日本에서는 7~8割 程度가 必要하지 않다고 対答하고 있으며,
必要하다고 생각하는 사람은 1~2割 程度에 머무르고 있다. 이에
비하여 韓国에서는 5~6割 程度가 必要하다고 応答했으며, 必要
하지 않다고 対答한 사람은 3割 前後이다.

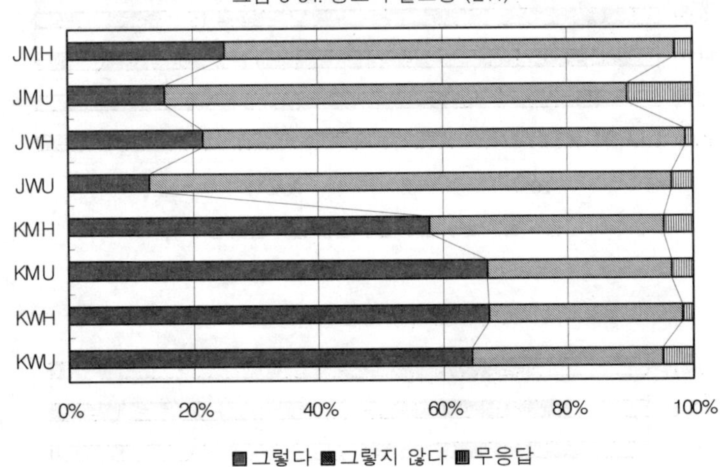

그림 3-94. 종교의 필요성 (E11)

12) 宗教의 有無 (E12)

<질문> 貴下는 宗教를 가지고 있습니까?

<보기> 1. 基督教   2. 仏教   3. 카톨릭教
       4. 神道7)   5. 其他

日本에서는 7~8割 程度가 無応答을 보이고 있는데, 이는 特別
한 宗教를 가지고 있지 않은 것으로 把握된다. 그 다음으로는 仏

____

7) 神道는 대부분의 日本人이 관련을 갖고 있지만, 그것은 神社의 祝祭나
   現世利益信仰등에 限定되어 있다.

敎라는 응답을 보이고 있으며, 다른 宗敎의 숫자는 아주 적게 나오고 있다.

韓国은 3~4割 程度가 基督敎라고 応答하고 있으며, 그 다음으로는 1割 前後의 仏敎를 들고 있다.

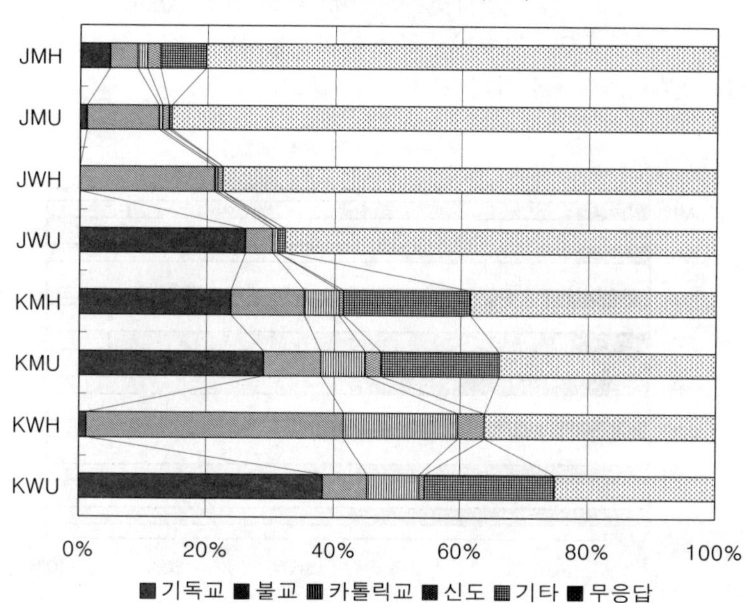

그림 3-95. 종교의 유무 (E12)

13) 恭遜한 音声 (F1)

<질문> 다른 사람과 이야기할 경우, 그 사람의 音声이 恭遜한가 어떤가 알고 싶을 때, 무엇으로 判断합니까?

<보기> 1. 목소리의 높낮이
2. 말하는 速度
3. 목소리의 세기

　상대방의 음성이 공손한가 어떤가에 대해서 살펴본 결과, 日本에서는 3~4割 程度가「말하는 速度」를 들고 있으며, 그 다음으로는 거의 비슷한 比率의「목소리의 세기」를 들고 있다.「목소리의 높낮이」는 1割 強의 낮은 分布를 보이고 있다.
　韓国에서는 5割 前後가「목소리의 높낮이」를 들고 있으며, 3~4割 程度는「목소리의 세기」를 들고 있다.

그림 3-96. 공손한 음성 (F1)

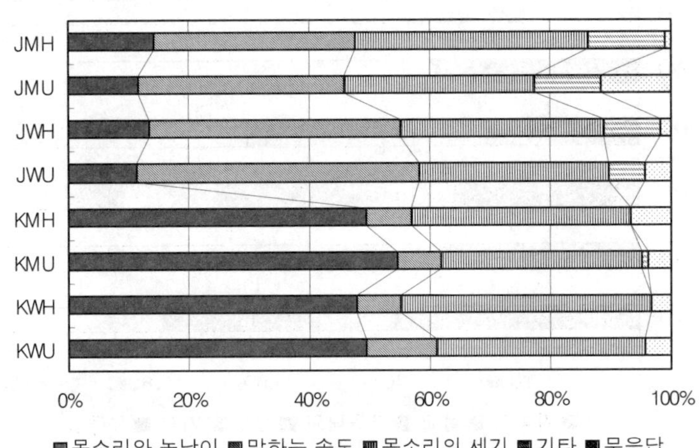

14) 場面에 따른 敬語使用 (F2)

<질문> 貴下는 때와 경우에 따라서, 또는 이야기하는 相対에 따라서
意識的 으로 敬語와 예삿말을 区分하여 使用하고 있습니까?

<장면> F2-1. 때와 경우에 따라서
　　　　 F2-2. 이야기하는 相対에 따라서

<보기> 1. 意識的으로 区分하여 使用하고 있다
　　　　 2. 意識은 하고 있지 않지만, 区分해서 使用하고 있다
　　　　 3. 될 수 있는 한 区分하지 않도록 한다
　　　　 4. 전혀 区分하지 않는다

① 때와 경우에 따라서 (F2-1)
日本은 4割 前後가「意識的으로 区分하여 使用하고 있다」라는 応答을 보이고 있으며, 3割 前後는「意識은 하고 있지 않지만, 区分해서 使用하고 있다」라고 応答하고 있다.

韓国에서는 5~6割 程度가「意識的으로 区分하여 使用하고 있다」라는 応答을 보이고 있어, 日本보다는 다소 높은 比率을 보이고 있다. 그 다음으로는 3割 前後는「意識은 하고 있지 않지만, 区分해서 使用하고 있다」라고 応答하고 있다. 両国은 모두 意識을 하든, 意識을 하지 않든 거의 모든 사람들이 敬語를 区分하여 使用하고 있다는 점에서 共通点을 보이고 있다.

② 이야기하는 相対에 따라서 (F2-2)
日本은 때와 경우에 따라서 보다 높은 比率인 5~6割 程度가「意識的으로 区分하여 使用하고 있다」라는 応答을 보이고 있으며, 3割 前後는「意識은 하고 있지 않지만, 区分해서 使用하고 있다」라고 応答하고 있다.

韓国은 日本과 거의 비슷하게 나타나고 있다.

<보기> 1. 意識的으로 区分하여 使用하고 있다
　　　　 2. 意識은 하고 있지 않지만, 区分해서 使用하고 있다
　　　　 3. 될 수 있는 한 区分하지 않도록 한다
　　　　 4. 전혀 区分하지 않는다

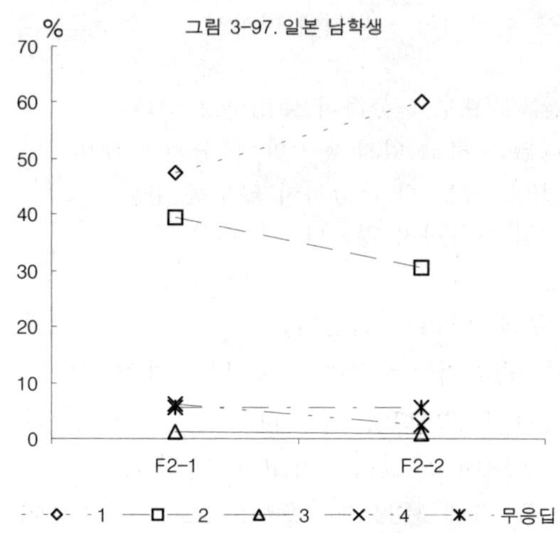

그림 3-97. 일본 남학생

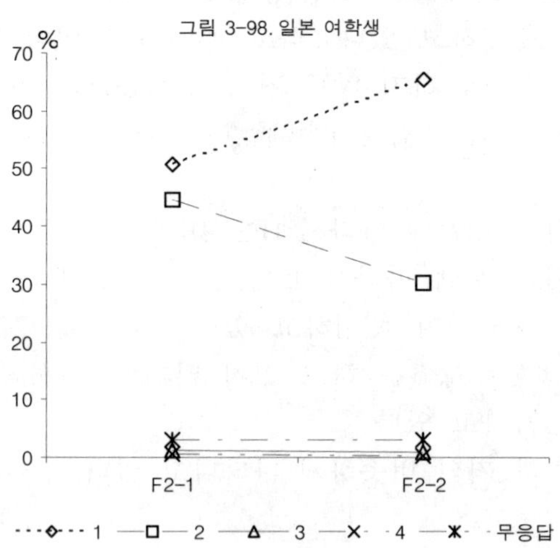

그림 3-98. 일본 여학생

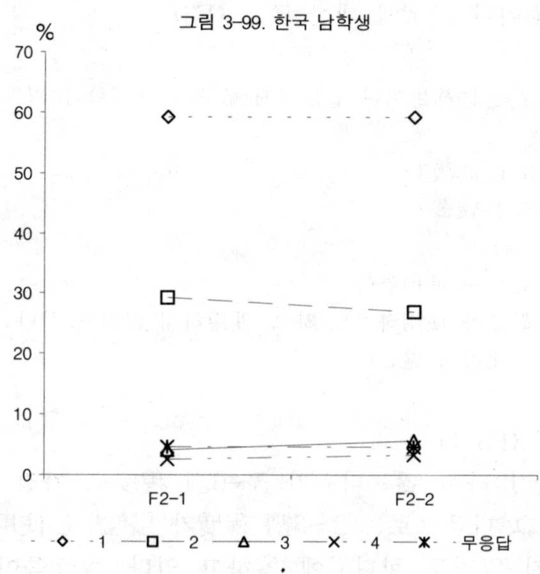

그림 3-99. 한국 남학생

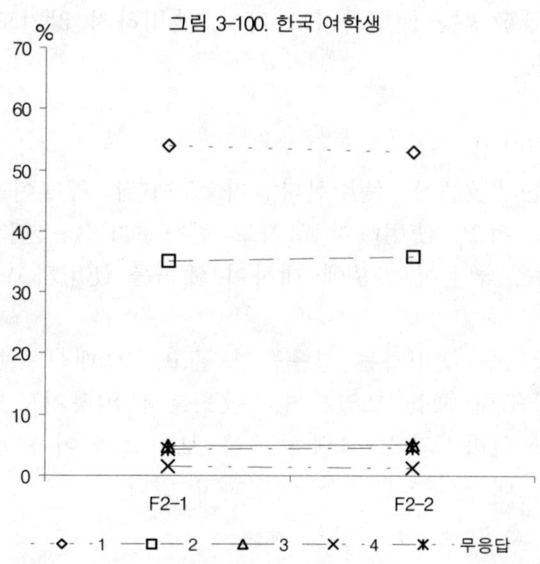

그림 3-100. 한국 여학생

15) 同級生이나 後輩에 대한 敬語 (F3)

<질문> 貴下는 同級生이나 後輩에게 敬語를 使用합니까?

<장면> F3-1. 同級生
        F3-2. 後輩

<보기> 1. 敬語를 使用한다
       2. 敬語를 使用하기도 하고, 使用하지 않기도 한다
       3. 使用하지 않는다

① 同級生 (F3-1)

日本은「使用하지 않는다」가 5~6割 程度로 가장 높게 나오고 있으며, 그 다음으로는 2~3割 程度가「敬語를 使用하기도 하고, 使用하지 않기도 한다」에 答하고 있다. 女性쪽이 韓国에서도 4~6割 程度가「使用하지 않는다」라는 応答을 보였으며, 3~4割 程度는「敬語를 使用하기도 하고, 使用하지 않기도 한다」에 答하고 있다.

② 後輩 (F3-2)

日本에서는「敬語를 使用한다」가 5~6割 程度이고,「敬語를 使用 하기도 하고, 使用하지 않기도 한다」가 3~4割 程度인 것을 보면, 많은 学生이 後輩에 대하여 敬語를 使用하고 있음을 알 수 있다.

韓国은 敬語를 使用하는 경우는 드물고, 그 대신「使用하지 않는다」가 4~5割 強을 보였으며,「敬語를 使用하기도 하고, 使用하지 않기도 한다」가 2~4割 程度를 보이고 있어 , 大部分의 学生은 後輩에 대해서는 敬語를 使用하고 있다.

<보기> 1. 敬語를 使用한다
　　　　2. 敬語를 使用하기도 하고, 使用하지 않기도 한다
　　　　3. 使用하지 않는다
　　　　4. 기타

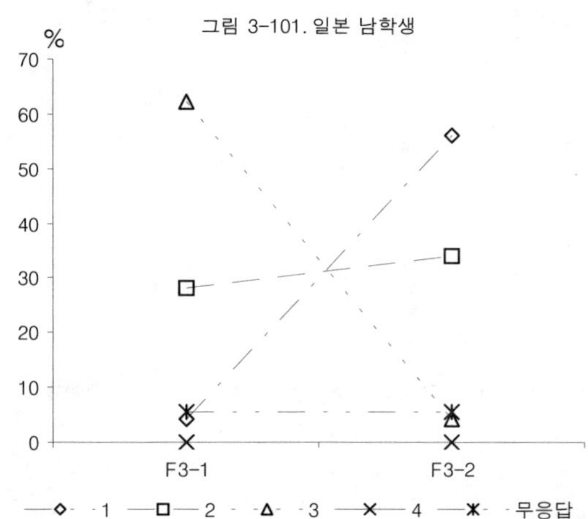

그림 3-101. 일본 남학생

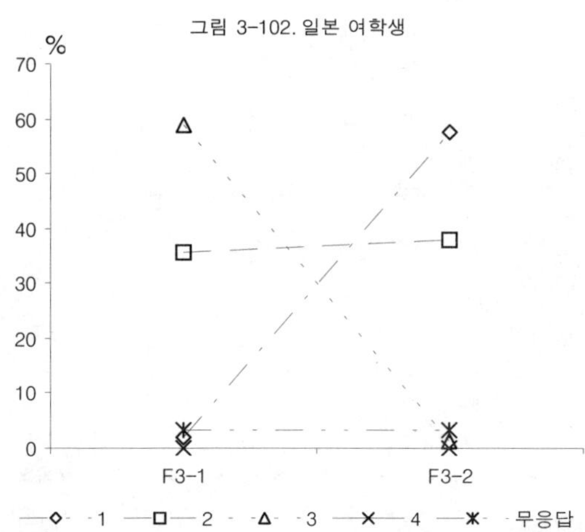

그림 3-102. 일본 여학생

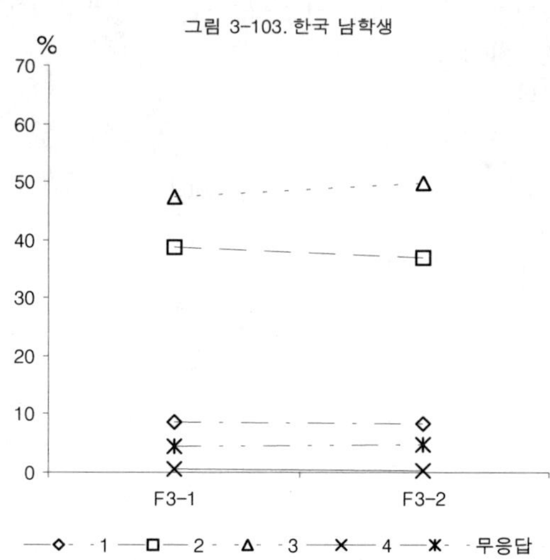

그림 3-103. 한국 남학생

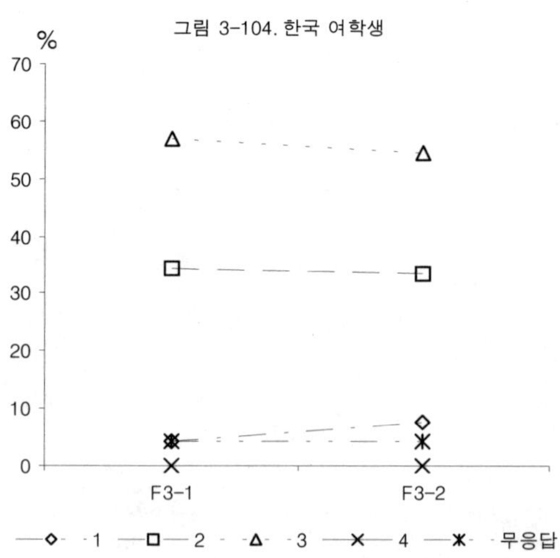

그림 3-104. 한국 여학생

16) 敬語의 使用頻度 (F4)

<질문> 貴下는 敬語를 자주 使用합니까?

<보기> 1. 자주 使用한다
2. 그다지 使用하지 않는다
3. 전혀 使用하지 않는다

日本은 3~6割 程度가「자주 使用한다」이며, 그 다음은 2~5割 程度가「그다지 使用하지 않는다」라는 応答을 하고 있다. 高校生에 비하여 大学生이 자주 敬語를 使用하는 것으로 보인다.

韓国은 日本과는 달리 4~6割 程度가「그다지 使用하지 않는다」이며, 2~5割 程度까지는「자주 使用한다」라는 応答을 하고 있다. 韓国에서도 高校生에 비하여 大学生이 자주 敬語를 使用하는 것으로 나타나고 있다.

그림 3-105. 경어의 사용빈도 (F4)

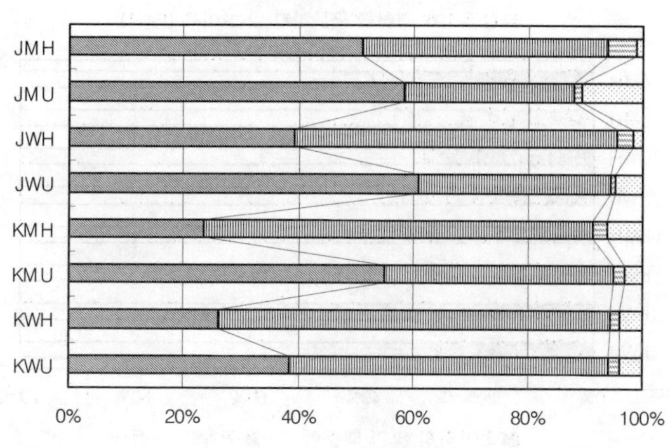

① 敬語를 区分하지 않는 理由 (F4-1)

<질문> 2 나 3으로 対答한 분은 왜 区分하여 使用하지 않습니까?

<보기> 1. 좋아하지 않기 때문에
2. 귀찮기 때문에
3. 使用할 수 없기 때문에
4. 모르겠다

日本은「모르겠다」등의 対答이 많았으며, 高校生은「귀찮기 때문에」, 男子高校生은「좋아하지 않기 때문에」라는 答이 많았다.

韓国은 男子大学生을 除外하고는 3割 前後가「모르겠다」이며, 그 다음으로는 1~2割 程度가「좋아하지 않기 때문에」라고 答을 했다. 男学生 가운데는「귀찮기 때문에」라는 응답도 있었다.

그림 3-106. 경어를 구분하지 않는 이유 (F4-1)

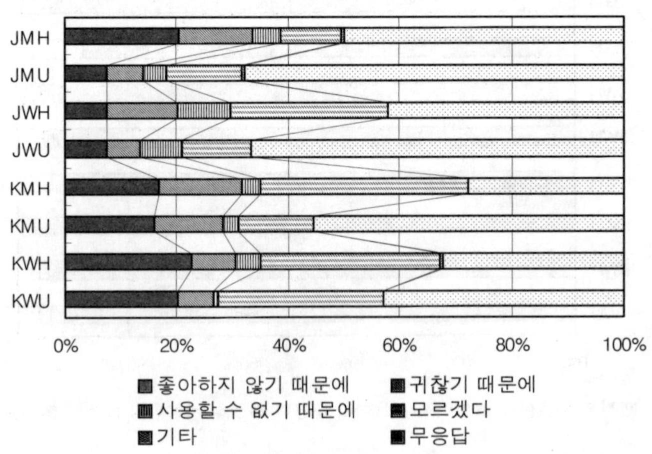

17) 어느 場面에서나 친구와 같은 사람 (F5)

<질문> 貴下는 어떤 사람에게 대해서도 친구처럼 이야기하는 사람을
　　　어떻게 생각합니까?

<보기> 1. 불쾌하게 생각한다
　　　 2. 礼儀를 모른다고 생각한다
　　　 3. 꾸미지 않는 사람이라고 생각한다
　　　 4. 누구라도 쉽게 사귀는 사람이라고 생각한다
　　　 5. 아무렇게도 생각하지 않는다

日本에서는 2~3割 程度가「누구라도 쉽게 사귀는 사람이라고
생각한다」라고 応答을 하였으며,「礼儀를 모른다고 생각한다」
라는 応答도 많이 있었다.

韓国은 4~6割 程度가「누구라도 쉽게 사귀는 사람이라고 생
각한다」라고 応答을 하였으며,「礼儀를 모른다고 생각한다」
「꾸미지 않는 사람이라고 생각한다」도 상당히 있었다.

그림 3-107. 어느 장면에서나 친구와 같은 사람 (F5)

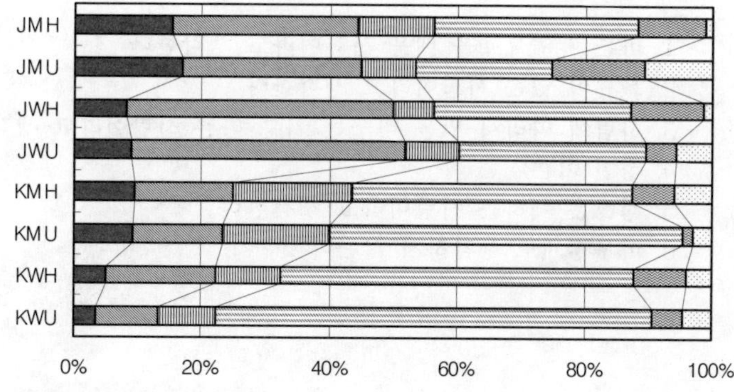

18) 敬語를 잘 使用하고 있는 사람에 대하여 (F6)

<질문> 貴下는 敬語를 잘 使用하고 있는 사람을 어떻게 생각합니까?

<보기> 1. 바른 礼儀凡節을 배운 사람이라고 생각한다
       2. 教養이 있는 사람이라고 생각한다
       3. 사람에 따라서 말을 바꾸는 기분 나쁜 사람이라고 생각한다
       4. 성인(어른)
       5. 점잖은 체하는 사람이라고 생각한다
       6. 아무렇게도 생각하지 않는다

  日本은「教養이 있는 사람이라고 생각한다」와「바른 礼儀凡節을 배운 사람이라고 생각한다」가 大部分을 차지하고 있으며,「성인(어른)」이라는 応答도 있었다.
  韓国은 日本과 비슷한 様相을 보이고 있는데, 4~5割 程度는「바른 礼儀凡節을 배운 사람이라고 생각한다」에 答하고 있다.
  両国의 男子高校生은「아무렇게도 생각하지 않는다」에 많은 応答을 보이기도 했다.

<보기> 1. 바른 礼儀凡節을 배운 사람이라고 생각한다
       2. 教養이 있는 사람이라고 생각한다
       3. 사람에 따라서 말을 바꾸는 기분 나쁜 사람이라고 생각한다
       4. 성인(어른)
       5. 점잖은 체하는 사람이라고 생각한다
       6. 아무렇게도 생각하지 않는다

그림 3-108. 경어를 잘 사용하고 있는 사람에 대하여 (F6)

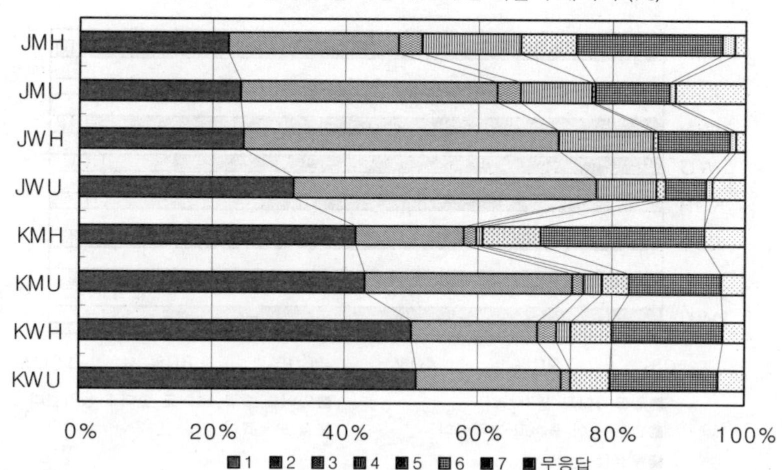

19) 敬語의 必要性 (F7)

<질문> 貴下는 敬語는 必要하다고 생각합니까?

<보기> 1. 必要하다고 생각한다
2. 있어도 좋고, 없어도 좋다고 생각한다.
3. 없는 편이 좋다고 생각한다
4. 잘 모르겠다

日本은 6~8割 強이 「必要하다고 생각한다」 라고 肯定的인 応答을 했으며, 「있어도 좋고, 없어도 좋다고 생각한다」 는 1割 前後에 그치고 있다.

韓国도 日本과 거의 같은 分布를 보이고 있다.

그림 3-109. 경어의 필용성 (F7)

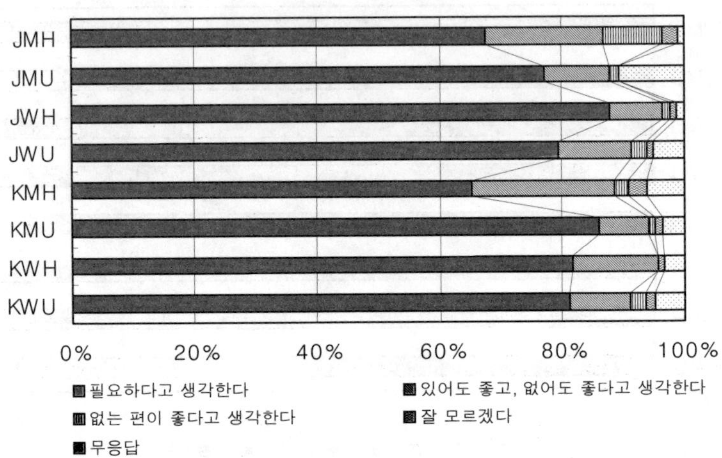

① 敬語를 배워야 할 곳 (F7-1)

<질문> (F7 에서 1 이라고 対答한 분에게) 敬語의 使用法에 대해서는
어디에서 배우면 좋다고 생각합니까?

<보기> 1. 주위에 있는 사람
    2. 学校의 先生님
    3. 父母
    4. 教科書나 책
    5. TV, 라디오
    6. 新聞이나 雜誌

日本은 3~5割 程度가「주위에 있는 사람」이라는 答을 하고 있
으며, 1割 前後는「父母」라는 答을 보이고 있다.
韓国에서는「父母」「주위에 있는 사람」의 順으로 나타나고 있
으며, 그 다음으로는「学校의 先生님 」이라는 사람도 있었다 .

그림 3-110. 경어를 배워야 할 곳(F7-1)

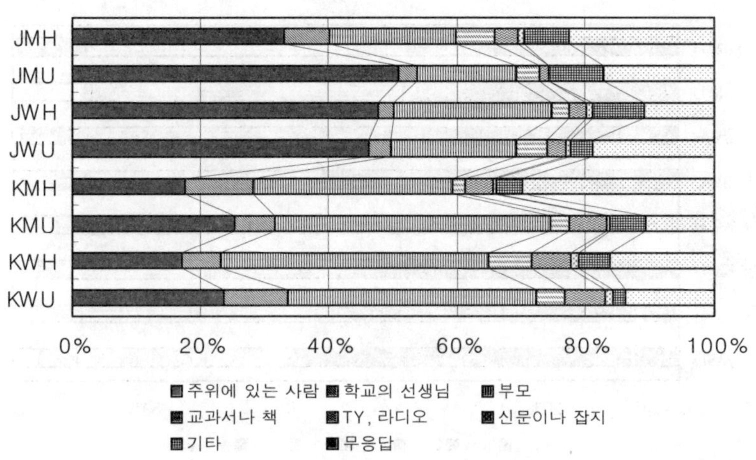

20) 敬語를 使用하는 理由 (F8)

<질문> 貴下가 敬語를 使用하는 理由는 무엇입니까?

<보기> 1. 相対方에게 尊敬하는 마음을 나타내기 위하여
　　　　2. 礼儀를 모르는 사람이라는 말을 듣고 싶지 않아서
　　　　3. 예삿말로는 이야기할 수 없기 때문에
　　　　4. 人間関係를 원만히 할 수 없기 때문에
　　　　5. 기타

日本은 4割 前後가「人間関係를 원만히 할 수 없기 때문에」
라고 応答을 하였으며,「相対方에게 尊敬하는 마음을 나타내기
위하여」「礼儀를 모르는 사람이라는 말을 듣고 싶지 않아서」
등의 表現도 보인다. 韓国에서는「相対方에게 尊敬하는 마음을
나타내기 위하여」에 가장 많은 応答을 보였으며, 그 밖의 理由
들도 고르게 分布되어 있다.

그림 3-111. 경어를 사용하는 이유(F8)

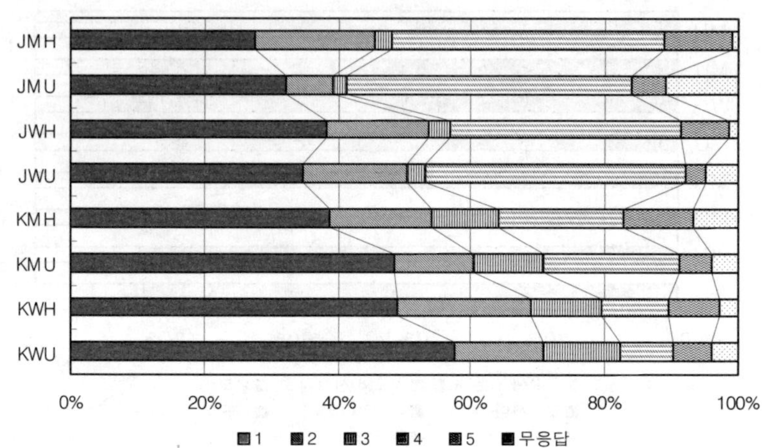

<보기> 1. 相対方에게 尊敬하는 마음을 나타내기 위하여
2. 礼儀를 모르는 사람이라는 말을 듣고 싶지 않아서
3. 예삿말로는 이야기할 수 없기 때문에
4. 人間関係를 원만히 할 수 없기 때문에
5. 기타

5. 項目 間의 相関関係

1) 被調査者의 属性과 敬語使用

① 特別活動과 反論(高校生) / 아르바이트의 経験과 反論(大学生)
特別活動의 種類를 運動部·文化部·学習部로 나누어, 각각은 反論을 어떻게 하는가를 알아 보고자 한다. 両国의 高校生은 運動部·文化部의 特別活動을 하는 학생은 상대적으로 反論의「잘 말한다」와의 관계가 있는 것으로 보이며, 学習部의 学生은 反論의「잘 말한다」와의 관계는 그리 높지 않은 것으로 나타나고

있다. 또한, 運動部・文化部・学習部는 共通的으로 反論의 때때로 말한다」와 5~7割 程度의 높은 相関関係를 나타내고 있는데, 이는 特別活動의 種類와는 関係없이 両国의 高校生들은 反論을 때때로 말하고 있는 것으로 파악할 수 있는 것 같다.

両国 大学生의 아르바이트의 経験과 反論의 상관관계에 대하여 살펴본 바, 아르바이트를「하고 있다」「하고 있지 않다」「한 적이 있다」라고 応答한 学生 공히 反論을 하는 경우에「때때로 말한다」와의 相関関係가 높은 것으로 나타내고 있다.

② 特別活動과 再促(高校生) / 아르바이트의 経験과 再促(大学生)
両国의 高校生 가운데 運動部・文化部의 特別活動을 하는 男学生은「다시 한번 재촉한다」라는 応答의 比率이 높다. 또한, 両国의 女高生은 어느 部에서 特別活動을 하든지「다시 한번 재촉한다」와의 相関関係가 높게 나타나고 있다.
両国의 大学生은 아르바이트를 하고 있거나, 하고 있지 않거나 친구에게 재촉할 때는「다시 한번 재촉한다」라고 5~7割 帶의 높은 相関関係를 보이고 있다. 여기에서 両国의 특징적인 것으로는, 아르바이트의 경험과「갚을 때까지 재촉한다」「재촉하지 않는다」「친구와 헤어진다」와는 相関関係가 없는 것으로 조사되고 있다.

③ 学生会의 役割과 反論(高校生) / 동아리活動의 与否와 反論
(大学生)
学生会의 役割과 反論의 相関関係에 있어서 幹部를 맡고 있는 高校生은 両国 모두 反論의「때때로 말한다」와의 相関関係가 3割 前後로 나타나고 있다. 또한, 学生会의 役割을 맡고 있든 맡고 있지 않든 反論의「때때로 말한다」와의 相関関係는 6割 前

後의 높은 比率을 보이고 있다.

両国의 大学生은 性別에 따라 相関関係의 差異가 나고 있는데, 女子大学生보다는 男子大学生이 동아리活動의 与否와 反論에 있어서의 「잘 말한다」 와의 相関関係가 다소 높게 나타나고 있다. 女子大学生은 相関関係가 15~32%인데 비하여, 男子大学生은 20~40%정도를 보이고 있다. 그러나, 동아리活動의 与否와 反論에 있어서의 「때때로 말한다」 와의 相関関係에 있어서는 男子大学生은 46~60%인데 비하여, 女子大学生은 56~75%로 높게 조사되고 있다.

④ 学生会의 役割과 재촉(高校生) /동아리活動의 与否와 再促 (大学生)

学生会의 役割과 再促과의 相関関係에서는 男女에 따라서 다소 차이가 보이고 있다. 両国의 男子高校生은 学生会의 간부직을 맡고 있든 맡고 있지 않든 재촉의 「다시 한번 재촉한다」 와의 상관관계는 30~51%정도인데 비하여, 女子高校生은 67~72%로 다소 높게 나타나고 있다.

両国의 大学生은 모두 동아리활동의 与否와 再促과의 相関関係가 높게 나타나고 있다. 동아리활동은 하든 하지 않던 간에 재촉의 「다시 한번 재촉한다」 와의 相関関係는 50~83%로 상당히 높게 나오고 있다.

2) 交際와 配慮

① 모르는 사람과 함께 있을 때와 선생님과 차를 마시러 갈 때 C3에서는 모르는 사람과 허물없이 이야기하는 편인가 어떤가를 묻고 있는데, 両国에서는 「바로 이야기하는 편」 「이야기하기 어려운 편」 「잘 모르겠다」 중 어느 것을 応答했어도, 방과후에

学生과 차를 마시러 갔을 때는 선생님이 費用을 지불해야 된다는 比率이 높게 나타나고 있다. 그 範囲가 両国에서는 5割에서 8割 強까지 폭넓게 分布되어 있어 相関関係는 그리 높은 편은 아니다.

② 모르는 사람과 함께 있을 때와 용돈이 생겼을 때

両国에서는 모르는 사람과 함께 있을 때,「바로 이야기하는 편」「이야기하기 어려운 편」「잘 모르겠다」중 어느 것을 応答했어도, 용돈이 생겼을 때는 3割 強에서 9割 強까지 자기가 費用을 지불하겠다는 応答을 하고 있다. 両国의 相関関係는 낮다고 볼 수 있다.

③ 모르는 사람과 함께 있을 때와 祝賀膳物 (친한 친구)

친한 친구로부터 入学祝賀膳物로는「무엇이 좋을까?」라는 말을 들었을 때, C3의 対答중에 어느 것을 選択했어도,「자기가 갖고 싶은 것을 솔직하게 말한다」와 39~50%의 相関関係를 보이고 있다. 또한, C3의 보기와「상대방의 호주머니사정을 생각하면서 의사를 표시한다」와의 相関関係는 17~50%의 낮은 분포를 보이고 있다.

④ 모르는 사람과 함께 있을 때와 祝賀膳物 (친척)

친척으로부터 入学祝賀膳物로는「무엇이 좋을까?」라는 말을 들었을 때, C3의 対答중에 어느 것을 選択했어도, C6의 「자기가 갖고 싶은 것을 솔직하게 말한다」「좋아하는 선물을 전혀 말하지 않고, 상대방에게 모든 것을 맡긴다」와의 相関関係는 2~5割 程度의 낮은 분포를 보이고 있다.

⑤ 모르는 사람과 함께 있을 때와 祝賀膳物 (아는 사람)

아는 사람으로부터 入学祝賀膳物로는「무엇이 좋을까?」라는 말을 들었을 때, C3의 対答중에 어느 것을 選択했어도, C6의「좋아하는 선물을 전혀 말하지 않고, 상대방에게 모든 것을 맡긴다」와 높은 関係를 나타내고 있다. 相関関係는 적게는 3割에서 많게는 6割 帯까지 이르고 있다.

3) 生活様式과 非言語行動

① 住居의 種類와 両親에 대한 인사

오래간만에 両親을 만났을 때, 住居의 種類에 따라서 学生의 非言語行動(인사)은 어떻게 나타나는가를 알아보고 싶은 것이다. 両国에 있어서 住居의 種類와 非言語行動과의 相関関係는 나타나고 있지 않지만, 日本에서는 住居의 種類와는 無関하게 両親에게「말로만 인사를 한다」의 比率이 높은데 비하여, 韓国에서는 「어깨를 서로 껴안다」와의 비율이 높다.

② 住居의 種類와 両親의 인사

오래간만에 両親을 만났을 때, 両親은 자식에 대하여 住居의 種類에 따른 非言語行動은 어떻게 나타나는가를 알아보고자 하는 것이다. 両国에 있어서 住居의 種類와 非言語行動과의 相関関係는 나타나고 있지 않지만, 日本에서는 住居의 種類와는 無関하게 両親에게「말로만 인사를 한다」의 比率이 높은데 비하여, 韓国에서는「어깨를 서로 껴안다」와의 비율이 높다.

③ 현관에서 구두를 벗는가와 両親에 대한 인사

여기에서는 韓日両国뿐만이 아니라 다른 나라와도 比較를 하고 싶어 문항을 設定한 것이다. 両国의 学生은 현관에서 구두를 벗든 벗지 않든 両親에 대하여 인사할 때는「말로만 인사를 한다」의 応答이 많지만 両国의 相関関係는 그다지 높지 않다.

④ 집안에서 앉는 방법과 両親에 대한 인사

　집안에서 앉는 방법과 両親에 대한 인사와의 関係는 18~92% 程度의 폭넓은 분포를 보이고 있지만, 両国의 相関関係는 낮다고 분석된다. 특징적인 것은 日本에서는「말로만 인사를 한다」의 応答이 많고, 韓国에서는「어깨를 서로 껴안다」와의 비율이 높다.

　4) 価値観과 非言語行動

① 初志一貫과 손윗사람에 대한 視線
　「스스로 한번 決定한 것은 지키는 편입니까?」라는 質問에 대하여, 両国의 学生들은「그렇다」「그렇지 않다」「모르겠다」중 어느 것을 対答했어도, 별로 친하지 않은 손윗사람의 눈을 보고 이야기할 때, 35~70%가「눈을 보기도 하고, 보지 않기도 한다」라고 答하고 있어 両国에는 比較的 相関関係가 있다고 말할 수 있겠다. 특징적인 것으로는 日本의 学生들은 D3에서 어느 것을 選択했어도 31~56%가「반드시 눈을 보고 이야기하도록 한다」에 응답하고 있는 점이다.

② 初志一貫과 손아래사람에 대한 視線
　両国의 学生들은 D3의 対答중에서 어느 것을 選択했어도,「눈을 보기도 하고, 보지 않기도 한다」「반드시 눈을 보고 이야기하도록 한다」라고 답하고 있는 것을 볼 수 있다. 단정적으로 말할 수는 없지만, 初志一貫의 精神을 가지고 있든 없던 간에 손아래사람에 대해서는 눈을 보고 이야기한다는 両国의 특징이

있음을 알 수 있다.

③ 伝統의 尊重과 손윗사람에 대한 視線

헌책 방이나 伝統的인 것은 남겨야 하는가 어떤가라는 価値観과 손윗사람에 대한 視線에서「눈을 보기도 하고, 보지 않기도 한다」의 相関関係가 比較的 높게 両国에서 나타나고 있다. 또한 日本에서는 伝統의 尊重与否와는 関係없이「반드시 눈을 보고 이야기하도록 한다」라는 応答이 韓国보다는 높게 나타나고 있다.

④ 伝統의 尊重과 손아래사람에 대한 視線

헌책방이나 伝統的인 것은 남겨야 하는가 어떤가라는 価値観과 손아래사람에 대한 視線에서「눈을 보기도 하고, 보지 않기도 한다」「반드시 눈을 보고 이야기하도록 한다」라는 相関関係가 比較的 높게, 비슷한 様相으로 両国에서 나타나고 있다.

5) 敬語意識과 非言語行動

① 敬語의 使用頻度와 両親에 대한 인사

両国에서는 敬語의 使用頻度와는 相関없이 両親에 대한 인사로「말로만 인사를 한다」라고 23~100%정도의 폭넓은 比率을 보이고 있다. 両国의 相関関係가 낮다라는 것을 보여 주는 数値라고 말할 수 있겠다. 韓国에서는 敬語의 使用頻度와는 相関없이 両親에 대한 인사로「어깨를 서로 껴안다」와의 関係를 보이고 있지만, 日本에서는 나타나고 있지 않다.

② 敬語의 使用頻度와 両親의 인사

両国에서는 敬語의 使用頻度와「어깨나 팔을 가볍게 대거나,

두드리거나 한다」「말로만 인사를 한다」라는 両親의 인사와 相関関係가 높은 것으로 조사되고 있다. 日本에서는 両親이 자식을 오래간만에 만났을 때, 「말로만 인사를 한다」라는 比率이 높게 나온 데 비하여 韓国에서는 낮은 比率을 보이고 있다.

Ⅳ. 結論

─ IV. 結論 ─────────────────────

　　지금까지 韓·日 両国의 敬語行動을 対照分析한 결과, 많은 差異点을 発見할 수 있었다. 結論에서는, 우선 그 중에서 가장 특징적인 差異点을 중심으로 정리하고자 한다.

　양국에 넓은 意味에서의 敬語行動은 敬語만큼 고정되어 있지는 않지만, 사람이나 場面에 따라서는 일정한 패턴(pattern)을 볼 수 있다. 일본에서는 간단한 선물을 건넬 때 「どうぞ(부디, 제발)」라는 말을 자연스럽게 하거나, 食堂에서 従業員을 부르거나 혼잡한 길에서 어깨를 스쳤을 때도 서로 약속이나 한 듯이 「すみません(미안합니다)」이라는 말을 하게 된다. 아침·낮·저녁이라는 시간대에 따라 인사말이 달라지며, 식사하기 直前과 식사를 마친 다음의 말도 慣習化된 表現이 행하여지고 있다. 이러한 表現이 많다고 해서 그 나라의 文化가 우수하고, 적다고 해서 劣等하다는 이야기는 아니다. 하지만, 慣習化된 表現이 많으면, 言語的커뮤니케이션을 원활하게 하는 順機能이 있음도 看過할 수 없는 사실이다. 따라서 慣習化된 言語를 많이 터득하고 개발할 때, 비로서 文化的인 衝突을 最小限으로 줄일 수 있을 것이다.

　美国이나 유럽 사람들은 自己意思를 分明하게 表示하는데 비해서, 한국이나 日本사람들은 남을 配慮하는 마음에서 자기를 내세우지 않는다는 것이다. 그러나 이번 調査에서는지금까지의 通念과는 달리 다른 사람과 意見이 다를 때, 反論을 한다는 意見이 多数를 차지하고 있는데, 이는 무엇을 말하고 있는 것일까? 国家나 社会의 言語行動이 쉽게 바뀌는 것이 아니라고 하면, 가장 큰 理由는 調査対象에서 찾을 수 있는 것이 아닌가 생각한다. 이번 調査에서는 対象者 全員이 高校生과 大学生으로 構成되어 있다.

여러 미디어나 教育, 現場踏査등을 通하여 西欧의 影響을 받으며 價値観을 形成하고 있는 젊은 世代라는 점이 反論의 比率을 높게 하는 要因이 아닌가 한다. 이와는 달리 1割 強의 学生이 「그다지 말하지 않는다」 라는 答을 하고 있는 것을 보면, 両国에는 여전히 적은 数이기는 하지만 自己意思를 分明히 表示하지 않는 사람도 있다.

費用을 지불할 때 한 턱을 낼 것인가 各自負担으로 할 것인가 등도 남을 배려하는 마음이 作用될 수 있다는 점에서 일종의 敬語行動이라고 볼 수 있다. 両国에서는 이러한 마음이 具体的으로 어떻게 나타나는가를 알아보기 위해 各自負担의 与否에 대하여 설문을 했다. 예를 들면, 授業을 마치고 돌아가는 길에 先生님과 学生 셋이서 차를 마시러 갈 때, 누가 차 값을 지불해야 할 것인가라는 質問에, 日本에서는 先生님이 負担해야 된다는 意見이 5~6割 程度로서 比較的 높은 比率이며, 各自負担도 3~4割 程度의 比率을 보이고 있다. 이에 비하여 韓国에서는 先生님이 負担해야 된다는 応答이 7~8割 程度로서 圧倒的으로 많았으며, 学生과 各自負担의 比率은 1割 前後이다. 韓国의 大学生 가운데는 1割 強이 学生이 負担해야 된다는 의견도 있었다. 이를 보면, 先生님이 負担해야 된다는 意見을 많이 보이고 있는 것은, 師弟之間이라는 身分이나 経済力에서 上位者로 認識하는데서 起因하는 것이 아닌가 생각한다. 또한 일본에서 各自負担의 比率이 높은 것은 社会的인 慣習에 의한 것일 수도 있겠으나, 다른 한편으로는 大部分의 学生이 아르바이트를 経験하는데서 오는 発想으로 여겨진다. 韓国의 大学生 가운데는 1割 強이 学生이 負担해야 된다는 의견을 보면, 日本의 大学生보다는 韓国의 大学生쪽에 先生님에 대한 伝統的인 思考方式이 더욱 남아 있다고 볼 수 있다.

非言語行動에서의 特徴을 살펴보면, 韓国과는 달리 日本에는 握手라고 하는 言語行動이 없기 때문에, 外国人과 握手하는 것을 자주 잊는 경우가 있다고 한다. 그러나 종종 握手하는 경우도 있는데, 그 때 相対에게 接触할 정도로 가까이 다가가서 握手하는 方法은 日本의 커뮤니케이션体系에 違反된다고 말하여지고 있다. 이와는 달리 韓国에서는 相対方에게 가까이 다가가서 握手를 하는 것이 일반적인 行動인 것으로 알려져 있다.

　이번 学生들을 대상으로 실시한 調査에서도 이전의 握手文化와 큰 差異를 보이지는 않고 있다. 예를 들면, 오랜만에 아는 사람(손윗사람)을 만났을 때,「오래간만입니다」라는 말을 하고 난 다음에, 日本에서는 6~8割 程度가「인사를 한다」라고 答하고 있다. 즉 大部分의 사람이 言語行動과 非言語行動을 함께 하는 様相을 보이고 있다. 또한,「말로만 인사를 한다」는 比率도 2割 前後를 보이고 있다. 韓国은「한손으로 握手를 한다」>「양손으로 握手를 한다」>「인사를 한다」의 順으로 나타나고 있으며, 거의 大部分이 言語行動과 非言語行動을 함께 하는 様相을 보이고 있다. 両国은 男学生보다는 女学生이 言語行動을 하는 傾向이 많다.

　非言語的커뮤니케이션에 있어서 外国人에 의한 違反事項중에서, 頻繁하게 열거할 수 있는 것이 몇 가지 있다. 그 중에 하나가 他人과 시선을 마주하는 問題이다. 예를 들면, 欧美語에서는 相対와의 接触度를 높이기 위하여 会話 中에 될 수 있는 한, 視線을 마주하도록 努力한다. 물론, 欧美人 사이에서도 똑같지는 않지만 이러한 傾向이 강할수록, 적어도 一部의 日本人에게 있어서는 매우 不快하게 느껴지는 行動인 것 같다. 물론, 이러한 規則性이 어느 정도 보인다고 할지라도 欧美에서는 이렇게 行動하고, 日本에서는 저렇게 行動한다고 断定지어 간단히 말할 수는 없다. 이번 調査에서, 両国의 학생들은 視線을 마주하고 対話를 나눈다는 応答者의 数가 의외로 많이 나오고 있는데, 특히 젊은 世代에서는 普遍化된 것 같다. 그러나 欧美人 중에는 相対의 視

線을 마주하도록 强要하는 사람이 있는데, 그러한 경우에는 문제가 일어나기 쉽다고 볼 수 있다.

조사의 반성과 금후의 과제에 대해서 간단히 언급하고 싶다. 우선은 방법론의 문제이다. 앞에도 말한 것처럼 국제비교는 방법론이 중요한데, 그럼에도 불구하고 본 논문에서는 앙케이트조사라고 하는 하나의 방법론밖에 채택하지 않았다. 개인면담이나 녹취 등 여러 방법을 사용했더라면 종합적으로 분석을 하는데 많은 도움이 되었을 것으로 생각한다.

調査內容에 대해서도 아직도 연구해야 될 미개척분야가 많이 있다. 敬語行動이라고 하여도 여러 분야가 있고, 본 연구에서는 그 중에 극히 일부를 다루었음에 지나지 않는다. 경어를 생각하는 이상, 言語体系로서의 경어만으로는 불충분해서, 넓은 의미의 경어도 연구해 가지 않으면 안 된다. 경어의 문제는 에티켓의 문제라고도 생각할 수 있겠다. 이러한 방향으로 진행하여 가면, 문화비교로 진전되게 된다. 또한, 경어행동을 言語行動중에서 생각한다면, 언어행동을 広義의 커뮤니케이션行動안에서 생각한다고 하는 태도도 필요할 것이다. 어쨌든 종래의 좁은 의미의 언어학의 틀에 사로잡혀 있어서는 연구할 수 없다고 생각한다.

Ⅴ. 文献・要旨

- ・参考文献
- ・国文要旨
- ・英文要旨

▶ 参考文献 ◀

会田雄次,　　　(1972),『日本人の意識構造』, 講談社現代新書

石丸　正,　　　(1997),『非言語コミュニケーション』, 新潮選書

井出祥子　他, (1985),『女性の敬語の言語形式と機能』, 文部省科学
　　　　　　　　　　　研究費研究成果報告書

井出祥子・荻野綱男・川岐晶子・生田少子,(1986),『日本人とアメ
　　　　　　　　　　　リカ人の敬語行動』, 南雲堂

梅田博之,　　　(1974),「朝鮮語の敬語」,『敬語講座8世界の語』,
　　　　　　　　　　　明治書院

　　　　　　　　(1977),「朝鮮語における敬語」,『岩波講座日本語4
　　　　　　　　　　　敬語』, 岩波書店

　　　　　　　　(1979),「朝鮮語の敬語」,『月刊言語』Vol.8,　No.6,
　　　　　　　　　　　大修館書店

　　　　　　　　(1987),「韓国の敬語」,『月刊言語』Vol.16,　No.8,
　　　　　　　　　　　大修館書店

岡本宏,　　　　(1992),『社会・世論調査』, 芦書房

荻野綱男,　　　(1980),「敬語における丁寧さの数量化」,『国語学』
　　　　　　　　　　　第20集

　　　　　　　　(1986),『日本人と中国人の敬語行動の対照言語学的
　　　　　　　　　　　研究』,埼玉大学　教養学部

　　　　　　　　(1989),「聞き手敬語の丁寧さ意識と敬語行動－丁寧だ
　　　　　　　　　　　と思えば丁寧か－」,『国語学会平成元年度
　　　　　　　　　　　春季大会』

　　　　　　　　(1992),「日本語と韓国語の聞き手に対する敬語用法の
　　　　　　　　　　　比較対照」,『朝鮮学報』136集

　　　　　　　　(1992),「日本語と韓国語の第三者に対する敬語用法の

比較対照」,『朝鮮学報』141集
国立国語研究所, (1957),『敬語と敬語意識』, 秀英出版
          (1971),『待遇表現の実態-松江24時間調査資料か
          ら-』, 秀英出版
          (1982),『企業の中の敬語』, 三省堂
          (1983),『敬語と敬語意識-岡崎における20年前との
          比較-』,三省堂
          (1984),『言語行動における日独比較』 三省堂
          (1994),『場面と場面意識』, 三省堂
真田信治 外,   (1998),『社会言語学』, おうふう
柴田武 編,   (1979),『都市化 敬語--昭和52年度 札幌における
          敬語調査報告--』, 東京大学文学部言語
          学研究室
杉戸清樹,   (1997),「敬語教育の課題」,『日本語学』12, 明
          治書院
杉本良夫 / ロス・マオア, (1992),『日本人は「日本的」か』,東洋
          経済新報社
鈴木孝夫,   (1987),『ことばの社会学』, 新潮社
千石 保,   (1998),『日本の高校生』, 日本放送出版協会
竹内敬仁,   (1988),『言語とコミュニケーション』, 東京大学出版部
田窪行則,   (1997),『視点と言語行動』,くろしお出版
田中孝子,   (1997),『社会言語学への招待』, ミネルヴァ書房
東京大学敬語研究会,(1982),『続・都市化と敬語--昭和53年度札
          幌における敬語調査報告-』
直塚玲子, (1981),『欧米人が沈黙するとき』, 大修館書店
中尾俊夫, (1997),『社会言語学概論』,くろしお出版
橋元良明 & 異文化コミュニケーション研究会, (1991),「婉曲的コミュ
          ニケーション方略の 異文化間比較」

はまぐち・えしゅん, (1998),『日本文化は異質か』,日本放送出版協会

林知己夫,　(1973),『比較日本人論』, 中公新書

　　　　　(1981),『日本人研究三十年』, 至誠堂

古田　曉,　(1996),『異文化コミュニケーション』, 有斐閣

三宅和子,　(1995),「言語行動の対照研究は可能か」,

　　　　　『東洋大学短期大学紀要』27

南博,　　　(1982),『日本人論の系譜』, 講談社現代新書

南不二男,　(1973),『行動中の敬語』敬語講座7, 明治書院

　　　　　(1988), 講座言語　第3巻『言語と行動』, 大修館書店

村上重良,　(1996),『日本の宗教』, 岩波書店

八代京子,　(1998),『異文化トレーニング』,三修社

吉岡泰夫,　(1988),「敬語行動のていねいさと個人差の要因」,　熊本
　　　　　短大論文集　第39巻　第1号

ロジャー・パルバース,　(1997),『日本ひとめぼれ』, 岩波書店

NHK放送文化研究所, (1998),『現代日本人の意識構造』, 日本放
　　　　　送出版協会

J. V. ネウストプニー, (1983),『外国人とのコミュニケーション』, 岩波
　　　　　新書

金東俊,　　(1989),「現代韓国語の対者待遇法の体系」,『神田外語
　　　　　大学紀要』第1号

金享奎,　　(1947),「敬讓詞의 研究」,『한글』102, 한글학회

　　　　　(1960),「敬詞問題와 '가' 主格토」,

　　　　　『한글』126, 한글학회

　　　　　(1962),「敬讓詞問題의 再論」,『한글』129, 한글학회

　　　　　(1975),「국어경어법 연구」,

　　　　　『東洋学』제5집, 건국대　동양학연구소

朴栄順,　　(1976),「国語敬語法의 社会言語学的 研究」,

『국어국문학』72 · 73

成耆徹,　(1970), 「国語待遇法研究」,
　　　　　　『忠大論文集』제4집, 忠北大学校
　　　　　(1970), 「尊卑法의 한 考察」,『語文学』23,
　　　　　　韓国語文学会
　　　　　(1976), 「現代国語의 客体尊待問題」,
　　　　　　『語学研究』제8권 1호, 서울대 語学研究所
李孟成,　(1975), 「韓国語終結語尾와 対人関係에 대한 研究」,
　　　　　　『人文科学』33 · 34, 연세대학교
서정수,　(1984), 『존대법의 연구』, 한신문화사
　　　　　(1972), 「현대국어의 대우법 연구」,『어학연구』8-2
　　　　　(1974), 「韓日両国語의 敬語法 比較研究」,
　　　　　　『수도여사대논문집』 V
　　　　　(1978), 「韓国現代敬語法の推移」,『朝鮮学報』89집
　　　　　(1979), 「존대말은 어떻게 달라지고 있는가?(Ⅰ):
　　　　　　부름말과 가말」,『한글』165호
　　　　　(1980), 「존대말은 어떻게 달라지고 있는가?(Ⅱ)」,
　　　　　　『한글』167호

Ide,S.,et al.(1982), "Japanese sociolinguistics : Politeness and
　　　　　　Women's Language."
Lingua.　Vol.57,　nos　2-4　(1986),"Sex　Difference　and
　　　　　　Politeness in Japanese" International Jour
　　　　　　nal of the Sociology of Language. 58.

▶ 国文要旨 ◀

系統을 거의 같이 한다고 하는 余他 Altai諸語들에서도 類例를 찾아 볼 수 없는 복잡한 敬語法이 특히 韓日両国語에 発達되어 있는 것이다. 이에 따라 両国의 敬語法에 대한 比較対照研究가 상당히 蓄積되어 온 것도 事実이지만, 그 研究内容을 보면 一般的으로 敬語法의 基本体系나 表現形式, 敬語의 使用法등에 치우쳐 있다고 볼 수 있다. 일찍부터 欧美의 言語学者들 사이에서는 非言語的行動의 커뮤니케이션의 重要性을 認識하여 이에 대한 研究가 많이 이루어지고 있지만, 韓日両国에 있어서는 유감스럽게도 아직 言語行動研究는 充分히 되어 있지 않다. 理論的인 論議는 어느 程度 展開되고 있지만, 具体的·実証的·定量的인 研究는 되어 있지 않다. 異文化에 대한 正確한 理解와 行動을 위해서는, 従前의 狭義의 敬語인 尊敬語·謙譲語·丁寧語등의 範囲를 넘어서, 広義의 敬語行動에 이르기까지 폭넓은 研究가 이루어져야 되리라고 본다. 이와 같은 必要性에 따라, 本 研究에서는 敬語行動을 言語的行動과 非言語的行動으로 나누어 考察하고자 한다.

言語的行動에서는, 韓国語와 日本語의 차이가 있는 것은 当然하다. 그러나, 그것 이 어떠한 部分에 어떻게 나타나는가는, 아직 実証的인 研究가 되어 있지 않다. 또 한, 오랜 文化的 伝統에 의하여 形成된 韓国人과 日本人의 意識差異에 의해서, 非言語的行動에도 韓国人과 日本人사이에는 差異가 있을 것이다. 이것은 社会言語学의 테마로서 重要하다. 本 論文은 韓·日対照言語学의 第一歩로서, 大量의 앙케트 調査에 의하여 兩言語의 敬語에 대한 構造를 比較対照할려고 하는 것이며, 나아가서는 韓国人과 日本人의 行動 全般에 이르는 比較研究를 目標로 하는 것이다.

이 설문조사는 약 2개월 간 (97.10.1~12.5)에 걸쳐 실시했다. 被

調査者数는 総 1,612명이다. 설문지는 다음과 같은 항목으로 구성되어 있다.

A: 被調査者의 属性(FACE SHEET)
B: 場面에 따른 敬語行動
C: 相対에 따른 敬語行動(調査番号 1~5까지는 相対와의 交際)
C: 相対에 따른 敬語行動(調査番号 6~8까지는 커뮤니케이션上의 問題)
D: 非言語行動(敬語와 관련되는 側面에서의)
E: 価値観
F: 敬語意識

일본의 国研에서 SAS라는 統計프로그램을 통하여 国家別·性別·学校別에 따른 敬語行動의 데이터를 入力하고 出力했다. 出力된 데이터는 두 가지의 形態로 나누어 比較対照를 実施하였다.

첫째는, A項目에서 F項目까지의 質問에 따른 양국의 데이터를 각각 対応시켜 単純分析을 하여, 国家別·性別·学校別에 따라서 敬語行動의 共通点과 差異点이 어떻게 나타나는가를 알아보려고 한다.

둘째는, 各 項目 間의 質問에 대한 交叉分析을 통하여 그 相関関係를 알아보고, 敬語行動의 体系化에 重点을 두고 있다.

언어행동에서의 특징을 보면, 美国이나 유럽사람들은 自己意思를 分明하게 表示하는데 비해서, 한국이나 日本사람들은 남을 配慮하는 마음에서 자기를 내세우지 않는다는 것이다. 그러나 이번 調査에서는 지금까지의 通念과는 달리 다른 사람과 意見이 다를 때, 反論을 한다는 意見이 多数를 차지하고 있는데, 이는 무엇을 말하고 있는 것일까? 国家나 社会의 言語行動이 쉽게 바뀌는 것이 아니라고 하면, 가장 큰 理由는 調査対象에서 찾을 수 있는 것이 아닌가 생각한다. 이번 調査에서는 対象者 全員이 高校生과 大学生으로 構成되어 있다. 여러 미디어나 教育, 現場踏査등을

通하여 西欧의 影響을 받으며 価値観을 形成하고 있는 젊은 世代라는 점이 反論의 比率을 높게 하는 要因이 아닌가 한다. 이와는 달리 1割 强의 学生이 「그다지 말하지 않는다」 라는 答을 하고 있는 것을 보면, 両国에는 여전히 적은 数이기는 하지만 自己意思를 分明히 表示하지 않는 사람도 있다.

非言語行動에서의 特徵을 살펴보면, 韓国과는 달리 日本에는 握手라고 하는 言語行動이 없기 때문에, 外国人과 握手하는 것을 자주 잊는 경우가 있다고 한다. 그러나 종종 握手하는 경우도 있는데, 그 때 相対에게 接触할 정도로 가까이 다가가서 握手하는 方法은 日本의 커뮤니케이션体系에 違反된다고 말하여지고 있다. 이와는 달리 韓国에서는 相対方에게 가까이 다가가서 握手를 하는 것이 일반적인 行動인 것으로 알려져 있다.

이번 学生들을 대상으로 실시한 調査에서도 이전의 握手文化와 큰 差異를 보이지는 않고 있다. 예를 들면, 오랜만에 아는 사람(손윗사람)을 만났을 때,「오래간 만입니다」 라는 말을 하고 난 다음에, 日本에서는 6~8割 程度가 「인사를 한다」 라고 答하고 있다. 즉 大部分의 사람이 言語行動과 非言語行動을 함께 하는 様相 을 보이고 있다. 또한,「말로만 인사를 한다」 는 比率도 2割 前後를 보이고 있다. 韓国은 「한 손으로 握手를 한다」 > 「양손으로 握手를 한다」 > 「인사를 한다」 의 順으로 나타나고 있으며, 거의 大部分이 言語行動과 非言語行動을 함께 하는 様相을 보이고 있다. 両国은 男学生보다는 女学生이 言語行動을 하는 傾向이 많다.

▶ **英文要旨** ◀

Complicated honorific words, examples of which cannot be fou nd in other Altai languages that share almost the same syste m, have been specially developed in Korea and Japan. Therefo re, relative-comparative studies of the honorific words of the t wo countries have been numerous. But when we look over the contents of these studies, we can see that they lean towar ds the basic system, style of expression and the usage of the honorific words. From early days, European and American linguists have recognized the importance of communications through non-language actions and have studied them progress ively. But, unfortunately, though many theoretical discussions have occurred, the study of non-language actions in Korea and Japan have not been satisfactory yet. For an accurate und erstanding and action about other cultures, various studies should be carried out; studies which go beyond the previous category of narrow meaning honorific words and into the broa d actions of the honorific words.

According to this necessity, this dissertation has divided actio ns of honorific words into language actions and non-language actions. It is natural that there would be differences between Korean and Japanese in language actions. But, the actual stud y, how they appear in some special areas, has not been accomplished. Also, because of the difference of senses betwee n Korean and Japanese are coupled with long cultural traditio ns, differences between Korean and Japanese in non-language

actions exist. This is important as a theme of social linguistic
s. As the first step of Korea-Japan's comparative linguistics,
this study focuses on the relative comparison of the structure
of the honorific words of the two languages through large
questions and, furthermore, aims at the relative study on the
differences between all actions between Korean and Japanese.
The questionnaire was executed over a two-month period, and
there were 1,612 examinees in all. The questionnaire was com
posed of the following items:

  A. Examinees attribution (FACE SHEET)
  B. Honorific actions based on place
  C. Honorific actions based on face
    (Numbers 1~5 are acquaintance with face)
  C. Honorific actions based on face
    (Numbers 6~8 are communicative problems)
  D. Non-language actions (Alongside an honorific)
  E. Sense of value
  F. Awareness of honorifics

The dissertation was analyzed through the SAS statistical pro
gram in The National Language Research Institute of Japan, a
nd it offered input and output an honorific action's data based
on nation, sex and school. The data was divided into two
items and executed comparative analysis.
First, according to the questions from items A through F,
comparing the data from the two countries respectively and m
aking simple analysis, common features and differences in acti
ons associated with the honorific words could be seen accordi

ng to the distinction between nation, sex and school.

Second, through cross-analysis of the questions of each item, the correlation and focus on the systemization of actions assoc iated with the honorific words could be examined.

Compared with how Americans and Europeans express their t houghts clearly, Koreans and Japanese do not posture themse lves in order to consider other people. But, different from the previous common idea in this study, when someone's opinion is different with that of others they almost built up a counter-argument. What does it mean? Suppose that the language actions of a nation and society are not easily changed and the most important reason can be found in the study object. In this study, all examinees were composed of high school and college students. The point that the younger gener ation formulate their sense of value by the Western influence of many media, education, field trips and other things seems to make the ratio of counter-argument high. Seeing that about 10 percent of students answer "do not say almost", although it is few, people who do not express their opinions clearly are still in the two countries.

When seeing the characteristic in non-language actions, becau se Japanese do not have language actions like handshaking un like Koreans, they often forget about shaking hands with forei gners. There is sometimes handshaking, but at that time the way that they shake hands with the other party at too close a distance is contrary to the communication systems of Japan. In comparison, shaking hands with the other party at a close distance in Korea is a common action. This study of students object also is not much contrary to the previous handshaking culture. For example, the study show that about 60~80 Japanese respondents, when meeting acquaintances (seniors), 「bow」 after saying, 「How have you been?」. That Is to say, most people show an aspect that put language and non-langu age actions together. Also, the ratio of 「greets only verbally」 shows about 20 percent. Korea shows the order of 「Shake hands with one hand」 > 「Shake hands with two hands」 > 「Bow」, and most people show an aspect that put language and non-language actions together. Girl students have an inclination to use more language actions than boy students in the two countries.

VI. 付 録

- 質問文
- 集計表
- 相関関係表

▶ 質問文 ◀

現代大学生の敬語行動アンケート

※. 回答はすべて □ の中に記入してください。

A. まず、アンケートに協力してくださった方がどんな方なのか教えてください。

A1. 年齢 □ 歳　　　　A2. 性別：1 男　　2 女 □

A3. 現在の所属 □ 大学 □ 学部 □ 学科 □ 年生

A4. お家の仕事はなんですか。(特に、父親) □

1. 農業　2. 勤め(会社・店・工場などに勤める)　3. 商業(店を経営)
4. 工業(工場を経営)　5. 公務員　6. 自由業(医師・弁護士など)　7. その他

A5-1. 何かアルバイトをしていますか。 □

　　　1. はい　　2. いいえ　　3. したことがある
　　　(A5-1で1、3と答えた人に)

A5-2. どんなアルバイトですか。 □

　　　1. 家庭教師・塾の教師　2. 店員　3. 事務　4. 肉体労働
　　　5. 通訳・翻訳など　6. コンパニオンなど　7. ウェイター・ウェイトレス
　　　8 その他

A5-3. どのくらいしていますか。(していましたか)　約 □ 年 □ 月

A6-1. サクルやクラブ活動をしていますか。 □

　　　1. はい　2. いいえ　3. したことがある
　　　(A6-1で1、3と答えた人に)

A6-2. それは学内のものですか、学外のものですか。　□

　　1.学内　　　　2.学外

A6-3. どんな種類のものですか。　□

　　1.文科系　2.スポーツの同好会　3.正式の運動部　4.学習会

　　5.趣味(音楽・演劇など)　6.ボランティア活　7.宗教(教会など)

　　8.政治活動・学生運動・自治会など　9.その他

B.敬語の場面による使い分けについて質問します。

B1.あなたは親しい友人と話す時、時と場所によって、言い方をかえますか。

　　□　　　　1 はい　　　　2 いいえ

B2. あなたは親しい友人に「昨日どこへ行ったか。」

ときたい時、次の場合に何と言いますか。一番

近いと思われるものを下の選択肢から選んでください。

B2-1. 友人と二人だけで雑談している時　□

B2-2. 友人と二人だけの時で怒っている時

　　(ウソをついていたのが分かった時など)　□

B2-3. 大学の先生の前で　□

B2-4. サークルの会議の席で、一発言者として　□

B2-5. サークルの会議の席で、あなたが議長をしている時　□

B2-6. ゼミの時間に　□

B2-7. その友人の家に遊びに行き、友人の両親の前で

＜ 選択肢＞

1.どこ いった　　　　2.どこ いったの　　　　3.どこへいったんだ
4.どこへ いったのか　5.どこへ いきましたか　6.どこへ いったんですか
7.どちらへ いらっしゃいましたか　　　8.(何も言わない)

B3. あなたは他人の意見に反対の時、自分の意見を言う方ですか。

　　1.よく言う　　　　2.ときどき言う　　　　3.あまり言わない

B4. あなたは以下の人の述べた意見に反対です。もし反論するとしたら、
　　何と言って話を始めますか。選択肢から選んでください。

B4-1. 友人と二人でしゃべっているとき

B4-2. サークルの会議で親しい友人に対し

B4-3. サークルの会議で先輩に対し

B4-4. ゼミで、他の学生に対し

B4-5. ゼミで、先生に対し

＜選択肢＞

> 1.すぐ反論を始める。(それは違う。それは違うと思います。など)
> 2.婉曲に相手の意見に反論する。(この方がいいんじゃないかと
>   思いますが。など)
> 3.ただ、自分の意見を述べる。(私はこう思います。など)
> 4.ひとりごとのように疑問を呈する形で反論を始める。
>   (そうかな。ちょっと……など)
> 5.相手の意見をまず尊重してから反論を始める。
>   (そういう考えもあるけれども。そうかもしれませんが。など)
> 6.へり下って反論を始める。(違っているかもしれませんが。など)
> 7.教えをこう形で。(教えていただきたいんですが。など)
> 8.(自分の意見は言わない。)
> 9.(分からない)

B5. あなたがかなり大きいお金を親しい友人に貸してあげましたが、
　　　約束の日付になっても返さない場合にどうしますか。
　　　　1.もういちど催促する　　　　2.返すまで催促する
　　　　3.催促しない　　　　4.別れる　　　　5.その他(　　　　)
B6. あなたに頼まれたことを引き受けておきながら、次の人はちっともやっ
　　　てくれません。何と言って催促しますか。選択肢から選んでください。

B6-1. 親しい友人

B6-2. 親しい先輩

B6-3. 先生

B6-4. 父親の知人

＜選択肢＞

1.相手を責める （どうしてやらないの(です)か。何してるの。など）
2.直接、催促する。(早くしてくれ。早くしてください。など）
3.疑問の形をとる。(まだか。まだですか。どうなっていますか。など）
4.遠まわしに言う。(お願いした件ですが……。
　いそいでいるんですが……など）
5.(催促しない)

B7. 買ってきた商品や、友人に頼んでやってもらったことに不備が
　ありました。あなたは苦情をすぐ言う方ですか。

　1.すぐ言う　　　　2.重大なもののみ言う
　3.原則として言わない　　4.店には言うが、友人には言わない

B8. その時、何と言いますか。

　B8-1. 店

　B8-2. 友人

＜選択肢＞

> 1.これ、ちょっと変なんだけど
> 2.これ、ちょっと変なんですけど
> 3.これ、どうなっているのかな
> 4.これ、どうなっていますか
> 5.これ、なんとかならないい(か)？
> 6.これ、何とかなりませんか
> 7.これ、こうだから替えて(直して)
> 8.これ、こうだから替えて(直して)ください
> 9.(何も言わない)

B9.次の人に コンパにさそわれました。時間はあいているのですが、
　あまり気が進みません。何と言って断わりますか。

B9-1. 親しい友人

B9-2. あまり親しくないクラスメート

B9-3. 先輩

B9-4. 後輩

B9-5. 先生

＜選択肢＞

1．行きたいが、先約(用事、アルバイト）があって、どうしても
　　　行かれない(行けません）。
2．すみませんが(悪いけど）先約(用事、アルバイト)
　　があって、行けない(いけません）。
3．時間がないので……
4．気が進まないので……(ちょっと……)。行きたくないから。
5．(理由を言わないで）今日はダメ。パス。
6．(行けるかどうかわからない、と言っておいて後で断わる。)
7．(行く、と言っておいて行かない。)
8．(断わらないで行く。)

B10．次の人の家を尋ねる時、自分の好きなお菓子を持って行きました。
　　　渡す時に何と言いますか。

B10-1．親しい友人　　□

B10-2．先輩　　□

B10-3．後輩　　□

B10-4．親戚　　□

B10-5．先生　　□

＜選択肢＞

1.つまらないものですが（つまらないものだけど）
2.お口に合わないかもしれませんが（おいしくないかもしれないけど）
3.これ、お菓子(おみやげ) なんだけど(ですけど)
4.(はい、) これ……　　5.どうぞ
6.おいしいと思うんだけど、食べて(召し上がって) みて(下さい)
7.これ、私は好きなんだけど(ですけど)
8.これ、おいしいよ(おいしいお菓子です)　　9.ご笑納下さい

C. 次に他人とのつきあいに関して質問します。

　C1. 同級生といっしょにいる時は楽しいですか。

1.非常に楽しい　　2.どちらかと言うと楽しい
3.どちらかと言うと楽しくない　　4.全然楽しくない
5.わからない、　感じない

C2. 人づきあいは(同年代の人と比べて) 多い方ですか、少ない方ですか。

　1.ずっと多い方　　2.やや多い方　　3.同じくらい
　4.やや少ない方　　5.ずっと少ない方

C3. 見知らぬ人と一緒にある場所へ行くことになりました。あなたはこういう場合

すぐその人とうちとけて話をする方ですか。それとも話しにくい方ですか。

　1.すぐ話す方　　2.話しにくい方　　3.わからない

C4. あなたは人とお茶を飲んだり、食事をしたりする時、

おごったりおごられたりする

方ですか。

　　1.よくする　　　　2.ときどきする　　　　3.ほとんどしない

C5. 次のような人とお茶を飲みに行った場合、だれがお金を出すのがいい
　　と思いますか。

C5-1.　ゼミの帰りに先生と学生 3 人でお茶を飲みに行きました。

　　　　1.先生　　　　　　　2.学生　　　　　　　3.割りかん

C5-2. サークルや学科の後輩（男性）とサークルや学科の

　　　用事で　でかけました。

　　　　1.あなた　　　　　2.後輩　　　　　3.割りかん

C5-3. サークルや学科の後輩（女性）

　　　　　とサークルや学科の用事で　でかけました。

　　　　1.あなた　　　　　2.後輩　　　　　3.割りかん

C5-4. サークルや学科の後輩（男性）

　　　　　に頼まれて、一緒にでかけました。

　　　　1.あなた　　　　　2.後輩　　　　　3.割りかん

C5-5. サークルや学科の後輩（女性）

　　　　　に頼まれて、一緒にでかけました。

　　　　1.あなた　　　　　2.後輩　　　　　3.割りかん

C5-6. サークルや学科の先輩（男性）

　　　　　とサークルや学科の用事で　でかけました。

　　　　1.あなた　　　　　2.先輩　　　　　3.割りかん

C5-7.　サークルや学科の先輩（女性）とサークルや学科の用事ででか

けました。

　1.あなた　　　　　2.先輩　　　　　3.割りかん

C5-8. サークルや学科の先輩(男性)
にあなたの用事につきあってもらいました。

　1.あなた　　　　　2.先輩　　　　　3.割りかん

C5-9. サークルや学科の先輩(女性)
にあなたの用事につきあってもらいました。

　1.あなた　　　　　2.先輩　　　　　3.割りかん

C5-10. 授業の後で友人(男性) を誘いました。
　1.あなた　　　　　2.友人　　　　　3.割りかん

C5-11. 授業の後で友人(女性) を誘いました。
　1.あなた　　　　　2.友人　　　　　3.割りかん

C5-12. 授業の後で友人(男性) に誘われました。
　1.あなた　　　　　2.友人　　　　　3.割りかん

C5-13. 授業の後で友人(女性) に誘われました。
　1.あなた　　　　　2.友人　　　　　3.割りかん

C5-14 あなたの家に友人が尋ねてきましたが、
近くの喫茶店に行くことにしました。

　1.あなた　　　　　2.友人　　　　　3.割りかん

C5-15. 友人を尋ねて行きましたが、近くの喫茶店に行くことにしました。

　1.あなた　　　　　2.友人　　　　　3.割りかん

C5-16. アルバイトでお金がかなり入った時に友人に会い、
ちょっと話をすることにしました。

　1.あなた　　　　　2.友人　　　　　　3.割りかん

C5-17. 友人に久し振りに会ったら、
アルバイトでお金が入ったばかりだと言っています。

　1.あなた　　　　　2.友人　　　　　　3.割りかん

C5-18. 友人に久し振りに会って話をしていたら、
その日がその友人の誕生日だとわかりました

　1.あなた　　　　　2.友人　　　　　　3.割りかん

C6. あなたがお祝い（入学祝いなど）をもらうことになったとします。
　　次の人から「何がいいか」と尋ねられた場合、どのようにしますか。

C6-1.　親しい　友人

C6-2.　親戚

C6-3.　知り合い

<選択肢>

1. 自分のほしいものを素直に示す。
2. 相手のふところぐあいを考えて、示す。
3. いくつか候補を挙げ、相手に選択をまかせる。
4. いっさい候補を挙げず、相手にすべてまかせる。

C7. あなたが自転車をもっていない(あるいは、自転車がこわれてしまった) 場合に、次の人が
「わたしの自転車を使っていいですよ」と言ってくれました。あなたはその言葉を信じてその人の自転車を利用しますか。

    C7-1. 親しい 友人

    C7-2. 近所の人

＜選択肢＞

> 1．言葉通りに信じ、自転車を利用する。
> 2．言葉はお世辞だと思って、自転車を利用しない。
> 3．場合による。

C8. あなたが食堂でたべものを注文する時、
　　そばにいる食堂の人に何と言いますか。

    C8-1. 前置きとして
        1.「すみません(が)、すいません(けど)」などを言う。
        2.「あのう、ええと」などを言う。
        3. その他の前置きを言う。
        4. 前置きは言わない。

    C8-2. 注文そのもの
        1. ……をください
        2. ……をお願いします
        3. ……はありますか
        4. ……と、名前だけ言う
        5.その他

D. 次にあなたの普段の生活について質問します。

D1.あなたの住んでいるところは次の家のどれですか。

　　1.自宅　　　　2. 下宿　　　3. 寮　　　4. その他

D2. あなたは自分の家(住んでいるところ) に入る時、玄関で、靴を脱ぎますか。

　　1. 脱ぐ　　　2. 脱がずにそのまま入る

D3. 普段の生活様式について教えてください。

　家の中でいすに腰掛けることが多いですか。

　それとも、床(または、畳の上)に座ることが多いですか。

　　1. 腰掛けることが多い　　　2.床(または、畳の上)に座ることが多い

　　3. 両方半分ずつくらい

D4. 初めてAさんという人(あなたと同性)に会い、

　　　先生から紹介されました。

その時、Aさんがどういう人で、あなたとの社会的上下関係がどうかということも
よくわかるように紹介されました。「はじめまして」と挨拶する時、あなたは次の
うちどの動作をしますか。Aさんがあなたより目上・目下・同輩の場合に分けて
考え、選択肢より選んでください。

　　D4-1. Aさんが目上の場合

　　D4-2. Aさんが目下の場合

　　D4-3. Aさんが同輩の場合

＜選択肢＞

> 1. 握手を交わす　　2. 軽くおじぎをする　　3. 深くおじぎをする
> 4. 会釈しながら握手を交わす　　5. ほほえんで2,3度うなずく
> 6. 握手を交わすが、その時おじぎのくせで頭を下げる

D5. 久し振りに知人Bさん(あなたと同性)に会いました。
「久し振りですね」と言ってあなたは次のうちどの動作をしますか。Bさ
んが目上・目下・同輩であるとはっきりわかっていると考え、選んでく
ださい。

D5-1.　Bさんが目上の場合　　　　　　　　　□

D5-2.　Bさんが目下の場合　　　　　　　　　□

D5-3.　Bさんが同輩の場合　　　　　　　　　□

＜選択肢＞

> 1. 両手で握手を交わす　　　2. 片手で握手を交わす
> 3. おじぎをする　　　　　　4. 口頭の挨拶のみする

D6. 久し振りに両親に会いました。何か言葉をかけあいながら、
　あなたはご両親に対し、どんな身振り(動作)をしますか。又、ご両親
　はあなたにどんな身振り(動作)を示すでしょうか。

D6-1. あなたが両親に対し　　　　　　　　　□

D6-2.　ご両親があなたに対し　　　　　　　　□

＜選択肢＞

| |
| 1. 両手で相手の手を握りしめる　　　2.片手で握手をする
3. 肩をだきあう　　4. 肩や腕などを軽く触れたり、たたいたりする
5. 相手の頭を軽くたたく　　6. 口頭の挨拶のみする |

D7.　普段あまり親しくない人と話す時にその人の目を見て話しますか。

　　D7-1.　相手が目上の場合

　　D7-2.　相手が目下の場合

　　D7-3.　相手が同輩の場合

＜選択肢＞

| |
| 1. 必ず目を見て話すようにする　　2. 目を見たり見なかったりする
3. 目は合わせないようにする　　4. わからない |

D8.　D7で　一つでも１、と答えた方に伺います。どうして目を見る
　　その日（視線を合わせる）のですか。次の中から理由を選
　　んでください。

　　　1. 目を見ていることが礼儀だから
　　　2. 目を見ていないと不誠実だと思われてしまうから
　　　3. 目を見ていないと弱い性格だと思われてしまうから
　　　4. 相手が何を考えているかを知るために
　　　5. 相手の話を聞いていると知らせるために
　　　6. わからない

D9. D7で、一つでも2か3と答えた方に伺います。
その理由を選んでください。

1. 目をずっと見ていることは失礼だから
2. 家族のように親しければ目を見ていることはあるがそう
   でないのだから見ない。
3. あつかましいと思われてしまうから
4. わからない

D10. 目上の人と同席の時、目上の人が口をきるまで発言を遠慮
することがありますか。

1. そう言う傾向はある
2. 全く遠慮することはない
3. 自分から口をきったとしても友人だけの時より自由
   に話ができないと感じる。

E. これからはあなたがいろいろな問題についてどのような意見を持ってい
るかを質問します。

E1. あなたは親の意見をよく聞きますか。
   1. はい　　　　　2. いいえ　　　　　3. わからない

E2. あなたは年をとった人の意見を尊重する方ですか。
   1. はい　　　　　2. いいえ　　　　　3. わからない

E3. あなたは本を読んだり、テレビで見たりしたことと自分
   の経験が違っている場合、どう考える方ですか。

1. 本やテレビが間違っていると思う。
2. 自分の経験が間違っていると思う。
3. わからない

E4.　あなたは自分で一度　決めたことは守る方ですか。

　　　1. はい　　　　　　2. いいえ　　　　　3. わからない

E5.　あなたは古いものや、伝統的なものは残すべきだと思いますか。

　　　1. はい　　　　　　2. いいえ　　　　　3. わからない

E6. あなたは新製品が売り出されたり、新しい店ができた時、
　すぐ買ったり行ったりする方ですか。

　　　1. はい　　　　　　2. いいえ　　　　　3. わからない

E7. あなたは授業に真面目に出席する方ですか。

　　　1. はい　　　　　　2. いいえ　　　　　3. わからない

E7-1.　（1と答えた人に）どうしてですか。

　　　1. 授業がおもしろいから
　　　2. 学生の本分だと思うから
　　　3. いい成績をとりたいから
　　　4. 出欠がきびしいから
　　　5. 親にそう言われるから
　　　6. 高い学費を払っているから
　　　7. ただ何となく
　　　8. 他に特にすることがないから
　　　9. その他

E7-2.　（2と答えた人に）どうしてですか。

　　　1. おもしろくないですから
　　　2. アルバイトで忙しいから
　　　3. サークルなどで忙しいから
　　　4. その他の理由で忙しいから

　　5. 朝ねぼうして
　　6. ただ何となく
　　7. その他

E8. あなたはいい成績をとって、いい所に就職したいですか。

　　1. はい　　　　　　2. いいえ

E9. あなたは出世するためには生活を犠牲にしてもいいと考えますか。
　　それとも自分の趣味を大切にした生活をしたいですか。

　　1. 出世　　　　　　2. 趣味

E10. あなたは次のものの中で何が一番　大切ですか。

　1. お金　　　2. 友人　　　3. 趣味　　　4. 家族　　　5. 時間
　6. 自分自身　　7. 宗教

E10-1. では二番目に大切なものは何ですか。

1. お金　2. 友人　3. 趣味　4. 家族　5. 時間　6. 自分自身　7. 宗教

E11. あなたは宗教がありますか。

　1. はい　　　　　　2. いいえ

E11-1. （1と答えた方に)宗教は何ですか。

　1. キリスト教　2. 仏教　3. カトリック教　4. 神道　5. その他

F.　次にあなたの敬語に対する考えをお聞きします。

F1. ある人と話していて、その人の音声が丁寧かどうかを判断す
　　る時、何をてがかりにして判断しますか。

1. 声の高低　　2. 話す速度　　3. 声のつよさ　　4. その他(　　　　　　)

F2. あなたは時と場合に応じて、また話す相手によって意識し
　　て敬語と普通の言葉を使い分けていますか。

　　F2-1.　時と場合に応じて

　　F2-2.　話す相手に応じて

＜選択肢＞

1. 意識して使い分けている　　2. 意識しないが使い分けていると思う。
2. なるべく使い分けないようにしている　　4. 全く使い分けない

F3. あなたは同級生か先輩に敬語を使いますか。

　　F3-1.　同級生

　　F3-2.　先輩

＜選択肢＞

1. 敬語を使う　2. 敬語を使ったり、使わなかったりする　3. 使わない

F4. あなたは敬語をよく使いますか。

　1. よく使う　　　　2. あまり使わない　　　　3. 全然 使わない

　F4-1.　2か3と答えた人はどうして使い分けないのですか。
　　　　　　1. 好きではないから
　　　　　　2. めんどうだから
　　　　　　3. 使えないから
　　　　　　4. わからない

F5. あなたはどんな人に対してでも友達のように話す人をどう思いますか。

1. 不愉快に思う
2. 礼儀 知らずだと思う
3. かざらない人だと思う
4. 誰にでもすぐうちとける人だと思う
5. 何とも思わない

F6. あなたは敬語をうまく使い分けている人をどう思いますか。
1. よい しつけを受けた人だと思う
2. 教養のある人だと思う
3. 人によって言葉を使い分けるいやらしい人だと思う
4. 大人だと思う
5. 上品ぶっている人だと思う
6. 何とも思わない
7. わからない

F7. あなたは敬語は必要だと思いますか。
1. 必要だと思う
2. あってもよくて、なくてもよいと思う
3. ない方がよいと思う
4. わからない
F7-1. (F7で1と答えた方に)敬語の使い方については
どこで習うといいと思いますか。
1. 身近　　　2. 学校の先生　　3. 親　　4. 教科書か書籍

5. TV・ラジオ　　　6. 新聞か雑誌　　　7. その他

F8. あなたが敬語を使う理由は何ですか。
　　1. 相手への敬う気持を表すために
　　2. 礼儀知らずと思われたくないために
　　3. 普段の言葉では話せないために
　　4. 人間関係を円滑にするために
　　5. その他

※長い時間ご協力いただいてほんとうにありがとうございました。

▶　集計俵　◀

A1. 연령

연령	KWU	KWH	KMU	KMH	JWU	JWH	JMU	JMH
15	0.00	3.89	0.00	0.48	0.00	0.00	0.00	0.00
16	0.00	13.33	0.00	7.66	0.00	0.00	0.00	12.76
17	0.00	16.67	0.00	20.57	0.00	94.14	0.00	79.08
18	0.49	30.00	0.50	36.36	15.42	5.86	3.52	7.65
19	21.67	35.56	11.88	33.97	37.81	0.00	45.23	0.51
20	59.61	0.00	50.99	0.48	30.35	0.00	28.14	0.00
21	14.29	0.00	15.35	0.00	8.96	0.00	14.57	0.00
22	1.48	0.00	1.98	0.00	4.98	0.00	3.52	0.00
23	1.48	0.00	2.48	0.00	1.49	0.00	3.52	0.00
24	0.49	0.00	8.42	0.00	0.50	0.00	0.50	0.00
25	0.00	0.00	5.45	0.00	0.00	0.00	0.50	0.00
26	0.00	0.00	1.98	0.00	0.00	0.00	0.00	0.00
27	0.00	0.00	0.50	0.00	0.00	0.00	0.00	0.00
31	0.00	0.00	0.00	0.00	0.50	0.00	0.00	0.00
기타	0.49	0.56	0.50	0.48	0.00	0.00	0.50	0.00

A2. 성별

	JMH	JMU	JWH	JWU	KMH	KMU	KWH	KWU
남	0.00	0.00	0.00	0.00	0.48	0.00	0.00	0.00
여	100.00	100.00	0.00	0.00	99.52	0.00	0.00	0.00
기타	0.00	0.00	100.00	100.00	0.00	100.00	100.00	100.00

A3. 학년

	JMH	JMU	JWH	JWU	KMH	KMU	KWH	KWU
1학년	0.00	6.03	0.00	20.40	22.97	64.85	30.56	77.34
2학년	13.78	67.34	0.45	47.76	18.66	31.19	7.78	18.72
3학년	86.22	20.10	99.55	21.89	57.89	0.50	61.67	1.48
4학년	0.00	3.52	0.00	7.96	0.48	2.48	0.00	1.48
기타	0.00	3.02	0.00	1.99	0.00	0.99	0.00	0.99

A4. 직업(부친)

	JMH	JMU	JWH	JWU	KMH	KMU	KWH	KWU
농업	1.53	2.01	2.25	2.49	8.13	26.24	7.78	23.65
회사원	63.27	55.28	58.11	59.20	29.67	16.83	28.89	18.72
상업	11.22	10.05	8.56	5.97	22.49	20.79	22.22	26.11
공업	6.12	2.01	5.86	1.99	8.61	1.49	4.44	2.96
공무원	6.63	15.08	13.06	21.39	5.74	11.39	6.11	11.33
자유업	4.08	5.53	4.05	4.48	1.44	2.97	4.44	2.46
기타	7.14	7.04	6.76	3.98	22.49	19.8	24.44	14.29

A5-1. 아르바이트의 경험(대학생)

	JMU	JWU	KMU	KWU
하고 있다	55.28	67.66	4.95	6.40
없다	13.57	8.96	54.46	65.02
한 적이 있다	29.15	22.89	40.10	28.57
기타	1.51	0.50	0.00	0.00

A5-2. 아르바이트의 종류(대학생)

	JMU	JWU	KMU	KWU
가정교사	4.52	11.44	3.47	3.94
점원	37.19	32.34	7.92	17.24
사무	5.53	9.45	1.49	0.49
육체노동	19.10	1.99	15.35	2.46
콤파니언	0.50	2.49	0.00	0.00
웨이타	9.05	23.38	9.41	7.39
기타	11.06	9.95	10.40	6.90
무응답	13.07	8.96	51.98	61.58

A5-3. 아르바이트의 기간(대학생)

	JMU	JWU	KMU	KWU
1~5개월	26.63	34.83	34.65	31.53
6~11개월	20.60	14.93	6.44	2.46
1~2년미만	27.14	25.37	2.48	0.49
2~3년미만	7.04	10.95	0.00	0.00
3년이상	3.52	2.99	0.50	0.00
5년이상	14.57	10.45	55.94	65.52
무응답	0.00	0.50	0.00	0.00

A6-1. 동아리활동의 여부(대학생)

	JMU	JWU	KMU	KWU
하고 있다	58.79	49.25	59.90	64.04
하고 있지 않다	25.63	26.87	32.18	28.57
한 적이 있다	11.56	21.39	6.44	5.91
기타	2.51	2.49	1.49	1.48

A6-2. 동아리활동이 학내인가 학외인가? (대학생)

	JMU	JWU	KMU	KWU
학내	67.84	60.70	60.40	68.47
학외	6.53	11.44	6.93	1.97
무응답	25.63	27.86	32.67	29.56

A6-3. 동아리의 종류(대학생)

	JMU	JWU	KMU	KWU
문과계	11.56	15.42	2.97	3.94
스포츠 동호회	31.16	22.89	8.91	4.93
운동부	17.09	5.47	1.49	2.46
학습회	1.01	2.49	19.80	15.76
취미(음악,연극 등)	5.53	10.95	20.79	20.20
자원봉사활동	0.00	4.48	2.97	10.84
종교	1.01	1.49	5.45	8.37
정치활동	0.50	1.00	0.99	0.99
기타	4.02	6.47	3.96	2.96
무응답	28.14	29.35	32.67	29.56

A7. 고교생의 특별활동

	JMH	JWH	KMH	KWH
운동부	48.98	35.14	30.14	5.00
문화부	19.90	45.50	31.10	43.89
학습부	5.61	10.81	24.40	26.11
기타	25.51	8.55	14.36	25.00

A7-1. 특별활동에서 임원직을 맡고 있는가?(고교생)

	JMH	JWH	KMH	KWH
하고 있지 않다	67.35	71.62	85.17	85.56
하고 있다	20.92	25.23	5.74	2.22
무응답	11.73	3.15	9.09	12.22

A8. 학급이나 학생회에서 임원직을 맡고 있는가?(고교생)

	JMH	JWH	KMH	KWH
하고 있지 않다	59.18	63.06	86.60	92.22
하고 있다	39.80	36.94	11.48	6.11
기타	0.00	0.00	0.00	0.00
무응답	1.02	0.00	1.91	1.67

B1. 장면에 따라서 말씨를 바꾸는가?

	JMH	JMU	JWH	JWU	KMH	KMU	KWH	KWU
말을 바꾼다	60.20	61.81	41.44	60.20	55.50	50.50	51.11	46.80
말을 바꾸지 않는다	39.80	37.19	58.11	39.80	43.54	49.01	47.78	52.71
무응답	0.00	0.00	0.45	0.00	0.96	0.50	1.11	0.49

B2-1. 친구와 둘이서 잡담하고 있을 때

	JMH	JMU	JWH	JWU	KMH	KMU	KWH	KWU
1	38.27	42.71	30.63	22.39	74.16	73.76	53.33	63.55
2	58.16	54.27	68.47	77.11	21.05	22.77	42.22	34.48
3	1.53	0.50	0.00	0.00	0.48	0.50	0.00	0.49
4	0.51	0.50	0.00	0.00	0.00	0.99	0.00	0.00
5	0.00	0.50	0.45	0.00	0.00	0.00	0.00	0.00
6	0.00	0.50	0.00	0.00	0.00	0.00	0.00	0.00
7	1.02	0.50	0.00	0.00	0.00	0.00	0.00	0.00
8	0.51	0.00	0.45	0.00	0.48	0.99	0.00	0.99
무응답	0.00	0.50	0.00	0.50	3.83	0.99	4.44	0.49

B2-2. 친구와 둘이서 화를 내고 있을 때

	JMH	JMU	JWH	JWU	KMH	KMU	KWH	KWU
1	17.86	24.62	31.08	16.42	52.63	54.46	48.89	41.87
2	13.27	16.58	54.05	66.17	14.35	13.37	13.33	15.27
3	51.02	43.22	5.86	6.47	8.61	14.85	16.67	18.23
4	4.08	2.51	1.35	1.49	0.96	1.49	0.56	0.00
5	1.53	0.00	0.00	1.00	0.48	0.00	0.00	0.00
6	1.02	1.51	1.80	1.49	0.00	0.00	0.00	0.00
7	2.04	1.01	0.00	0.00	0.48	0.00	0.00	0.00
8	9.18	8.54	5.41	5.97	16.27	14.36	13.89	22.66
무응답	0.00	2.01	0.45	1.00	6.22	1.49	6.67	1.97

B2-3. 대학교수(선생)앞에서

	JMH	JMU	JWH	JWU	KMH	KMU	KWH	KWU
1	12.76	8.54	14.41	1.99	19.62	20.79	7.22	6.40
2	36.73	29.15	55.86	36.32	40.67	35.64	46.11	49.75
3	2.04	0.50	0.00	0.50	9.57	13.86	13.89	10.34
4	5.61	2.51	0.45	1.99	0.96	1.49	0.56	0.00
5	11.22	10.05	4.95	10.95	3.83	2.97	2.22	5.91
6	19.90	26.13	19.82	20.90	3.35	3.96	2.22	4.43
7	7.65	19.10	2.25	24.38	11.00	19.80	11.11	17.24
8	4.08	3.02	2.25	2.49	3.83	0.50	9.44	3.45
무응답	0.00	1.01	0.00	0.50	7.18	0.99	7.22	2.46

B2-4.써클(동아리에서)에서 회의할때, 발언자로서

	JMH	JMU	JWH	JWU	KMH	KMU	KWH	KWU
1	3.57	3.02	1.35	0.00	7.18	7.43	0.00	1.97
2	6.12	11.06	15.32	4.98	4.78	3.96	1.11	2.96
3	2.55	1.01	0.45	0.00	2.87	3.47	0.56	0.99
4	5.61	6.53	1.35	1.49	0.96	1.49	0.56	0.99
5	39.80	39.70	44.14	47.76	21.05	34.65	26.11	36.45
6	33.16	29.65	35.14	39.30	47.37	38.61	52.22	45.81
7	6.12	2.51	0.90	3.48	6.22	8.91	1.67	6.40
8	2.55	1.51	1.35	0.00	2.87	0.50	9.44	1.97
무응답	0.51	4.52	0.00	2.99	6.70	0.99	8.33	2.46

B2-5. 써클(동아리)의 회의석상에서, 귀하가 의장일때

	JMH	JMU	JWH	JWU	KMH	KMU	KWH	KWU
1	3.06	1.01	0.90	0.00	4.78	4.46	0.00	1.48
2	4.08	10.55	8.11	2.49	3.83	4.46	0.56	0.49
3	1.02	0.50	0.00	0.00	0.96	0.50	0.00	1.48
4	3.57	1.51	0.00	1.00	1.44	1.98	1.11	0.00
5	50.00	46.73	61.26	61.19	17.22	14.85	12.22	11.82
6	26.02	22.61	25.23	21.39	31.10	45.05	36.67	43.84
7	7.65	10.55	3.15	10.95	32.06	27.23	33.33	35.96
8	4.08	1.01	1.35	1.00	1.91	0.50	8.33	2.46
무응답	0.51	5.03	0.00	1.99	6.70	0.99	7.78	2.46

B2-6. 공동연구회시간에

	JMH	JMU	JWH	JWU	KMH	KMU	KWH	KWU
1	13.27	3.52	11.26	1.49	9.57	9.90	3.33	2.46
2	29.59	16.58	46.40	14.43	12.92	7.92	9.44	4.43
3	2.04	1.51	0.00	0.00	3.83	5.94	3.33	0.99
4	5.10	3.52	1.35	1.49	5.26	5.45	5.56	4.93
5	16.33	36.18	15.32	40.80	20.10	19.80	25.00	15.76
6	15.31	26.13	16.22	29.85	20.10	33.17	26.11	40.39
7	6.12	2.01	1.80	5.97	11.48	14.85	7.78	18.23
8	10.71	3.52	5.86	2.99	8.13	1.98	12.78	10.34
무응답	1.53	7.04	1.80	2.99	8.61	0.99	6.67	2.46

B2-7. 친구집에 놀러가, 친구의 부모앞에서

	JMH	JMU	JWH	JWU	KMH	KMU	KWH	KWU
1	11.73	7.54	9.01	1.00	20.10	21.29	6.11	10.34
2	43.37	43.72	60.81	50.25	45.93	44.06	67.78	57.14
3	1.02	0.00	0.00	0.50	8.61	8.42	6.11	10.34
4	2.55	2.01	0.45	1.00	0.00	0.50	1.11	0.99
5	10.71	10.55	8.56	6.97	0.96	1.49	0.56	1.97
6	17.86	21.61	12.16	22.89	10.53	10.40	2.78	4.43
7	8.16	12.06	6.76	14.93	3.35	10.89	3.89	9.36
8	4.59	1.01	2.25	1.49	5.26	0.99	8.89	3.45
무응답	0.00	1.51	0.00	1.00	5.26	1.98	2.78	1.97

B3. 반론

	JMH	JMU	JWH	JWU	KMH	KMU	KWH	KWU
잘 말한다	29.08	29.65	22.07	21.39	24.88	35.15	32.22	17.24
때때로 말한다	57.65	52.76	63.06	67.16	56.46	51.49	60.00	67.00
그다지 말하지 않는다	12.76	16.58	14.86	11.44	17.70	12.38	7.78	15.27
무응답	0.00	1.00	0.00	0.00	0.96	0.99	0.00	0.49

B4-1. 친구와 둘이서 잡담하고 있을때

	JMH	JMU	JWH	JWU	KMH	KMU	KWH	KWU
1	49.49	40.70	27.48	22.39	46.89	34.16	35.00	31.53
2	12.24	10.55	17.57	13.93	9.57	7.92	5.56	7.88
3	7.65	13.07	10.81	11.44	6.70	11.39	11.11	13.30
4	16.84	10.55	17.57	25.37	23.92	15.84	30.00	24.63
5	10.71	20.10	24.32	25.87	4.31	20.79	15.56	16.26
6	0.00	1.51	0.45	0.00	2.39	2.48	1.11	2.46
7	0.00	0.00	0.00	0.00	0.00	1.98	0.00	0.00

B4-2.서클(동아리)회의에서 친한 친구에게

	JMH	JMU	JWH	JWU	KMH	KMU	KWH	KWU
1	16.33	21.61	5.86	9.45	7.18	12.87	7.22	5.91
2	26.53	18.09	31.53	24.38	14.83	10.89	9.44	10.84
3	16.84	16.58	15.32	13.93	19.62	17.82	20.56	18.23
4	4.59	7.54	5.86	11.94	8.13	13.37	5.00	21.18
5	26.02	25.63	33.78	35.32	34.93	33.66	40.00	33.50
6	1.53	2.01	2.25	0.00	5.26	5.45	10.00	4.93
7	0.00	0.00	0.00	0.00	0.96	0.00	1.11	0.99

B4-3. 서클(동아리)회의에서 선배에게

	JMH	JMU	JWH	JWU	KMH	KMU	KWH	KWU
1	7.65	6.03	0.90	0.50	0.96	1.49	2.22	0.49
2	14.80	18.59	13.96	15.42	5.74	10.89	5.00	7.39
3	11.22	12.06	7.21	8.96	5.74	8.42	3.89	6.40
4	2.04	1.01	1.35	0.00	3.35	2.97	0.56	5.91
5	23.98	31.66	35.14	32.34	32.06	33.66	31.67	32.51
6	18.37	10.05	16.22	24.88	28.71	29.70	37.22	33.99
7	2.04	3.52	1.80	3.48	6.70	5.45	8.33	6.90

B4-4. 공동연구회에서 다른 학생에게

	JMH	JMU	JWH	JWU	KMH	KMU	KWH	KWU
1	12.76	8.04	1.35	1.99	6.22	0.99	4.44	0.99
2	16.84	11.06	13.51	13.43	7.18	7.43	7.78	7.88
3	11.73	19.10	9.46	21.39	11.96	12.38	9.44	8.37
4	6.12	3.02	4.50	1.49	5.74	1.98	1.11	2.46
5	27.04	39.70	38.29	42.79	32.54	50.00	50.56	47.29
6	7.14	5.53	7.66	9.95	16.75	17.82	18.89	24.63
7	1.02	0.00	0.45	1.49	3.35	2.97	1.67	1.48

B4-5. 공동연구회에서 교수(선생)에게

	JMH	JMU	JWH	JWU	KMH	KMU	KWH	KWU
1	8.16	4.52	0.90	1.99	1.91	1.49	1.11	0.49
2	11.22	5.53	13.06	1.99	0.96	2.48	1.67	0.99
3	9.18	11.56	10.36	12.94	4.78	2.48	4.44	3.94
4	2.04	0.50	1.80	0.00	1.91	0.99	0.56	1.48
5	12.76	21.11	18.92	11.44	9.09	22.77	8.89	11.82
6	15.82	19.60	15.77	28.36	26.32	30.20	30.00	32.51
7	18.88	19.10	20.72	29.35	38.28	32.18	38.89	35.47

B5. 재촉

	JMH	JMU	JWH	JWU	KMH	KMU	KWH	KWU
1	36.22	49.25	72.07	75.62	48.80	59.41	67.78	61.08
2	55.10	33.17	18.47	17.41	24.88	7.92	13.33	6.40
3	4.08	13.57	6.76	5.47	24.40	30.69	17.78	30.54
4	1.02	1.51	0.90	0.00	0.96	0.50	0.56	0.49
무응답	0.00	1.01	0.00	0.50	0.96	0.99	0.56	1.48

B6-1. 친한 친구

	JMH	JMU	JWH	JWU	KMH	KMU	KWH	KWU
1	27.55	20.10	9.91	7.46	22.01	17.82	13.33	15.76
2	46.94	52.76	42.79	40.30	60.77	57.92	66.67	60.59
3	19.39	21.11	38.74	43.78	11.96	13.86	15.00	15.76
4	3.06	2.51	6.76	6.47	0.96	2.48	1.11	2.46
5	3.06	2.51	1.80	1.00	3.35	5.94	3.33	3.94
무응답	0.00	1.01	0.00	1.00	0.96	1.98	0.56	1.48

B6-2. 친한 선배

	JMH	JMU	JWH	JWU	KMH	KMU	KWH	KWU
1	5.61	4.52	0.45	1.00	2.39	3.47	1.11	1.97
2	12.76	17.09	6.31	6.47	30.62	21.78	28.33	33.99
3	53.06	50.25	40.99	44.78	42.11	50.50	45.00	40.89
4	23.98	23.12	45.50	44.78	17.22	18.81	20.56	17.73
5	4.59	4.02	6.76	1.99	6.22	3.96	3.89	3.94
무응답	0.00	1.01	0.00	1.00	1.44	1.49	1.11	1.48

B6-3. 선생님

	JMH	JMU	JWH	JWU	KMH	KMU	KWH	KWU
1	6.63	2.51	1.80	0.50	0.96	0.00	0.56	0.99
2	6.12	7.54	5.86	1.49	3.83	3.96	1.11	1.97
3	27.04	22.11	39.64	12.94	20.10	19.31	26.67	22.66
4	53.57	60.30	47.75	78.61	57.42	65.35	58.89	63.05
5	6.63	6.03	4.95	5.47	16.75	8.91	12.22	9.85
6	0.00	0.00	0.00	0.00	0.00	0.50	0.00	0.00
무응답	0.00	1.51	0.00	1.00	0.96	1.98	0.56	1.48

B6-4. 부친이 알고 있는 사람

	JMH	JMU	JWH	JWU	KMH	KMU	KWH	KWU
1	3.06	2.51	0.90	0.50	0.48	0.00	1.11	0.49
2	3.57	3.52	1.35	1.49	1.44	3.47	1.11	1.97
3	16.84	11.06	10.36	5.97	17.22	14.85	12.78	17.73
4	51.02	62.31	63.96	65.67	46.41	60.40	56.67	60.10
5	25.51	19.10	22.52	24.88	33.49	18.81	27.22	17.73
8	0.00	0.00	0.00	0.00	0.00	0.50	0.00	0.00
무응답	0.00	1.51	0.90	1.49	0.96	1.98	1.11	1.97

B7. 불만

	JMH	JMU	JWH	JWU	KMH	KMU	KWH	KWU
바로 말한다	23.98	13.57	4.50	12.44	16.27	11.88	14.44	14.29
중요한 것만 말한다	61.73	67.84	77.48	61.69	35.41	35.15	38.89	34.48
원칙적으로 말하지 않는다	4.08	12.06	8.11	8.96	26.79	31.68	21.11	29.56
가게에는말하지만, 친구에게는 말하지 않는다	10.20	5.53	9.46	16.42	20.10	19.31	25.00	20.20
무응답	0.00	1.01	0.45	0.50	1.44	1.99	0.56	1.48

B8-1. 가게

	JMH	JMU	JWH	JWU	KMH	KMU	KWH	KWU
1	3.06	3.02	4.05	2.49	7.18	9.41	1.67	4.93
2	42.86	47.24	51.35	40.30	16.75	21.78	11.11	14.78
3	0.51	0.50	0.45	1.49	1.44	0.99	1.11	0.49
4	2.04	2.51	0.45	3.98	0.96	4.46	0.56	1.97
5	3.57	0.50	0.90	0.00	2.39	2.48	5.56	5.91
6	9.18	7.04	5.41	4.98	4.31	2.48	4.44	4.93
7	4.59	2.01	0.00	1.49	1.44	0.50	1.11	1.48
8	32.14	28.14	34.23	40.30	54.55	42.57	64.44	51.23
9	1.53	5.53	2.70	2.99	8.61	9.41	5.00	6.90
무응답	0.51	3.52	0.45	1.99	2.39	5.94	5.00	7.39

B8-2. 친구

	JMH	JMU	JWH	JWU	KMH	KMU	KWH	KWU
1	47.96	57.79	57.21	51.74	42.11	39.60	43.33	35.96
2	4.59	3.02	3.15	1.49	0.48	0.99	1.67	1.48
3	9.18	8.04	14.41	14.43	2.87	0.99	0.56	3.94
4	2.55	1.01	0.45	1.00	0.48	1.49	0.00	0.00
5	12.24	5.53	3.60	2.49	12.92	14.36	18.89	18.72
6	2.04	0.50	0.45	1.99	0.48	0.00	0.00	0.00
7	6.63	7.54	4.05	8.46	7.66	7.43	6.11	7.39
8	2.04	1.51	2.70	1.99	0.96	1.49	1.67	0.99
9	11.22	11.56	13.51	13.43	27.27	25.74	21.67	24.14
무응답	1.53	3.52	0.45	2.99	4.78	7.92	6.11	7.39

B9-1. 친한 친구

	JMH	JMU	JWH	JWU	KMH	KMU	KWH	KWU
1	20.41	22.11	14.41	16.92	26.79	25.74	20.56	19.21
2	7.14	4.02	5.86	7.96	4.78	6.44	5.00	5.91
3	1.53	4.02	1.35	1.49	6.70	2.97	3.89	4.43
4	18.88	32.16	49.55	44.28	25.84	44.06	52.78	53.69
5	22.45	17.59	18.92	18.41	9.09	4.95	3.33	3.45
6	14.80	10.55	9.01	7.96	10.05	7.92	8.89	8.37
7	1.53	0.00	0.00	0.00	0.96	0.50	0.56	0.49
8	11.73	7.54	0.90	2.49	14.83	5.45	5.00	2.46
무응답	1.53	2.01	0.00	0.50	1.00	1.98	0.00	1.97

B9-2. 별로 친하지 않은 동급생

	JMH	JMU	JWH	JWU	KMH	KMU	KWH	KWU
1	18.88	27.64	22.52	24.38	21.05	18.81	24.44	20.20
2	15.82	14.57	20.27	31.84	8.61	15.35	18.33	16.26
3	11.22	15.58	10.81	10.45	25.36	24.75	20.56	24.63
4	14.80	8.54	18.02	4.48	17.70	15.35	11.11	11.33
5	15.31	9.05	5.86	6.47	10.05	5.45	4.44	5.91
6	16.33	20.10	21.62	22.39	11.96	16.34	18.33	17.24
7	3.57	1.51	0.45	0.00	1.91	1.49	2.22	2.46
8	2.55	1.01	0.45	0.00	2.39	0.50	0.00	0.00
무응답	1.53	2.01	0.00	0.00	0.96	1.98	0.56	1.97

B9-3. 선배

	JMH	JMU	JWH	JWU	KMH	KMU	KWH	KWU
1	20.92	26.63	16.67	21.39	17.70	24.26	27.22	31.03
2	35.71	40.70	56.31	54.23	44.02	41.09	47.78	39.41
3	9.69	4.52	4.95	5.97	7.66	8.91	5.56	4.93
4	6.63	5.03	5.41	3.98	8.13	6.44	2.78	2.46
5	4.59	3.52	0.45	1.00	0.96	0.00	0.56	0.99
6	12.76	11.56	13.96	12.94	13.40	13.37	12.22	15.76
7	2.04	0.00	0.90	0.00	0.96	1.49	0.00	1.97
8	6.12	6.03	1.35	0.00	6.22	2.48	2.78	1.48
무응답	1.53	2.01	0.00	0.50	0.96	1.98	1.11	1.97

B9-4. 후배

	JMH	JMU	JWH	JWU	KMH	KMU	KWH	KWU
1	5.61	23.12	17.57	24.88	18.66	21.29	22.22	32.02
2	7.14	7.54	11.26	24.88	9.09	9.90	18.33	15.27
3	6.63	10.05	9.91	9.95	15.79	22.77	17.78	19.70
4	19.90	15.08	28.83	13.43	18.18	17.82	11.67	10.34
5	37.24	24.12	21.17	15.42	21.05	12.38	9.44	6.90
6	12.76	14.07	7.21	10.95	11.48	11.39	17.78	11.82
7	3.57	0.50	0.90	0.00	1.44	1.49	1.67	1.48
8	5.10	3.52	0.90	0.00	3.35	0.99	0.56	0.49
무응답	2.04	2.01	2.25	0.50	0.96	1.98	0.56	1.97

B9-5.교수(선생)

	JMH	JMU	JWH	JWU	KMH	KMU	KWH	KWU
1	12.24	22.11	11.71	14.93	22.49	24.75	26.67	33.00
2	48.47	49.75	58.11	69.65	36.84	45.54	44.44	38.42
3	5.61	4.02	8.11	3.98	3.35	2.48	2.78	0.99
4	9.18	3.02	11.26	3.48	7.18	4.46	2.78	1.48
5	3.06	3.02	0.45	0.50	1.44	1.49	0.56	0.49
6	8.16	9.05	6.31	4.48	6.22	9.41	5.56	6.90
7	2.55	1.01	0.45	0.00	2.39	0.50	0.00	0.00
8	8.67	5.53	1.35	2.49	18.66	9.41	16.67	15.76
무응답	2.04	2.51	2.25	0.50	1.44	1.98	0.56	2.96

B10-1. 친한 친구

	JMH	JMU	JWH	JWU	KMH	KMU	KWH	KWU
1	2.55	3.52	1.35	1.99	1.91	1.98	0.00	0.00
2	1.53	1.01	0.45	2.49	3.35	4.46	2.22	2.46
3	22.45	19.60	22.07	25.87	8.13	11.88	8.89	11.82
4	37.24	33.67	24.32	18.41	47.85	37.62	36.11	34.48
5	2.04	2.01	3.15	0.00	0.96	0.00	0.00	0.00
6	2.55	5.03	5.86	8.96	0.00	0.99	0.56	0.49
7	0.00	3.02	1.80	7.46	0.48	2.97	2.78	5.91
8	30.61	30.65	40.54	34.83	36.36	35.15	48.89	41.87
9	1.02	0.00	0.45	0.00	0.00	0.99	0.56	0.49
무응답	0.00	1.51	0.00	0.00	0.96	3.96	0.00	2.46

B10-2. 선배

	JMH	JMU	JWH	JWU	KMH	KMU	KWH	KWU
1	8.16	5.53	5.86	7.46	4.78	7.43	5.00	5.42
2	3.06	7.54	6.76	9.45	23.92	25.25	30.56	33.00
3	40.82	34.67	40.54	39.30	27.75	23.76	25.56	22.17
4	3.57	3.52	0.90	0.50	12.44	5.45	7.22	7.39
5	19.39	20.10	15.77	9.45	0.96	0.50	0.00	0.00
6	9.69	15.08	20.72	19.40	5.74	8.42	8.89	7.39
7	6.63	4.02	4.50	7.46	3.83	6.93	5.56	6.90
8	7.65	6.53	4.50	5.97	17.70	15.84	13.89	12.32
9	1.02	0.50	0.45	0.50	1.44	2.97	3.33	2.46
무응답	0.00	2.51	0.00	0.50	1.44	3.47	0.00	2.96

B10-3. 후배

	JMH	JMU	JWH	JWU	KMH	KMU	KWH	KWU
1	3.06	3.52	1.35	0.50	1.44	0.50	0.56	0.99
2	1.02	0.00	1.35	1.49	3.35	6.44	3.89	6.90
3	12.76	21.11	26.58	33.83	13.40	14.36	13.33	15.27
4	36.73	30.65	11.26	9.95	41.63	36.14	35.56	23.15
5	3.06	4.52	5.86	3.48	0.48	0.50	0.00	0.49
6	4.59	9.55	17.57	13.43	1.91	0.99	0.56	0.99
7	5.10	2.01	2.25	7.96	3.83	4.46	8.33	7.88
8	32.14	26.13	33.33	28.86	32.54	32.18	37.78	41.38
9	1.53	0.00	0.45	0.00	0.00	0.99	0.00	0.49
무응답	0.00	2.51	0.00	0.50	1.44	3.47	0.00	2.46

B10-4.친척

	JMH	JMU	JWH	JWU	KMH	KMU	KWH	KWU
1	21.43	32.16	25.23	25.37	14.83	16.83	15.56	19.70
2	9.18	7.04	9.91	13.93	16.27	20.30	13.33	26.11
3	26.02	30.15	36.94	28.86	11.96	14.36	11.11	11.82
4	3.57	3.02	0.90	0.50	12.92	5.94	10.56	7.39
5	12.24	7.54	11.26	12.44	1.44	0.00	0.00	0.49
6	14.80	9.55	13.06	12.94	17.70	18.32	20.00	16.75
7	3.57	3.52	0.90	2.99	5.26	1.98	3.89	0.99
8	6.63	4.02	0.90	1.99	13.88	6.44	16.67	6.40
9	2.04	1.01	0.90	1.00	4.78	12.38	8.33	6.40
무응답	0.51	2.01	0.00	0.00	0.96	3.47	0.56	3.94

B10-5. 선생님

	JMH	JMU	JWH	JWU	KMH	KMU	KWH	KWU
1	32.65	40.20	33.33	31.34	23.44	22.28	19.44	25.12
2	14.29	18.59	14.41	33.83	14.35	12.38	15.00	16.75
3	22.45	17.09	28.38	13.43	6.22	6.93	6.11	5.42
4	1.53	1.01	0.90	0.00	6.70	2.97	3.33	3.94
5	13.27	4.52	9.01	7.46	1.91	1.49	0.00	0.49
6	8.67	9.55	11.71	7.46	16.27	14.85	16.67	14.78
7	1.02	1.51	0.90	1.00	1.44	0.99	1.67	0.49
8	5.10	4.02	0.90	2.99	4.31	2.97	6.11	1.97
9	1.02	1.01	0.45	1.99	24.40	31.68	31.11	27.09
무응답	0.00	2.51	0.00	0.50	0.96	3.47	0.56	3.94

C1. 동급생과의 교제

	JMH	JMU	JWH	JWU	KMH	KMU	KWH	KWU
1	48.47	47.74	69.82	57.21	45.45	37.62	53.33	33.00
2	39.80	35.68	25.68	39.80	40.19	43.56	41.67	48.77
3	2.55	4.02	0.45	1.00	2.39	3.96	1.67	1.97
4	2.04	1.01	0.00	0.00	0.00	0.50	0.00	0.49
5	7.14	9.05	4.05	1.99	11.00	12.87	2.78	12.81
무응답	0.00	2.51	0.00	0.00	0.96	1.49	0.00	2.96

C2. 교제의 범위

	JMH	JMU	JWH	JWU	KMH	KMU	KWH	KWU
훨씬 많은 편	0.00	2.01	0.00	0.00	0.96	1.49	0.56	2.96
조금 많은 편	9.18	8.54	3.60	2.49	2.39	3.47	6.11	3.45
같은 정도	19.39	16.08	19.82	19.90	28.23	29.21	31.11	35.96
조금 적은 편	36.22	30.65	45.95	37.81	38.76	30.69	43.89	35.96
훨씬 적은 편	28.06	35.68	22.52	34.33	24.88	29.70	15.00	20.20
기타	7.14	7.04	8.11	5.47	4.78	5.45	3.33	1.48

C3. 모르는 사람과 함께 있을때

	JMH	JMU	JWH	JWU	KMH	KMU	KWH	KWU
바로 이야기 하는 편	33.67	37.19	40.99	44.78	31.58	34.16	37.78	38.42
이야기하기 어려운 편	52.04	45.23	44.14	36.82	50.24	53.47	50.00	49.75
잘 모르겠다	14.29	15.08	14.86	18.41	17.22	10.40	12.22	8.87
무응답	0.00	2.51	0.00	0.00	0.96	1.99	0.00	2.96

C4. 각자 부담

	JMH	JMU	JWH	JWU	KMH	KMU	KWH	KWU
자주한다	17.86	24.62	6.76	8.46	26.32	30.20	21.11	18.23
때때로 한다	47.45	49.25	32.43	45.27	64.11	61.39	66.67	72.41
거의 하지 않는다	34.69	24.12	60.81	46.27	8.13	6.93	12.22	5.91
무응답	0.00	2.01	0.00	0.00	1.44	1.49	0.00	3.45

C5-1. 선생님과 학생 셋이서 차를 마시러 갈때

	JMH	JMU	JWH	JWU	KMH	KMU	KWH	KWU
선생님	67.35	61.81	52.70	50.25	77.51	75.74	83.89	78.82
학생	2.55	4.52	3.15	5.97	8.13	12.38	7.78	13.79
각자부담	30.10	31.66	43.69	43.28	12.92	9.41	8.33	4.43
무응답	0.00	2.01	0.45	0.50	1.44	1.98	0.00	2.96

C5-2. 후배(남자)와 함께 공적인 일을 보러 나갈 때

	JMH	JMU	JWH	JWU	KMH	KMU	KWH	KWU
귀하	21.94	36.18	7.21	14.43	60.29	74.26	55.56	78.33
후배	6.12	1.01	2.25	1.00	10.05	1.49	8.89	2.46
각자부담	71.94	60.30	90.54	83.58	28.23	22.28	35.56	16.26
무응답	0.00	2.01	0.00	1.00	1.44	1.98	0.00	2.96

C5-3.후배(여자)와 함께 공적인 일을 보러 나갈 때

	JMH	JMU	JWH	JWU	KMH	KMU	KWH	KWU
귀하	47.96	53.27	12.61	18.41	80.86	81.19	62.78	76.85
후배	4.59	1.01	1.35	0.50	2.87	2.48	1.67	1.48
각자부담	47.45	43.22	86.04	80.10	14.83	14.36	35.56	18.72
무응답	0.00	2.51	0.00	1.00	1.44	1.98	0.00	2.96

C5-4. 후배(남자)로 부터 부탁을 받고 나갈 때

	JMH	JMU	JWH	JWU	KMH	KMU	KWH	KWU
귀하	8.16	19.60	1.80	3.98	18.66	37.13	12.22	25.12
후배	28.06	10.05	36.49	22.89	56.94	35.64	68.33	56.65
각자부담	63.78	67.84	61.71	72.14	22.97	21.29	19.44	14.29
무응답	0.00	2.51	0.00	1.00	1.44	5.94	0.00	3.94

C5-5.후배(여자)로 부터 부탁을 받고 나갈 때

	JMH	JMU	JWH	JWU	KMH	KMU	KWH	KWU
귀하	29.59	30.65	4.50	4.48	43.06	50.00	16.67	33.50
후배	13.27	5.53	18.92	12.94	35.89	30.20	60.00	49.75
각자부담	57.14	61.31	76.58	81.59	19.62	16.83	23.33	14.29
무응답	0.00	2.51	0.00	1.00	1.44	2.97	0.00	2.46

C5-6. 선배(남자)와 함께 공적인 일로 나갈 때

	JMH	JMU	JWH	JWU	KMH	KMU	KWH	KWU
귀하	2.04	3.02	1.80	1.99	15.31	6.93	4.44	3.94
선배	22.96	25.13	14.41	18.41	48.80	67.82	67.22	81.28
각자부담	75.00	69.35	83.78	78.61	34.45	22.28	28.33	12.32
무응답	0.00	2.51	0.00	1.00	1.44	2.97	0.00	2.46

C5-7. 선배(여자)와 함께 공적인 일로 나갈 때

	JMH	JMU	JWH	JWU	KMH	KMU	KWH	KWU
귀하	16.33	9.05	2.25	2.99	28.23	13.37	8.33	5.42
선배	13.27	16.08	3.60	5.47	39.71	62.89	53.89	72.41
각자부담	70.41	72.36	94.14	90.55	30.62	20.79	37.78	19.70
무응답	0.00	2.51	0.00	1.00	1.44	2.97	0.00	2.46

C5-8.선배(남자)의 협조을 받았을 때

	JMH	JMU	JWH	JWU	KMH	KMU	KWH	KWU
귀하	62.24	57.29	76.13	73.13	88.52	80.20	91.11	86.21
선배	6.15	6.53	3.60	0.50	6.22	11.39	7.22	9.85
각자부담	31.63	33.67	20.27	25.37	3.83	5.45	1.67	1.48
무응답	0.00	2.51	0.00	1.00	1.44	2.97	0.00	2.46

C5-9. 선배(여자)의 협조을 받았을 때

	JMH	JMU	JWH	JWU	KMH	KMU	KWH	KWU
귀하	70.92	63.32	79.73	77.61	91.39	83.17	92.22	86.70
선배	4.08	5.53	2.25	0.50	4.31	9.41	5.56	8.37
각자부담	25.00	28.14	18.02	20.90	2.87	4.46	2.22	2.46
무응답	0.00	2.51	0.00	1.00	1.44	2.97	0.00	2.46

C5-10.친구(남자)를 불러 낼 때

	JMH	JMU	JWH	JWU	KMH	KMU	KWH	KWU
귀하	16.33	8.04	22.97	14.93	51.67	52.97	42.22	51.23
친구	4.59	2.01	1.80	1.00	5.26	5.94	22.22	17.73
각자부담	79.08	87.44	75.23	83.58	41.15	38.12	35.56	28.57
무응답	0.00	2.51	0.00	0.50	1.91	2.97	0.00	2.46

C5-11.친구(여자)를 불러 낼 때

	JMH	JMU	JWH	JWU	KMH	KMU	KWH	KWU
귀하	51.02	44.72	20.27	9.45	79.43	73.76	45.56	56.16
친구	4.59	1.01	0.45	0.50	3.35	3.47	1.67	4.43
각자부담	44.39	51.26	79.28	89.55	15.31	19.80	52.22	36.95
무응답	0.00	3.02	0.00	0.50	1.91	2.97	0.56	2.46

C5-12. 친구(남자)가 불러 낼 때

	JMH	JMU	JWH	JWU	KMH	KMU	KWH	KWU
귀하	1.02	2.01	1.50	1.49	5.26	8.42	0.00	4.43
친구	22.45	6.53	39.19	24.38	52.63	48.02	70.00	65.02
각자부담	76.53	88.44	59.01	73.63	39.71	40.59	29.44	28.08
무응답	0.00	3.02	0.00	0.50	2.39	2.97	0.56	2.46

C5-13. 친구(여자)가 불러 낼 때

	JMH	JMU	JWH	JWU	KMH	KMU	KWH	KWU
귀하	16.33	15.08	0.90	1.49	30.62	30.20	2.22	3.94
친구	12.24	5.03	9.91	2.49	40.19	36.63	47.22	47.29
각자부담	71.43	76.88	89.19	95.52	26.79	30.20	49.44	46.31
무응답	0.00	3.02	0.00	0.50	2.39	2.97	1.11	2.43

C5-14. 친구가 방문 했을 때

	JMH	JMU	JWH	JWU	KMH	KMU	KWH	KWU
귀하	21.43	19.60	14.86	20.40	65.55	72.28	60.00	77.83
친구	3.57	1.01	0.90	1.49	4.31	4.46	3.89	2.46
각자부담	75.00	75.88	84.23	77.61	28.23	19.80	36.11	17.24
무응답	0.00	3.52	0.00	0.50	1.91	3.47	0.00	2.46

C5-15. 친구를 방문했을 때

	JMH	JMU	JWH	JWU	KMH	KMU	KWH	KWU
귀하	5.10	8.54	1.80	4.48	15.31	18.81	8.89	14.78
친구	10.20	5.53	3.15	3.48	41.63	43.56	39.44	50.74
각자부담	84.69	82.41	95.05	91.54	41.15	34.16	51.67	32.02
무응답	0.00	3.52	0.00	0.50	1.91	3.47	0.00	2.46

C5-16.귀하가 용돈이 생겼을 때

	JMH	JMU	JWH	JWU	KMH	KMU	KWH	KWU
귀하	57.14	52.26	41.44	41.29	81.34	91.09	70.00	91.13
친구	3.57	2.01	1.35	0.50	0.48	1.49	1.67	2.46
각자부담	39.29	42.21	57.21	57.71	15.79	4.46	28.33	3.94
무응답	0.00	3.52	0.00	0.50	2.39	2.97	0.00	2.46

C5-17. 친구가 용돈이 생겼을 때

	JMH	JMU	JWH	JWU	KMH	KMU	KWH	KWU
귀하	3.06	3.52	1.35	1.00	11.48	12.38	8.33	5.42
친구	55.61	40.70	27.93	21.89	64.11	77.72	63.89	86.70
각자부담	41.33	52.26	70.72	76.62	22.49	6.93	27.78	5.42
무응답	0.00	3.52	0.00	0.50	1.91	2.97	0.00	2.46

C5-18. 친구를 오래간만에 만날 때

	JMH	JMU	JWH	JWU	KMH	KMU	KWH	KWU
귀하	77.55	77.89	91.89	92.54	80.38	76.24	88.33	85.71
친구	3.57	1.01	0.45	0.00	13.40	16.83	8.89	9.36
각자부담	18.88	17.59	7.66	6.97	4.31	3.96	2.78	2.46
무응답	0.00	3.52	0.00	0.50	1.91	2.97	0.00	2.46

C6-1. 친한 친구

	JMH	JMU	JWH	JWU	KMH	KMU	KWH	KWU
1	41.33	35.68	34.68	33.83	37.80	39.11	40.00	37.44
2	27.55	22.11	21.17	24.88	27.75	32.67	28.33	35.96
3	9.69	12.06	19.37	18.91	11.48	9.90	12.78	16.75
4	21.43	26.63	24.77	21.89	21.05	15.35	18.89	7.88
무응답	0.00	3.52	0.00	0.50	1.91	2.97	0.00	1.97

C6-3. 아는 사람

	JMH	JMU	JWH	JWU	KMH	KMU	KWH	KWU
1	27.55	15.58	13.06	10.45	8.13	10.40	10.56	7.39
2	14.80	12.56	12.61	8.96	21.05	25.25	24.44	31.53
3	17.86	15.58	21.62	21.39	12.92	16.83	18.89	19.71
4	39.80	52.76	52.70	58.71	55.98	43.56	46.11	38.92
무응답	0.00	3.52	0.00	0.50	1.91	3.96	0.00	2.46

C7-1. 친한 친구

	JMH	JMU	JWH	JWU	KMH	KMU	KWH	KWU
말 그대로를 믿고, 자전거를 이용한다	77.55	79.40	75.23	79.60	76.56	73.27	67.22	74.88
인사치레의 말이라고 생각해서, 자전거를 이용하지 않는다	3.57	1.51	1.80	1.49	0.48	2.97	3.89	3.94
상황에 따라서	18.37	15.08	22.97	17.91	21.53	20.79	28.89	17.73

C7-2. 이웃 사람

	JMH	JMU	JWH	JWU	KMH	KMU	KWH	KWU
말 그대로를 믿고, 자전거를 이용한다	33.16	25.13	20.72	22.39	21.53	22.28	10.56	8.37
인사치례의 말이라고 생각해서, 자전거를 이용하지 않는다	14.80	14.07	14.41	18.41	19.14	16.34	29.11	18.23
상황에 따라서	52.04	56.78	64.86	58.21	57.89	57.92	60.00	70.44

C8-1. 머리말로서

	JMH	JMU	JWH	JWU	KMH	KMU	KWH	KWU
1	67.35	79.90	90.90	83.08	3.35	7.43	2.22	5.42
2	13.75	5.53	5.41	9.45	64.11	60.89	57.22	64.53
3	3.57	3.02	0.90	0.50	18.66	18.81	17.22	14.29
4	14.80	6.53	3.60	5.97	12.44	9.90	23.33	12.81

C8-2. 주문할 때

	JMH	JMU	JWH	JWU	KMH	KMU	KWH	KWU
1	39.80	29.65	26.13	27.36	83.73	78.22	84.44	82.76
2	16.33	34.17	40.54	51.74	3.35	5.94	1.67	4.43
3	8.16	4.02	1.35	0.50	6.22	5.45	2.78	0.00
4	32.65	25.63	30.63	18.41	4.31	6.93	10.56	9.36
5	3.06	1.51	1.35	1.00	0.96	0.50	0.56	0.49

D1.주거의 종류

	JMH	JMU	JWH	JWU	KMH	KMU	KWH	KWU
자택	97.96	51.76	100.00	62.19	91.39	39.60	92.78	57.14
하숙	0.00	26.13	0.00	23.38	0.48	19.80	0.56	6.40
기숙사	0.00	9.55	0.00	2.49	4.31	15.84	2.78	16.26
기타	2.04	7.54	0.00	10.95	2.39	22.28	3.89	16.75

D2. 현관에서 구두를 벗는가?

	JMH	JMU	JWH	JWU	KMH	KMU	KWH	KWU
벗는다	96.94	92.46	100.00	98.51	94.74	93.56	96.67	94.09
벗지 않고 그대로 들어간다	2.55	1.01	0.00	0.50	3.35	2.48	3.33	2.96
기타	0.00	1.01	0.00	0.00	0.48	0.00	0.00	0.00
무응답	0.51	5.53	0.00	1.00	1.44	3.96	0.00	2.96

D3. 집안에서의 앉는 방법

	JMH	JMU	JWH	JWU	KMH	KMU	KWH	KWU
의자에 앉는 일이 많다	30.61	17.59	11.26	19.90	21.05	21.78	23.33	17.73
바닥에 앉는 일이 많다	35.71	53.27	67.57	51.74	50.24	59.41	48.89	60.59
양쪽으로 반반	33.16	22.61	21.17	27.36	27.27	16.34	27.78	18.72
무응답	0.51	6.53	0.00	1.00	1.44	2.48	0.00	2.96

D4-1. A씨가 손위인 경우

	JMH	JMU	JWH	JWU	KMH	KMU	KWH	KWU
1	4.08	2.51	1.35	0.50	2.87	2.97	2.22	0.99
2	55.10	57.29	51.80	48.26	9.57	3.96	11.11	3.45
3	26.53	27.14	40.09	47.76	64.59	67.33	72.78	81.28
4	6.63	3.02	3.60	1.00	7.18	5.45	1.11	2.96
5	3.57	2.01	1.80	1.49	0.48	0.00	1.11	2.96
6	3.57	1.51	1.35	0.00	12.92	17.82	11.11	4.43
무응답	0.51	6.53	0.00	1.00	2.39	2.48	0.56	3.94

D4-2. A씨가 손아래인 경우

	JMH	JMU	JWH	JWU	KMH	KMU	KWH	KWU
1	21.43	10.05	5.86	1.49	19.62	22.77	6.11	3.45
2	51.53	57.79	60.36	72.64	40.19	26.73	58.33	50.74
3	1.53	3.52	6.31	2.49	3.35	6.44	1.67	1.97
4	6.63	7.54	6.31	2.49	21.53	32.67	15.00	22.17
5	17.00	13.57	20.27	19.90	9.09	3.47	16.67	16.26
6	1.02	1.01	0.90	0.00	3.83	4.95	1.67	1.48
무응답	0.51	6.53	0.00	1.00	2.39	2.97	0.56	3.94

D4-3. A씨가 동년배인 경우

	JMH	JMU	JWH	JWU	KMH	KMU	KWH	KWU
1	18.88	15.08	8.11	3.98	29.67	31.68	15.56	10.34
2	52.04	56.28	58.11	68.16	30.62	15.35	47.22	48.28
3	2.04	3.02	4.95	1.99	5.26	8.42	1.11	2.96
4	13.27	8.04	8.11	3.98	23.44	28.22	21.67	19.70
5	9.69	8.04	18.92	20.90	4.78	1.98	12.22	11.33
6	3.57	2.51	1.80	0.00	4.31	11.39	1.67	3.45
무응답	0.51	7.04	0.00	1.00	1.91	2.97	0.56	3.94

D5-1. B씨가 손위인 경우

	JMH	JMU	JWH	JWU	KMH	KMU	KWH	KWU
1	5.10	5.53	2.25	1.49	36.36	47.03	28.33	26.11
2	5.61	3.52	1.35	1.00	34.93	30.20	41.67	43.35
3	68.37	62.31	82.88	75.62	19.62	15.84	22.78	20.20
4	20.41	22.11	13.51	19.90	6.30	7.22	7.22	5.91
무응답	0.51	6.53	0.00	1.49	2.39	2.97	0.00	4.43

D5-2. B씨가 손아래인 경우

	JMH	JMU	JWH	JWU	KMH	KMU	KWH	KWU
1	5.10	4.52	2.70	2.49	5.26	8.91	2.22	4.93
2	18.37	11.56	6.76	6.97	40.67	57.43	37.78	38.92
3	11.73	14.57	17.57	11.94	8.61	3.96	7.22	6.40
4	64.29	62.81	72.97	76.62	43.54	25.74	51.67	45.32
무응답	0.51	6.53	0.00	1.49	1.91	3.47	0.56	4.43

D5-3. B씨가 동년배인 경우

	JMH	JMU	JWH	JWU	KMH	KMU	KWH	KWU
1	5.61	6.53	6.76	7.96	11.00	10.40	10.00	10.84
2	22.45	16.58	7.66	4.48	53.59	65.84	47.22	46.80
3	10.71	13.57	11.26	7.96	8.61	3.47	8.33	4.43
4	60.71	56.78	74.32	77.61	24.88	16.34	33.33	33.00
무응답	0.51	6.53	0.00	1.49	1.91	3.47	0.56	4.93

D6-1. 귀하가 부모에게

	JMH	JMU	JWH	JWU	KMH	KMU	KWH	KWU
1	2.04	2.51	2.70	2.49	15.79	13.86	8.89	8.37
2	10.20	3.02	2.25	0.00	1.44	0.99	1.11	1.97
3	4.08	1.01	2.70	2.99	32.06	25.25	51.67	43.84
4	10.20	5.53	17.57	20.40	5.74	3.96	11.11	6.90
5	4.08	0.00	0.00	0.00	0.00	0.00	0.00	0.00
6	68.37	79.90	73.87	71.64	41.15	50.50	26.11	33.99
7	0.51	0.00	0.00	0.00	0.00	0.00	0.00	0.00
무응답	0.51	8.04	0.90	2.49	3.83	5.45	1.11	4.93

D6-2. 부모가 귀하에게

	JMH	JMU	JWH	JWU	KMH	KMU	KWH	KWU
1	4.59	3.02	1.80	2.49	11.48	4.95	8.33	7.39
2	5.61	1.51	2.25	0.50	2.87	2.97	1.67	0.99
3	6.12	1.01	2.70	1.49	30.62	18.81	40.00	30.54
4	20.92	16.08	29.73	31.34	30.14	35.15	28.33	35.47
5	9.18	3.02	8.11	4.48	5.74	4.95	2.78	1.97
6	53.06	67.84	54.50	56.72	16.27	26.73	18.33	19.70
무응답	0.51	7.54	0.90	2.99	2.87	6.44	0.56	3.94

D7-1. 상대가 손위인 경우

	JMH	JMU	JWH	JWU	KMH	KMU	KWH	KWU
1	34.69	40.70	38.74	49.25	12.92	25.25	18.33	18.72
2	44.90	41.21	49.55	44.28	56.94	54.46	65.00	64.04
3	12.24	3.02	2.25	1.49	19.14	13.86	13.33	9.36
4	8.16	7.54	9.46	3.48	8.13	2.97	2.78	3.45
무응답	0.00	7.54	0.00	1.49	2.87	2.97	0.56	3.94

D7-2. 상대가 손아래인 경우

	JMH	JMU	JWH	JWU	KMH	KMU	KWH	KWU
1	31.12	32.66	36.49	40.30	34.45	33.17	40.56	31.03
2	46.94	48.24	50.90	52.24	49.76	52.97	50.00	54.19
3	10.71	3.02	3.60	1.49	3.35	3.47	1.67	4.43
4	11.22	8.54	9.01	3.98	9.57	6.44	7.22	6.40
무응답	0.00	7.54	0.00	1.49	2.87	2.97	0.56	3.94

D7-3. 상대가 동년배인 경우

	JMH	JMU	JWH	JWU	KMH	KMU	KWH	KWU
1	34.18	34.17	37.84	44.28	32.06	33.66	50.56	41.87
2	45.92	46.23	51.80	47.76	52.15	52.48	43.33	47.29
3	7.65	3.02	2.25	1.49	4.31	5.45	2.78	2.96
무응답	0.51	7.54	0.00	1.49	2.87	2.97	0.56	4.43

D8. 시선을 마주하는 이유

	JMH	JMU	JWH	JWU	KMH	KMU	KWH	KWU
1	16.33	19.60	19.82	21.89	7.66	9.90	10.00	11.82
2	6.12	5.03	2.25	1.00	3.83	6.44	8.33	1.97
3	5.61	1.01	0.00	0.00	5.26	1.98	2.22	1.48
4	9.69	6.53	6.76	11.44	10.05	9.41	10.56	8.37
5	10.71	9.55	13.51	15.92	18.18	19.80	27.78	26.11
6	4.59	3.52	6.76	5.97	7.18	1.98	3.33	1.48
7	0.00	1.51	0.00	0.00	0.00	0.00	0.00	0.00
무응답	46.94	53.27	50.90	43.78	47.85	50.50	37.78	48.77

D9. 시선을 마주하지 않는 이유

	JMH	JMU	JWH	JWU	KMH	KMU	KWH	KWU
1	13.78	8.04	7.66	10.95	22.97	30.20	26.67	19.70
2	10.71	4.02	6.31	9.95	19.14	13.86	30.56	23.65
3	13.78	7.54	7.66	3.48	16.27	8.91	7.78	6.90
4	31.12	32.16	36.49	28.86	22.97	22.77	21.11	23.15
5	0.00	0.00	0.00	0.50	0.00	0.00	0.56	0.49
무응답	30.61	48.24	41.89	46.27	18.66	24.26	13.33	26.11

D10. 윗사람에 대한 발언

	JMH	JMU	JWH	JWU	KMH	KMU	KWH	KWU
그러한 경향이 있다	45.92	47.74	52.25	46.77	50.72	58.91	41.67	48.28
전혀 삼가는 일은 없다	20.41	13.07	8.56	6.97	11.96	12.87	13.33	10.84
자기가 먼저 말을 꺼냈어도, 친구와 있을 때보다는 어색함을 느낀다	30.10	29.65	38.29	44.78	33.49	25.25	43.89	36.45
무응답	3.57	9.55	0.90	1.49	3.83	2.97	1.11	40.88

E1. 부모님의 의견

	JMH	JMU	JWH	JWU	KMH	KMU	KWH	KWU
그렇다	49.49	44.22	55.41	56.72	65.07	70.30	61.11	67.98
그렇지 않다	25.00	18.09	13.51	18.91	16.27	11.88	18.89	14.29
모르겠다	25.00	27.64	30.63	22.89	14.83	14.85	19.44	13.79
무응답	0.51	10.05	0.45	1.49	4.83	2.97	0.56	3.94

E2. 연장자에 대한 존중

	JMH	JMU	JWH	JWU	KMH	KMU	KWH	KWU
그렇다	42.86	46.73	35.59	48.76	74.16	87.13	70.00	80.30
그렇지 않다	31.63	17.59	12.61	13.43	6.70	4.46	12.78	5.91
모르겠다	25.00	25.63	51.35	35.82	15.79	5.45	16.67	10.34
무응답	0.51	10.05	0.45	1.49	3.35	2.97	0.56	3.45

E3. 자기의 경험과 틀릴 때

	JMH	JMU	JWH	JWU	KMH	KMU	KWH	KWU
책이나 TV가 틀리다고 생각한다	37.24	31.66	21.17	33.33	22.97	33.66	31.67	30.05
자기의 경험이 틀리다고 생각한다	24.49	11.06	12.61	9.45	36.36	29.70	30.56	26.60
모르겠다	37.24	47.24	65.32	54.23	36.84	31.68	36.67	38.42
무응답	1.02	10.55	0.90	2.99	3.83	0.96	1.12	4.92

E4. 초지일관

	JMH	JMU	JWH	JWU	KMH	KMU	KWH	KWU
그렇다	39.80	41.21	33.78	45.77	33.97	41.09	24.44	41.87
그렇지 않다	28.06	17.59	22.97	22.89	38.76	36.14	46.67	39.90
모르겠다	31.12	31.66	42.79	29.35	23.92	19.31	28.33	14.78
무응답	1.02	9.55	0.45	1.99	3.35	3.47	0.56	3.45

E5. 전통의 존중

	JMH	JMU	JWH	JWU	KMH	KMU	KWH	KWU
그렇다	60.71	58.29	72.52	83.58	78.95	80.69	86.11	79.80
그렇지 않다	15.31	10.05	3.60	2.99	8.61	7.92	4.44	7.88
모르겠다	23.47	22.11	23.42	10.95	9.09	8.42	8.89	8.37
무응답	0.51	9.55	0.45	2.49	3.35	2.97	0.56	3.94

E6. 새 것에 대한 선호도

	JMH	JMU	JWH	JWU	KMH	KMU	KWH	KWU
그렇다	42.86	28.64	36.04	33.33	16.75	15.35	21.11	19.70
그렇지 않다	42.86	45.73	40.99	47.26	68.42	76.24	73.33	69.46
모르겠다	13.78	16.08	22.52	17.41	11.48	5.46	5.00	7.39
무응답	0.51	9.55	0.45	1.99	3.35	2.97	0.56	3.45

E7. 성실성

	JMH	JMU	JWH	JWU	KMH	KMU	KWH	KWU
그렇다	82.14	41.21	80.63	73.63	89.47	83.17	93.89	88.67
그렇지 않다	7.65	33.67	4.05	10.95	2.87	10.89	3.33	4.93
모르겠다	9.69	15.58	14.41	12.44	3.83	2.48	2.22	2.96
무응답	0.51	9.55	0.90	2.99	3.83	3.47	0.56	3.45

E7-1. 성실하게 출석하는 이유

	JMH	JMU	JWH	JWU	KMH	KMU	KWH	KWU
1	7.14	3.02	4.05	10.95	2.39	3.96	1.11	2.96
2	26.53	13.57	36.04	33.33	61.72	53.96	58.33	57.14
3	11.22	7.54	9.46	6.47	7.66	19.80	6.11	19.70
4	3.57	1.01	27.00	3.48	4.31	2.48	10.00	5.42
5	0.00	0.00	1.35	0.50	0.48	0.00	2.78	0.00
6	8.16	5.03	1.35	4.98	2.87	1.98	6.67	1.48
7	18.37	6.53	17.12	8.46	8.13	2.48	5.56	2.46
8	3.57	2.51	3.15	0.50	1.44	0.50	1.11	0.00
9	5.61	3.52	6.76	4.98	0.96	0.99	1.11	1.48
무응답	15.82	57.29	18.02	26.37	10.05	13.86	7.22	9.36

E7-2. 성실하게 출석하지 않는 이유

	JMH	JMU	JWH	JWU	KMH	KMU	KWH	KWU
1	7.65	15.58	0.90	2.49	4.78	4.46	2.78	2.96
2	1.02	1.51	0.45	0.50	0.00	2.48	0.00	0.99
3	0.51	1.51	0.45	1.00	0.96	2.48	0.00	1.48
4	1.02	2.01	0.45	1.99	2.87	2.97	0.56	0.99
5	0.00	6.53	0.90	3.48	0.48	1.49	0.56	1.48
6	3.57	5.53	0.90	2.99	4.78	5.94	3.33	4.43
7	1.02	3.02	1.80	1.00	2.39	2.97	3.33	0.99
무응답	85.20	64.32	94.14	86.57	83.73	77.23	89.44	86.70

E8. 성적과 취직과의 관계

	JMH	JMU	JWH	JWU	KMH	KMU	KWH	KWU
그렇다	73.47	53.27	72.07	68.66	89.00	88.61	94.44	90.15
그렇지 않다	25.00	36.18	26.13	27.36	6.70	7.43	3.89	3.94
무응답	1.02	10.55	1.35	3.98	3.83	2.97	1.67	4.93

E9. 출세와 취미의 비중

	JMH	JMU	JWH	JWU	KMH	KMU	KWH	KWU
출세	20.41	20.60	15.77	10.95	32.06	39.11	41.11	42.86
취미	78.06	68.84	82.88	84.08	63.16	55.45	56.11	49.26
무응답	1.02	10.55	1.35	4.98	4.78	3.96	2.78	6.90

E10. 제일 소중한 것

	JMH	JMU	JWH	JWU	KMH	KMU	KWH	KWU
1	11.73	4.02	4.05	2.49	3.83	4.46	5.00	2.46
2	22.45	17.59	21.62	14.93	7.18	14.36	6.11	7.39
3	8.16	4.52	4.50	2.49	2.39	3.47	1.67	0.00
4	22.45	17.09	35.14	30.85	56.94	42.08	45.00	49.75
5	8.16	11.06	4.50	3.48	2.39	1.98	2.22	0.99
6	22.96	33.17	28.83	39.30	15.31	22.77	29.44	27.09
7	2.55	1.51	0.00	2.49	7.66	6.44	8.89	7.39
8	0.00	0.50	0.00	0.00	0.00	0.00	0.00	0.00
무응답	1.53	10.55	1.35	3.98	4.31	4.46	1.67	4.93

E10-1. 두번째 소중한 것

	JMH	JMU	JWH	JWU	KMH	KMU	KWH	KWU
1	18.37	13.07	11.20	7.46	10.05	8.91	8.89	6.40
2	29.08	30.15	34.23	28.86	36.84	30.84	28.89	26.11
3	14.29	6.53	5.86	3.48	4.78	2.48	2.22	0.49
4	16.33	21.61	24.77	33.83	24.40	30.20	35.56	29.56
5	10.20	7.04	11.71	6.97	1.44	4.95	2.22	4.93
6	8.16	10.05	10.81	14.93	15.31	17.33	19.44	26.11
7	1.53	0.50	0.00	0.50	2.39	0.50	1.11	0.99
무응답	2.04	11.06	1.35	3.98	4.78	4.95	1.67	5.42

E11. 종교의 필요성

	JMH	JMU	JWH	JWU	KMH	KMU	KWH	KWU
그렇다	25.00	15.58	21.62	12.94	57.89	66.34	67.22	64.53
그렇지 않다	71.43	73.37	76.58	83.58	37.32	29.21	31.11	30.54
무응답	3.06	10.55	1.35	3.48	4.79	3.47	1.67	4.93

E12. 종교의 유무

	JMH	JMU	JWH	JWU	KMH	KMU	KWH	KWU
기독교	4.59	1.02	0.00	34.08	29.60	35.14	0.46	43.22
불교	4.29	11.06	21.17	5.47	14.25	10.89	16.11	7.88
카톨릭교	1.55	0.50	0.45	1.00	6.70	8.42	7.22	9.36
신도	2.04	1.01	0.90	0.00	0.96	2.97	1.67	0.99
기타	7.10	0.50	0.00	1.49	24.88	22.77	0.00	23.13
무응답	79.55	83.41	77.48	88.55	47.85	41.07	14.44	28.40

F1. 공손한 음성

	JMH	JMU	JWH	JWU	KMH	KMU	KWH	KWU
목소리와 높낮이	14.29	11.56	13.51	11.44	49.28	54.46	47.78	49.26
말하는 속도	33.16	34.17	41.44	46.77	7.66	7.43	7.22	11.82
목소리의 세기	38.78	31.66	33.78	31.34	36.36	33.17	41.67	34.48
기타	12.76	11.06	9.46	5.97	0.00	0.99	0.00	0.00
무응답	1.02	11.56	1.80	4.48	6.70	3.96	3.33	4.43

F2-1. 장면에 따른 경어 사용

	JMH	JMU	JWH	JWU	KMH	KMU	KWH	KWU
1	48.47	46.73	52.25	49.25	57.42	60.89	53.89	54.19
2	39.29	39.70	45.50	43.78	28.23	30.69	35.00	35.47
3	2.04	0.50	0.45	1.99	5.26	2.97	6.11	3.45
4	9.69	2.51	0.45	0.50	3.35	1.98	1.11	1.97
무응답	0.51	10.55	1.35	4.48	5.74	3.47	3.89	4.93

F2-2. 이야기하는 상대에 따라서

	JMH	JMU	JWH	JWU	KMH	KMU	KWH	KWU
1	64.29	56.28	64.41	66.17	57.42	60.89	53.89	52.22
2	30.61	30.65	33.33	27.36	24.88	29.21	34.44	37.44
3	0.51	1.51	0.45	1.49	8.61	2.97	5.56	4.43
4	4.08	1.01	0.00	0.50	3.35	3.47	2.22	0.49
무응답	0.51	10.55	1.80	4.48	5.74	3.47	3.89	5.42

F3-1.동급생

	JMH	JMU	JWH	JWU	KMH	KMU	KWH	KWU
1	5.10	3.02	2.25	1.99	9.57	7.92	3.89	4.43
2	26.53	30.15	35.59	35.82	31.10	46.53	29.44	39.41
3	67.35	56.78	60.81	57.21	53.11	41.58	62.78	51.23
4	0.00	0.00	0.00	0.00	0.48	0.50	0.00	0.00
무응답	1.02	10.05	1.35	4.98	5.74	2.97	3.89	4.93

F3-2. 후배

	JMH	JMU	JWH	JWU	KMH	KMU	KWH	KWU
1	55.10	57.29	62.61	52.24	9.57	6.93	6.67	8.37
2	36.73	31.16	33.78	42.29	28.71	45.05	30.56	36.45
3	7.14	1.51	2.25	0.50	55.50	44.06	58.89	50.25
4	0.00	0.00	0.00	0.00	0.00	0.50	0.00	0.00
무응답	1.02	10.05	1.35	4.98	6.22	3.47	3.89	4.93

F4. 경어의 사용빈도

	JMH	JMU	JWH	JWU	KMH	KMU	KWH	KWU
자주 사용한다	51.02	58.29	39.19	60.70	23.44	54.95	26.11	38.42
그다지 사용하지 않는다	42.86	29.65	56.31	33.33	67.94	40.10	68.33	55.67
전혀 사용하지 않는다	5.10	1.51	2.70	1.00	2.39	1.98	1.67	1.97
무응답	1.02	10.55	1.80	4.69	6.22	2.97	3.89	3.94

F4-1. 경어를 구분하지 않는 이유

	JMH	JMU	JWH	JWU	KMH	KMU	KWH	KWU
좋아하지 않기 때문에	20.41	7.54	7.66	7.46	16.75	15.84	22.78	20.20
귀찮기 때문에	13.27	6.54	12.61	5.97	14.83	12.38	7.78	6.40
사용할 수 없기 때문에	5.10	4.02	9.46	7.46	3.35	2.97	4.44	0.99
모르겠다	10.71	13.57	28.38	12.44	37.32	13.37	32.22	29.56
기타	0.51	0.50	0.00	0.00	0.00	0.00	0.56	0.00
무응답	50.00	67.84	41.89	66.67	27.75	55.45	32.22	42.86

F5. 어느 장면에서나 친구와 같은 사람

	JMH	JMU	JWH	JWU	KMH	KMU	KWH	KWU
불쾌하게 생각한다	15.31	17.09	8.11	8.96	9.57	9.41	5.00	3.45
예의를 모른다고 생각한다	29.08	27.64	41.89	42.79	15.31	13.86	17.22	9.85
꾸미지 않는 사람 이라고 생각한다	11.73	8.54	6.31	8.46	18.66	16.83	10.06	8.87
누구라도 쉽게 사귀는 사람이라고 생각한다	32.14	21.61	31.08	29.35	44.02	55.45	55.00	68.47
아무렇게도 생각하지 않는다	10.71	14.57	11.26	4.98	6.70	1.49	8.33	4.93
무응답	1.02	10.55	1.35	5.47	5.74	2.97	3.89	4.43

F6. 경어를 잘 사용하고 있는 사람에 대하여

	JMH	JMU	JWH	JWU	KMH	KMU	KWH	KWU
1	22.45	24.12	24.77	32.34	41.63	43.07	50.00	50.74
2	25.51	38.69	47.30	45.27	16.27	31.09	18.89	21.67
3	3.57	3.52	0.00	0.00	1.91	1.49	2.78	1.48
4	14.80	10.55	13.96	8.96	0.96	2.97	2.22	0.00
5	8.16	0.50	0.90	1.49	8.61	3.96	6.11	5.91
6	21.94	11.06	10.81	5.97	24.40	13.86	16.67	16.26
7	2.04	1.01	0.90	1.00	0.00	0.00	0.00	0.00
무응답	1.53	10.55	1.35	4.98	6.22	3.47	3.33	3.94

F7. 경어의 필요성

	JMH	JMU	JWH	JWU	KMH	KMU	KWH	KWU
필요하다고 생각한다	67.35	76.38	87.84	78.61	65.07	86.14	81.67	81.28
있어도 좋고, 없어도 좋다고 생각한다	19.39	10.55	8.56	11.94	23.44	7.92	13.89	9.85
없는 편이 좋다고 생각한다	9.69	1.51	1.35	2.49	2.39	0.99	0.00	2.46
잘 모르겠다	2.55	0.00	0.90	1.00	2.87	1.49	1.11	1.48
무응답	1.02	10.55	1.35	4.98	6.22	3.47	3.33	4.93

F7-1. 경어를 배워야 할 곳

	JMH	JMU	JWH	JWU	KMH	KMU	KWH	KWU
주위에 있는 사람	33.16	50.75	47.75	46.27	17.70	24.75	17.22	23.65
학교의 선생님	7.14	3.02	2.25	3.48	10.53	6.11	6.11	9.85
부모	19.39	15.58	24.77	19.40	31.10	41.67	41.67	38.42
교과서나 책	6.12	3.52	2.70	4.98	1.91	2.97	6.67	4.43
TV, 라디오	3.57	1.51	2.70	2.99	4.31	5.45	6.11	6.40
신문이나 잡지	1.02	0.00	0.90	0.50	0.48	0.50	1.11	0.99
기타	7.14	8.54	8.11	3.48	4.31	5.45	5.00	1.97
무응답	22.45	17.09	10.81	18.91	29.67	10.40	16.11	13.79

F8. 경어를 사용하는 이유

	JMH	JMU	JWH	JWU	KMH	KMU	KWH	KWU
1	27.55	32.16	38.29	34.83	38.76	48.51	48.89	57.64
2	17.86	7.04	15.32	15.42	15.31	11.88	20.00	13.30
3	2.55	2.01	3.15	2.99	10.05	10.40	10.56	11.33
4	40.82	42.71	34.68	38.81	18.66	20.30	10.00	7.88
5	10.20	5.03	7.21	2.99	10.53	4.95	7.78	5.91
무응답	1.02	11.06	1.35	4.98	6.70	3.96	2.78	3.94

▶ 相関関係表 ◀

특별활동과 반론(고교생) / 아르바이트의 경험과 반론(대학생)

A1				B3						집단 합계		표 합계	
				1		2		3					
				빈도	행 %	빈도	행 %	빈도	행 %	빈도	행 %	빈도	행 %
JMH	A51	1		28	29.2%	58	60.4%	10	10.4%	96	100.0%	96	100.0%
		2		12	30.0%	24	60.0%	4	10.0%	40	100.0%	40	100.0%
		3		4	36.4%	6	54.5%	1	9.1%	11	100.0%	11	100.0%
	집단 합계			44	29.9%	88	59.9%	15	10.2%	147	100.0%	147	100.0%
JMU	A51	1		39	35.5%	58	52.7%	13	11.8%	110	100.0%	111	100.0%
		2		5	19.2%	12	46.2%	9	34.6%	26	100.0%	26	100.0%
		3		15	25.9%	33	56.9%	10	17.2%	58	100.0%	58	100.0%
	집단 합계			59	30.4%	103	53.1%	32	16.5%	194	100.0%	195	100.0%
JWH	A51	1		19	24.4%	45	57.7%	14	17.9%	78	100.0%	78	100.0%
		2		22	21.8%	65	64.4%	14	13.9%	101	100.0%	101	100.0%
		3		3	12.5%	18	75.0%	3	12.5%	24	100.0%	24	100.0%
	집단 합계			44	21.7%	128	63.1%	31	15.3%	203	100.0%	203	100.0%
JWU	A51	1		31	22.6%	92	67.2%	14	10.2%	137	100.0%	137	100.0%
		2		2	10.0%	15	75.0%	3	15.0%	20	100.0%	20	100.0%
		3		10	21.3%	30	63.8%	7	14.9%	47	100.0%	47	100.0%
	집단 합계			43	21.1%	137	67.2%	24	11.8%	204	100.0%	204	100.0%
KMH	A51	1		18	28.6%	34	54.0%	11	17.5%	63	100.0%	63	100.0%
		2		18	27.7%	35	53.8%	12	18.5%	65	100.0%	65	100.0%
		3		10	20.0%	31	62.0%	9	18.0%	50	100.0%	51	100.0%
	집단 합계			46	25.8%	100	56.2%	32	18.0%	178	100.0%	179	100.0%
KMU	A51	1		7	77.8%	2	22.2%			9	100.0%	9	100.0%
		2		33	30.3%	56	51.4%	20	18.3%	109	100.0%	110	100.0%
		3		30	37.0%	46	56.8%	5	6.2%	81	100.0%	81	100.0%
	집단 합계			70	35.2%	104	52.3%	25	12.6%	199	100.0%	200	100.0%
KWH	A51	1		2	22.2%	6	66.7%	1	11.1%	9	100.0%	9	100.0%
		2		28	35.4%	47	59.5%	4	5.1%	79	100.0%	79	100.0%
		3		16	34.0%	27	57.4%	4	8.5%	47	100.0%	47	100.0%
	집단 합계			46	34.1%	80	59.3%	9	6.7%	135	100.0%	135	100.0%
KWU	A51	1		2	14.3%	10	71.4%	2	14.3%	14	100.0%	14	100.0%
		2		25	19.1%	84	64.1%	22	16.8%	131	100.0%	132	100.0%
		3		9	15.5%	42	72.4%	7	12.1%	58	100.0%	58	100.0%
	집단 합계			36	17.7%	136	67.0%	31	15.3%	203	100.0%	204	100.0%
표 합계				425	26.5%	959	59.7%	222	13.8%	1606	100.0%	1612	100.0%

특별활동과 재촉(고교생) / 아르바이트의 경험과 재촉(대학생)

				B5								집단 합계		표 합계	
				1		2		3		4					
				빈도	행 %	빈도	행 %	빈도	행 %	빈도	행 %	빈도	행 %	빈도	행 %
A1	JMH	A51	1	36	37.5%	55	57.3%	3	3.1%	2	2.1%	96	100.0%	96	100.0%
			2	14	35.0%	24	60.0%	2	5.0%			40	100.0%	40	100.0%
			3	4	36.4%	6	54.5%	1	9.1%			11	100.0%	11	100.0%
		집단 합계		54	36.7%	85	57.8%	6	4.1%	2	1.4%	147	100.0%	147	100.0%
	JMU	A51	1	60	54.5%	36	32.7%	12	10.9%	2	1.8%	110	100.0%	111	100.0%
			2	15	60.0%	7	28.0%	3	12.0%			25	100.0%	26	100.0%
			3	23	39.7%	24	41.4%	10	17.2%	1	1.7%	58	100.0%	58	100.0%
		집단 합계		98	50.8%	67	34.7%	25	13.0%	3	1.6%	193	100.0%	195	100.0%
	JWH	A51	1	54	69.2%	16	20.5%	7	9.0%	1	1.3%	78	100.0%	78	100.0%
			2	73	72.3%	22	21.8%	5	5.0%	1	1.0%	101	100.0%	101	100.0%
			3	19	79.2%	3	12.5%	2	8.3%			24	100.0%	24	100.0%
		집단 합계		146	71.9%	41	20.2%	14	6.9%	2	1.0%	203	100.0%	203	100.0%
	JWU	A51	1	104	76.5%	23	16.9%	9	6.6%			136	100.0%	137	100.0%
			2	14	70.0%	4	20.0%	2	10.0%			20	100.0%	20	100.0%
			3	34	72.3%	12	25.5%	1	2.1%			47	100.0%	47	100.0%
		집단 합계		152	74.9%	39	19.2%	12	5.9%			203	100.0%	204	100.0%
	KMH	A51	1	27	42.9%	19	30.2%	15	23.8%	2	3.2%	63	100.0%	63	100.0%
			2	26	40.0%	18	27.7%	21	32.3%			65	100.0%	65	100.0%
			3	29	58.0%	10	20.0%	11	22.0%			50	100.0%	51	100.0%
		집단 합계		82	46.1%	47	26.4%	47	26.4%	2	1.1%	178	100.0%	179	100.0%
	KMU	A51	1	5	55.6%			4	44.4%			9	100.0%	9	100.0%
			2	65	59.1%	11	10.0%	33	30.0%	1	.9%	110	100.0%	110	100.0%
			3	49	61.3%	5	6.3%	26	32.5%			80	100.0%	81	100.0%
		집단 합계		119	59.8%	16	8.0%	63	31.7%	1	.5%	199	100.0%	200	100.0%
	KWH	A51	1	8	88.9%	1	11.1%					9	100.0%	9	100.0%
			2	59	74.7%	6	7.6%	14	17.7%			79	100.0%	79	100.0%
			3	31	66.0%	6	12.8%	9	19.1%	1	2.1%	47	100.0%	47	100.0%
		집단 합계		98	72.6%	13	9.6%	23	17.0%	1	.7%	135	100.0%	135	100.0%
	KWU	A51	1	9	64.3%			5	35.7%			14	100.0%	14	100.0%
			2	80	61.5%	11	8.5%	39	30.0%			130	100.0%	132	100.0%
			3	36	63.2%	2	3.5%	18	31.6%	1	1.8%	57	100.0%	58	100.0%
		집단 합계		125	62.2%	13	6.5%	62	30.8%	1	.5%	201	100.0%	204	100.0%
표 합계				949	59.3%	371	23.2%	269	16.8%	12	.7%	1601	100.0%	1612	100.0%

학생회의 역할과 반론(고교생)/동아리 활동의 여부와 반론(대학생)

| | | | | B3 | | | | | | 집단 합계 | | 표 합계 | |
| | | | | 1 | | 2 | | 3 | | | | | |
				빈도	행 %	빈도	행 %	빈도	행 %	빈도	행 %	빈도	행 %
A1	JMH	A61	1	33	28.4%	70	60.3%	13	11.2%	116	100.0%	116	100.0%
			2	25	32.1%	41	52.6%	12	15.4%	78	100.0%	78	100.0%
		집단 합계		58	29.9%	111	57.2%	25	12.9%	194	100.0%	194	100.0%
	JMU	A61	1	39	33.9%	59	51.3%	17	14.8%	115	100.0%	116	100.0%
			2	11	20.8%	32	60.4%	10	18.9%	53	100.0%	53	100.0%
			3	8	34.8%	11	47.8%	4	17.4%	23	100.0%	23	100.0%
		집단 합계		58	30.4%	102	53.4%	31	16.2%	191	100.0%	192	100.0%
	JWH	A61	1	34	24.3%	85	60.7%	21	15.0%	140	100.0%	140	100.0%
			2	15	18.3%	55	67.1%	12	14.6%	82	100.0%	82	100.0%
		집단 합계		49	22.1%	140	63.1%	33	14.9%	222	100.0%	222	100.0%
	JWU	A61	1	19	18.8%	69	68.3%	13	12.9%	101	100.0%	101	100.0%
			2	10	18.2%	40	72.7%	5	9.1%	55	100.0%	55	100.0%
			3	14	32.6%	24	55.8%	5	11.6%	43	100.0%	43	100.0%
		집단 합계		43	21.6%	133	66.8%	23	11.6%	199	100.0%	199	100.0%
	KMH	A61	1	43	23.9%	103	57.2%	34	18.9%	180	100.0%	181	100.0%
			2	8	33.3%	13	54.2%	3	12.5%	24	100.0%	24	100.0%
		집단 합계		51	25.0%	116	56.9%	37	18.1%	204	100.0%	205	100.0%
	KMU	A61	1	43	35.8%	64	53.3%	13	10.8%	120	100.0%	121	100.0%
			2	21	32.8%	33	51.6%	10	15.6%	64	100.0%	64	100.0%
			3	6	46.2%	6	46.2%	1	7.7%	13	100.0%	13	100.0%
		집단 합계		70	35.5%	103	52.3%	24	12.2%	197	100.0%	198	100.0%
	KWH	A61	1	50	30.1%	103	62.0%	13	7.8%	166	100.0%	166	100.0%
			2	6	54.5%	5	45.5%			11	100.0%	11	100.0%
		집단 합계		56	31.6%	108	61.0%	13	7.3%	177	100.0%	177	100.0%
	KWU	A61	1	24	18.6%	85	65.9%	20	15.5%	129	100.0%	130	100.0%
			2	9	15.3%	39	66.1%	11	18.6%	59	100.0%	59	100.0%
			3	3	25.0%	9	75.0%			12	100.0%	12	100.0%
		집단 합계		36	18.0%	133	66.5%	31	15.5%	200	100.0%	201	100.0%
표 합계				425	26.5%	959	59.7%	222	13.8%	1606	100.0%	1612	100.0%

학생회의 역할과 재촉(고교생)/동아리 활동의 여부와 재촉(대학생)

				B5								집단 합계		표 합계	
				1		2		3		4					
				빈도	행 %	빈도	행 %	빈도	행 %	빈도	행 %	빈도	행 %	빈도	행 %
A1	JMH	A61	1	35	30.2%	74	63.8%	6	5.2%	1	.9%	116	100.0%	116	100.0%
			2	35	44.9%	40	51.3%	2	2.6%	1	1.3%	78	100.0%	78	100.0%
		집단 합계		70	36.1%	114	58.8%	8	4.1%	2	1.0%	194	100.0%	194	100.0%
	JMU	A61	1	57	50.0%	42	36.8%	14	12.3%	1	.9%	114	100.0%	116	100.0%
			2	26	49.1%	17	32.1%	8	15.1%	2	3.8%	53	100.0%	53	100.0%
			3	12	52.2%	8	34.8%	3	13.0%			23	100.0%	23	100.0%
		집단 합계		95	50.0%	67	35.3%	25	13.2%	3	1.6%	190	100.0%	192	100.0%
	JWH	A61	1	101	72.1%	29	20.7%	9	6.4%	1	.7%	140	100.0%	140	100.0%
			2	59	72.0%	16	19.5%	6	7.3%	1	1.2%	82	100.0%	82	100.0%
		집단 합계		160	72.1%	45	20.3%	15	6.8%	2	.9%	222	100.0%	222	100.0%
	JWU	A61	1	75	74.3%	19	18.8%	7	6.9%			101	100.0%	101	100.0%
			2	42	77.8%	11	20.4%	1	1.9%			54	100.0%	55	100.0%
			3	31	72.1%	8	18.6%	4	9.3%			43	100.0%	43	100.0%
		집단 합계		148	74.7%	38	19.2%	12	6.1%			198	100.0%	199	100.0%
	KMH	A61	1	90	50.0%	43	23.9%	45	25.0%	2	1.1%	180	100.0%	181	100.0%
			2	10	41.7%	9	37.5%	5	20.8%			24	100.0%	24	100.0%
		집단 합계		100	49.0%	52	25.5%	50	24.5%	2	1.0%	204	100.0%	205	100.0%
	KMU	A61	1	73	60.3%	13	10.7%	35	28.9%			121	100.0%	121	100.0%
			2	37	57.8%	3	4.7%	23	35.9%	1	1.6%	64	100.0%	64	100.0%
			3	7	58.3%			5	41.7%			12	100.0%	13	100.0%
		집단 합계		117	59.4%	16	8.1%	63	32.0%	1	.5%	197	100.0%	198	100.0%
	KWH	A61	1	113	68.5%	24	14.5%	27	16.4%	1	.6%	165	100.0%	166	100.0%
			2	8	72.7%			3	27.3%			11	100.0%	11	100.0%
		집단 합계		121	68.8%	24	13.6%	30	17.0%	1	.6%	176	100.0%	177	100.0%
	KWU	A61	1	84	66.1%	5	3.9%	37	29.1%	1	.8%	127	100.0%	130	100.0%
			2	31	52.5%	5	8.5%	23	39.0%			59	100.0%	59	100.0%
			3	10	83.3%	1	8.3%	1	8.3%			12	100.0%	12	100.0%
		집단 합계		125	63.1%	11	5.6%	61	30.8%	1	.5%	198	100.0%	201	100.0%
표 합계				949	59.3%	371	23.2%	269	16.8%	12	.7%	1601	100.0%	1612	100.0%

모르는 사람과 함께 있을 때와 선생님과 차를 마시러 갈 때

				C51						집단 합계		표 합계	
				1		2		3					
				빈도	행 %	빈도	행 %	빈도	행 %	빈도	행 %	빈도	행 %
CLASS	일남고	C3	1	45	68.2%	1	1.5%	20	30.3%	66	100.0%	66	100.0%
			2	65	63.7%	4	3.9%	33	32.4%	102	100.0%	102	100.0%
			3	22	78.6%			6	21.4%	28	100.0%	28	100.0%
		집단 합계		132	67.3%	5	2.6%	59	30.1%	196	100.0%	196	100.0%
	일남대	C3	1	48	65.8%	5	6.8%	20	27.4%	73	100.0%	73	100.0%
			2	56	62.2%	2	2.2%	32	35.6%	90	100.0%	90	100.0%
			3	17	58.6%	1	3.4%	11	37.9%	29	100.0%	29	100.0%
		집단 합계		121	63.0%	8	4.2%	63	32.8%	192	100.0%	192	100.0%
	일여고	C3	1	55	61.1%	3	3.3%	32	35.6%	90	100.0%	91	100.0%
			2	48	49.0%	4	4.1%	46	46.9%	98	100.0%	98	100.0%
			3	14	42.4%			19	57.6%	33	100.0%	33	100.0%
		집단 합계		117	52.9%	7	3.2%	97	43.9%	221	100.0%	222	100.0%
	일여대	C3	1	44	48.4%	7	7.7%	40	44.0%	91	100.0%	91	100.0%
			2	34	45.9%	4	5.4%	36	48.6%	74	100.0%	74	100.0%
			3	24	64.9%	2	5.4%	11	29.7%	37	100.0%	38	100.0%
		집단 합계		102	50.5%	13	6.4%	87	43.1%	202	100.0%	203	100.0%
	한남고	C3	1	52	78.8%	6	9.1%	8	12.1%	66	100.0%	66	100.0%
			2	76	75.2%	10	9.9%	15	14.9%	101	100.0%	102	100.0%
			3	29	85.3%	1	2.9%	4	11.8%	34	100.0%	34	100.0%
		집단 합계		157	78.1%	17	8.5%	27	13.4%	201	100.0%	202	100.0%
	한남대	C3	1	47	69.1%	12	17.6%	9	13.2%	68	100.0%	68	100.0%
			2	87	80.6%	12	11.1%	9	8.3%	108	100.0%	109	100.0%
			3	19	90.5%	1	4.8%	1	4.8%	21	100.0%	21	100.0%
		집단 합계		153	77.7%	25	12.7%	19	9.6%	197	100.0%	198	100.0%
	한여고	C3	1	55	80.9%	7	10.3%	6	8.8%	68	100.0%	68	100.0%
			2	82	88.2%	4	4.3%	7	7.5%	93	100.0%	93	100.0%
			3	19	79.2%	3	12.5%	2	8.3%	24	100.0%	24	100.0%
		집단 합계		156	84.3%	14	7.6%	15	8.1%	185	100.0%	185	100.0%
	한여대	C3	1	62	78.5%	13	16.5%	4	5.1%	79	100.0%	79	100.0%
			2	86	85.1%	12	11.9%	3	3.0%	101	100.0%	101	100.0%
			3	13	72.2%	3	16.7%	2	11.1%	18	100.0%	18	100.0%
		집단 합계		161	81.3%	28	14.1%	9	4.5%	198	100.0%	198	100.0%
표 합계				1100	69.1%	117	7.3%	376	23.6%	1593	100.0%	1612	100.0%

모르는 사람과 함께 있을 때와 용돈이 생겼을 때

				C516						집단 합계		표 합계	
				1		2		3					
				빈도	행 %	빈도	행 %	빈도	행 %	빈도	행 %	빈도	행 %
A1	JMH	C3	1	36	54.5%	3	4.5%	27	40.9%	66	100.0%	66	100.0%
			2	62	60.8%	3	2.9%	37	36.3%	102	100.0%	102	100.0%
			3	14	50.0%	1	3.6%	13	46.4%	28	100.0%	28	100.0%
		집단 합계		112	57.1%	7	3.6%	77	39.3%	196	100.0%	196	100.0%
	JMU	C3	1	46	63.9%	1	1.4%	25	34.7%	72	100.0%	73	100.0%
			2	42	47.7%	2	2.3%	44	50.0%	88	100.0%	90	100.0%
			3	14	50.0%	1	3.6%	13	46.4%	28	100.0%	28	100.0%
		집단 합계		102	54.3%	4	2.1%	82	43.6%	188	100.0%	191	100.0%
	JWH	C3	1	34	37.4%	2	2.2%	55	60.4%	91	100.0%	91	100.0%
			2	46	46.9%	1	1.0%	51	52.0%	98	100.0%	98	100.0%
			3	12	36.4%			21	63.6%	33	100.0%	33	100.0%
		집단 합계		92	41.4%	3	1.4%	127	57.2%	222	100.0%	222	100.0%
	JWU	C3	1	39	42.9%			52	57.1%	91	100.0%	91	100.0%
			2	25	33.8%			49	66.2%	74	100.0%	74	100.0%
			3	21	55.3%	1	2.6%	16	42.1%	38	100.0%	39	100.0%
		집단 합계		85	41.9%	1	.5%	117	57.6%	203	100.0%	204	100.0%
	KMH	C3	1	57	87.7%			8	12.3%	65	100.0%	66	100.0%
			2	83	80.6%	1	1.0%	19	18.4%	103	100.0%	105	100.0%
			3	30	83.3%			6	16.7%	36	100.0%	36	100.0%
		집단 합계		170	83.3%	1	.5%	33	16.2%	204	100.0%	207	100.0%
	KMU	C3	1	65	95.6%	1	1.5%	2	2.9%	68	100.0%	68	100.0%
			2	97	91.5%	2	1.9%	7	6.6%	106	100.0%	109	100.0%
			3	21	100.0%					21	100.0%	21	100.0%
		집단 합계		183	93.8%	3	1.5%	9	4.6%	195	100.0%	198	100.0%
	KWH	C3	1	52	76.5%	1	1.5%	15	22.1%	68	100.0%	68	100.0%
			2	60	66.7%	2	2.2%	28	31.1%	90	100.0%	90	100.0%
			3	14	63.6%			8	36.4%	22	100.0%	22	100.0%
		집단 합계		126	70.0%	3	1.7%	51	28.3%	180	100.0%	180	100.0%
	KWU	C3	1	73	92.4%	3	3.8%	3	3.8%	79	100.0%	79	100.0%
			2	96	95.0%	1	1.0%	4	4.0%	101	100.0%	101	100.0%
			3	17	94.4%			1	5.6%	18	100.0%	18	100.0%
		집단 합계		186	93.9%	4	2.0%	8	4.0%	198	100.0%	198	100.0%
표 합계				1056	66.5%	27	1.7%	505	31.8%	1588	100.0%	1612	100.0%

모르는 사람과 함께 있을 때와 축하선물(친한 친구)

CLASS				C61								집단 합계		표 합계	
				1		2		3		4					
				빈도	행 %	빈도	행 %	빈도	행 %	빈도	행 %	빈도	행 %	빈도	행 %
	일남고	C3	1	33	50.0%	15	22.7%	5	7.6%	13	19.7%	66	100.0%	66	100.0%
			2	37	36.3%	31	30.4%	11	10.8%	23	22.5%	102	100.0%	102	100.0%
			3	11	39.3%	8	28.6%	3	10.7%	6	21.4%	28	100.0%	28	100.0%
		집단 합계		81	41.3%	54	27.6%	19	9.7%	42	21.4%	196	100.0%	196	100.0%
	일남대	C3	1	23	31.9%	18	25.0%	7	9.7%	24	33.3%	72	100.0%	73	100.0%
			2	35	39.8%	17	19.3%	12	13.6%	24	27.3%	88	100.0%	90	100.0%
			3	13	44.8%	7	24.1%	5	17.2%	4	13.8%	29	100.0%	29	100.0%
		집단 합계		71	37.6%	42	22.2%	24	12.7%	52	27.5%	189	100.0%	192	100.0%
	일여고	C3	1	34	37.4%	21	23.1%	13	14.3%	23	25.3%	91	100.0%	91	100.0%
			2	30	30.6%	17	17.3%	24	24.5%	27	27.6%	98	100.0%	98	100.0%
			3	13	39.4%	9	27.3%	6	18.2%	5	15.2%	33	100.0%	33	100.0%
		집단 합계		77	34.7%	47	21.2%	43	19.4%	55	24.8%	222	100.0%	222	100.0%
	일여대	C3	1	37	40.7%	22	24.2%	16	17.6%	16	17.6%	91	100.0%	91	100.0%
			2	21	28.4%	17	23.0%	16	21.6%	20	27.0%	74	100.0%	74	100.0%
			3	10	27.0%	13	35.1%	6	16.2%	8	21.6%	37	100.0%	38	100.0%
		집단 합계		68	33.7%	52	25.7%	38	18.8%	44	21.8%	202	100.0%	203	100.0%
	한남고	C3	1	27	41.5%	17	26.2%	7	10.8%	14	21.5%	65	100.0%	66	100.0%
			2	38	37.6%	30	29.7%	12	11.9%	21	20.8%	101	100.0%	102	100.0%
			3	11	32.4%	10	29.4%	5	14.7%	8	23.5%	34	100.0%	34	100.0%
		집단 합계		76	38.0%	57	28.5%	24	12.0%	43	21.5%	200	100.0%	202	100.0%
	한남대	C3	1	26	38.8%	28	41.8%	4	6.0%	9	13.4%	67	100.0%	68	100.0%
			2	45	41.7%	32	29.6%	11	10.2%	20	18.5%	108	100.0%	109	100.0%
			3	8	38.1%	6	28.6%	5	23.8%	2	9.5%	21	100.0%	21	100.0%
		집단 합계		79	40.3%	66	33.7%	20	10.2%	31	15.8%	196	100.0%	198	100.0%
	한여고	C3	1	30	44.1%	20	29.4%	9	13.2%	9	13.2%	68	100.0%	68	100.0%
			2	36	38.7%	26	28.0%	13	14.0%	18	19.4%	93	100.0%	93	100.0%
			3	9	37.5%	6	25.0%	1	4.2%	8	33.3%	24	100.0%	24	100.0%
		집단 합계		75	40.5%	52	28.1%	23	12.4%	35	18.9%	185	100.0%	185	100.0%
	한여대	C3	1	30	38.5%	30	38.5%	13	16.7%	5	6.4%	78	100.0%	79	100.0%
			2	42	41.6%	34	33.7%	16	15.8%	9	8.9%	101	100.0%	101	100.0%
			3	3	16.7%	9	50.0%	4	22.2%	2	11.1%	18	100.0%	18	100.0%
		집단 합계		75	38.1%	73	37.1%	33	16.8%	16	8.1%	197	100.0%	198	100.0%
표 합계				603	37.9%	443	27.9%	225	14.2%	319	20.1%	1590	100.0%	1612	100.0%

모르는 사람과 함께 있을 때와 축하선물(친척)

				C62								집단 합계		표 합계	
				1		2		3		4					
				빈도	행 %	빈도	행 %	빈도	행 %	빈도	행 %	빈도	행 %	빈도	행 %
CLASS	일남고	C3	1	32	48.5%	8	12.1%	9	13.6%	17	25.8%	66	100.0%	66	100.0%
			2	41	40.2%	12	11.8%	12	11.8%	37	36.3%	102	100.0%	102	100.0%
			3	12	42.9%	3	10.7%	6	21.4%	7	25.0%	28	100.0%	28	100.0%
		집단 합계		85	43.4%	23	11.7%	27	13.8%	61	31.1%	196	100.0%	196	100.0%
	일남대	C3	1	20	27.8%	7	9.7%	7	9.7%	38	52.8%	72	100.0%	73	100.0%
			2	19	21.6%	12	13.6%	15	17.0%	42	47.7%	88	100.0%	90	100.0%
			3	7	24.1%	3	10.3%	5	17.2%	14	48.3%	29	100.0%	29	100.0%
		집단 합계		46	24.3%	22	11.6%	27	14.3%	94	49.7%	189	100.0%	192	100.0%
	일여고	C3	1	22	24.2%	14	15.4%	22	24.2%	33	36.3%	91	100.0%	91	100.0%
			2	19	19.4%	12	12.2%	23	23.5%	44	44.9%	98	100.0%	98	100.0%
			3	16	48.5%			4	12.1%	13	39.4%	33	100.0%	33	100.0%
		집단 합계		57	25.7%	26	11.7%	49	22.1%	90	40.5%	222	100.0%	222	100.0%
	일여대	C3	1	28	30.8%	5	5.5%	22	24.2%	36	39.6%	91	100.0%	91	100.0%
			2	12	16.2%	4	5.4%	18	24.3%	40	54.1%	74	100.0%	74	100.0%
			3	14	37.8%	1	2.7%	8	21.6%	14	37.8%	37	100.0%	38	100.0%
		집단 합계		54	26.7%	10	5.0%	48	23.8%	90	44.6%	202	100.0%	203	100.0%
	한남고	C3	1	21	32.3%	9	13.8%	13	20.0%	22	33.8%	65	100.0%	66	100.0%
			2	28	27.7%	20	19.8%	17	16.8%	36	35.6%	101	100.0%	102	100.0%
			3	8	23.5%	9	26.5%	6	17.6%	11	32.4%	34	100.0%	34	100.0%
		집단 합계		57	28.5%	38	19.0%	36	18.0%	69	34.5%	200	100.0%	202	100.0%
	한남대	C3	1	12	18.2%	16	24.2%	15	22.7%	23	34.8%	66	100.0%	68	100.0%
			2	25	23.1%	21	19.4%	26	24.1%	36	33.3%	108	100.0%	109	100.0%
			3	3	15.0%	3	15.0%	5	25.0%	9	45.0%	20	100.0%	21	100.0%
		집단 합계		40	20.6%	40	20.6%	46	23.7%	68	35.1%	194	100.0%	198	100.0%
	한여고	C3	1	25	36.8%	12	17.6%	11	16.2%	20	29.4%	68	100.0%	68	100.0%
			2	27	29.0%	15	16.1%	21	22.6%	30	32.3%	93	100.0%	93	100.0%
			3	7	29.2%	5	20.8%	6	25.0%	6	25.0%	24	100.0%	24	100.0%
		집단 합계		59	31.9%	32	17.3%	38	20.5%	56	30.3%	185	100.0%	185	100.0%
	한여대	C3	1	17	21.8%	20	25.6%	18	23.1%	23	29.5%	78	100.0%	79	100.0%
			2	25	24.8%	19	18.8%	28	27.7%	29	28.7%	101	100.0%	101	100.0%
			3	4	22.2%	6	33.3%	3	16.7%	5	27.8%	18	100.0%	18	100.0%
		집단 합계		46	23.4%	45	22.8%	49	24.9%	57	28.9%	197	100.0%	198	100.0%
표 합계				446	28.1%	236	14.9%	320	20.2%	586	36.9%	1588	100.0%	1612	100.0%

모르는 사람과 함께 있을 때와 축하선물(아는 사람)

CLASS				C63								집단 합계		표 합계	
				1		2		3		4					
				빈도	행 %	빈도	행 %	빈도	행 %	빈도	행 %	빈도	행 %	빈도	행 %
일남고	C3	1		22	33.3%	8	12.1%	11	16.7%	25	37.9%	66	100.0%	66	100.0%
		2		26	25.5%	15	14.7%	18	17.6%	43	42.2%	102	100.0%	102	100.0%
		3		6	21.4%	6	21.4%	6	21.4%	10	35.7%	28	100.0%	28	100.0%
	집단 합계			54	27.6%	29	14.8%	35	17.9%	78	39.8%	196	100.0%	196	100.0%
일남대	C3	1		12	16.7%	7	9.7%	7	9.7%	46	63.9%	72	100.0%	73	100.0%
		2		13	14.8%	13	14.8%	16	18.2%	46	52.3%	88	100.0%	90	100.0%
		3		6	20.7%	4	13.8%	7	24.1%	12	41.4%	29	100.0%	29	100.0%
	집단 합계			31	16.4%	24	12.7%	30	15.9%	104	55.0%	189	100.0%	192	100.0%
일여고	C3	1		15	16.5%	12	13.2%	23	25.3%	41	45.1%	91	100.0%	91	100.0%
		2		11	11.2%	12	12.2%	21	21.4%	54	55.1%	98	100.0%	98	100.0%
		3		3	9.1%	4	12.1%	4	12.1%	22	66.7%	33	100.0%	33	100.0%
	집단 합계			29	13.1%	28	12.6%	48	21.6%	117	52.7%	222	100.0%	222	100.0%
일여대	C3	1		10	11.0%	10	11.0%	23	25.3%	48	52.7%	91	100.0%	91	100.0%
		2		5	6.8%	7	9.5%	12	16.2%	50	67.6%	74	100.0%	74	100.0%
		3		6	16.2%	2	5.4%	9	24.3%	20	54.1%	37	100.0%	38	100.0%
	집단 합계			21	10.4%	19	9.4%	44	21.8%	118	58.4%	202	100.0%	203	100.0%
한남고	C3	1		9	13.8%	16	24.6%	9	13.8%	31	47.7%	65	100.0%	66	100.0%
		2		4	4.0%	20	19.8%	15	14.9%	62	61.4%	101	100.0%	102	100.0%
		3		3	8.8%	7	20.6%	2	5.9%	22	64.7%	34	100.0%	34	100.0%
	집단 합계			16	8.0%	43	21.5%	26	13.0%	115	57.5%	200	100.0%	202	100.0%
한남대	C3	1		7	10.6%	20	30.3%	16	24.2%	23	34.8%	66	100.0%	68	100.0%
		2		13	12.0%	28	25.9%	12	11.1%	55	50.9%	108	100.0%	109	100.0%
		3		1	5.0%	3	15.0%	6	30.0%	10	50.0%	20	100.0%	21	100.0%
	집단 합계			21	10.8%	51	26.3%	34	17.5%	88	45.4%	194	100.0%	198	100.0%
한여고	C3	1		10	14.7%	18	26.5%	9	13.2%	31	45.6%	68	100.0%	68	100.0%
		2		7	7.5%	19	20.4%	24	25.8%	43	46.2%	93	100.0%	93	100.0%
		3		3	12.5%	8	33.3%	2	8.3%	11	45.8%	24	100.0%	24	100.0%
	집단 합계			20	10.8%	45	24.3%	35	18.9%	85	45.9%	185	100.0%	185	100.0%
한여대	C3	1		3	3.8%	26	33.3%	21	26.9%	28	35.9%	78	100.0%	79	100.0%
		2		8	8.0%	32	32.0%	16	16.0%	44	44.0%	100	100.0%	101	100.0%
		3		3	16.7%	5	27.8%	3	16.7%	7	38.9%	18	100.0%	18	100.0%
	집단 합계			14	7.1%	63	32.1%	40	20.4%	79	40.3%	196	100.0%	198	100.0%
표 합계				207	13.0%	303	19.1%	292	18.4%	785	49.5%	1587	100.0%	1612	100.0%

주거의 종류와 양친에 대한 인사

A1		D1		D61 1 빈도	1 행 %	2 빈도	2 행 %	3 빈도	3 행 %	4 빈도	4 행 %	5 빈도	5 행 %	6 빈도	6 행 %	집단 합계 빈도	집단 합계 행 %	표 합계 빈도	표 합계 행 %
A1	JMH	D1	1	5	2.6%	20	10.5%	8	4.2%	20	10.5%	6	3.1%	132	69.1%	191	100.0%	192	100.0%
			4									2	50.0%	2	50.0%	4	100.0%	4	100.0%
		집단 합계		5	2.6%	20	10.3%	8	4.1%	20	10.3%	8	4.1%	134	68.7%	195	100.0%	196	100.0%
	JMU	D1	1	2	2.1%	3	3.1%	1	1.0%	9	9.4%			81	84.4%	96	100.0%	100	100.0%
			2	1	2.0%	2	3.9%			1	2.0%			47	92.2%	51	100.0%	52	100.0%
			3	1	5.9%			1	5.9%	1	5.9%			14	82.4%	17	100.0%	19	100.0%
			4	1	6.7%									14	93.3%	15	100.0%	15	100.0%
		집단 합계		5	2.8%	5	2.8%	2	1.1%	11	6.1%			156	87.2%	179	100.0%	186	100.0%
	JWH	D1	1	6	2.7%	5	2.3%	6	2.7%	39	17.7%			164	74.5%	220	100.0%	222	100.0%
		집단 합계		6	2.7%	5	2.3%	6	2.7%	39	17.7%			164	74.5%	220	100.0%	222	100.0%
	JWU	D1	1	4	3.1%	1	.8%	4	3.1%	31	24.4%			87	68.5%	127	100.0%	128	100.0%
			2					1	2.2%	5	10.9%			40	87.0%	46	100.0%	47	100.0%
			3							1	20.0%			4	80.0%	5	100.0%	5	100.0%
			4	1	4.8%			1	4.8%	4	19.0%			15	71.4%	21	100.0%	22	100.0%
		집단 합계		5	2.5%	1	.5%	6	3.0%	41	20.6%			146	73.4%	199	100.0%	202	100.0%
	KMH	D1	1	28	15.1%	3	1.6%	62	33.3%	12	6.5%			81	43.5%	186	100.0%	191	100.0%
			2					1	100.0%							1	100.0%	1	100.0%
			3	4	44.4%			2	22.2%					3	33.3%	9	100.0%	9	100.0%
			4	1	20.0%			2	40.0%					2	40.0%	5	100.0%	5	100.0%
		집단 합계		33	16.4%	3	1.5%	67	33.3%	12	6.0%			86	42.8%	201	100.0%	206	100.0%
	KMU	D1	1	10	13.0%			23	29.9%	7	9.1%			37	48.1%	77	100.0%	80	100.0%
			2	7	17.9%			10	25.6%					22	56.4%	39	100.0%	39	100.0%
			3	4	12.5%	1	3.1%	6	18.8%	1	3.1%			20	62.5%	32	100.0%	32	100.0%
			4	7	16.3%	1	2.3%	12	27.9%					23	53.5%	43	100.0%	45	100.0%
		집단 합계		28	14.7%	2	1.0%	51	26.7%	8	4.2%			102	53.4%	191	100.0%	196	100.0%
	KWH	D1	1	16	9.6%	2	1.2%	86	51.8%	20	12.0%			42	25.3%	166	100.0%	167	100.0%
			2					1	100.0%							1	100.0%	1	100.0%
			3					3	75.0%					1	25.0%	4	100.0%	5	100.0%
			4					3	42.9%					4	57.1%	7	100.0%	7	100.0%
		집단 합계		16	9.0%	2	1.1%	93	52.2%	20	11.2%			47	26.4%	178	100.0%	180	100.0%
	KWU	D1	1	14	12.5%	3	2.7%	56	50.0%	4	3.6%			35	31.3%	112	100.0%	116	100.0%
			2	1	7.1%			6	42.9%	3	21.4%			4	28.6%	14	100.0%	15	100.0%
			3					14	42.4%	4	12.1%			15	45.5%	33	100.0%	33	100.0%
			4	2	5.9%	1	2.9%	13	38.2%	3	8.8%			15	44.1%	34	100.0%	34	100.0%
		집단 합계		17	8.8%	4	2.1%	89	46.1%	14	7.3%			69	35.8%	193	100.0%	198	100.0%
표 합계				115	7.4%	42	2.7%	322	20.7%	165	10.6%	8	.5%	905	58.1%	1557	100.0%	1612	100.0%

주거의 종류와 양친의 인사

				D62													집단 합계		표 합계	
				1		2		3		4		5		6						
				빈도	행 %	빈도	행 %	빈도	행 %	빈도	행 %	빈도	행 %	빈도	행 %	빈도	행 %	빈도	행 %
A1	JMH	D1	1	9	4.7%	11	5.8%	12	6.3%	41	21.5%	17	8.9%	101	52.9%	191	100.0%	192	100.0%
			4									1	25.0%	3	75.0%	4	100.0%	4	100.0%
		집단 합계		9	4.6%	11	5.6%	12	6.2%	41	21.0%	18	9.2%	104	53.3%	195	100.0%	196	100.0%
	JMU	D1	1	2	2.1%	3	3.1%			24	24.7%	3	3.1%	65	67.0%	97	100.0%	100	100.0%
			2	1	2.0%			1	2.0%	4	7.8%	2	3.9%	43	84.3%	51	100.0%	52	100.0%
			3	1	5.9%			1	5.9%	3	17.6%	1	5.9%	11	64.7%	17	100.0%	19	100.0%
			4	1	6.7%					1	6.7%			13	86.7%	15	100.0%	15	100.0%
		집단 합계		5	2.8%	3	1.7%	2	1.1%	32	17.8%	6	3.3%	132	73.3%	180	100.0%	186	100.0%
	JWH	D1	1	4	1.8%	5	2.3%	6	2.7%	66	30.0%	18	8.2%	121	55.0%	220	100.0%	222	100.0%
		집단 합계		4	1.8%	5	2.3%	6	2.7%	66	30.0%	18	8.2%	121	55.0%	220	100.0%	222	100.0%
	JWU	D1	1	5	4.0%	1	.8%	2	1.6%	45	35.7%	7	5.6%	66	52.4%	126	100.0%	128	100.0%
			2							12	26.1%	2	4.3%	32	69.6%	46	100.0%	47	100.0%
			3	1	20.0%									4	80.0%	5	100.0%	5	100.0%
			4							1	4.8%	6	28.6%	14	66.7%	21	100.0%	22	100.0%
		집단 합계		6	3.0%	1	.5%	3	1.5%	63	31.8%	9	4.5%	116	58.6%	198	100.0%	202	100.0%
	KMH	D1	1	21	11.2%	5	2.7%	58	30.9%	60	31.9%	11	5.9%	33	17.6%	188	100.0%	191	100.0%
			2			1	100.0%									1	100.0%	1	100.0%
			3	2	22.2%			3	33.3%	2	22.2%	1	11.1%	1	11.1%	9	100.0%	9	100.0%
			4	1	20.0%			3	60.0%	1	20.0%					5	100.0%	5	100.0%
		집단 합계		24	11.8%	6	3.0%	64	31.5%	63	31.0%	12	5.9%	34	16.7%	203	100.0%	206	100.0%
	KMU	D1	1	7	9.1%			18	23.4%	27	35.1%	7	9.1%	18	23.4%	77	100.0%	80	100.0%
			2			3	7.7%	7	17.9%	15	38.5%	1	2.6%	13	33.3%	39	100.0%	39	100.0%
			3	1	3.4%	2	6.9%	5	17.2%	7	24.1%	2	6.9%	12	41.4%	29	100.0%	32	100.0%
			4	2	4.7%	1	2.3%	8	18.6%	21	48.8%			11	25.6%	43	100.0%	45	100.0%
		집단 합계		10	5.3%	6	3.2%	38	20.2%	70	37.2%	10	5.3%	54	28.7%	188	100.0%	196	100.0%
	KWH	D1	1	15	9.0%	3	1.8%	67	40.4%	45	27.1%	5	3.0%	31	18.7%	166	100.0%	167	100.0%
			2					1	100.0%							1	100.0%	1	100.0%
			3					2	40.0%	3	60.0%					5	100.0%	5	100.0%
			4					2	28.6%	3	42.9%			2	28.6%	7	100.0%	7	100.0%
		집단 합계		15	8.4%	3	1.7%	72	40.2%	51	28.5%	5	2.8%	33	18.4%	179	100.0%	180	100.0%
	KWU	D1	1	10	8.8%	1	.9%	38	33.3%	41	36.0%	3	2.6%	21	18.4%	114	100.0%	116	100.0%
			2	1	6.7%	1	6.7%	4	26.7%	7	46.7%			2	13.3%	15	100.0%	15	100.0%
			3	1	3.0%			12	36.4%	7	21.2%			13	39.4%	33	100.0%	33	100.0%
			4	3	8.8%			8	23.5%	18	52.9%	1	2.9%	4	11.8%	34	100.0%	34	100.0%
		집단 합계		15	7.7%	2	1.0%	62	31.6%	73	37.2%	4	2.0%	40	20.4%	196	100.0%	198	100.0%
표 합계				88	5.6%	37	2.4%	259	16.6%	459	29.4%	82	5.3%	635	40.7%	1560	100.0%	1612	100.0%

현관에서 구두를 벗는가와 양친에 대한 인사

				D61														집단 합계		표 합계	
				1		2		3		4		5		6							
				빈도	행 %	빈도	행 %	빈도	행 %	빈도	행 %	빈도	행 %	빈도	행 %	빈도	행 %	빈도	행 %	빈도	행 %
A1	JMH	D2	1	5	2.6%	20	10.6%	8	4.2%	19	10.1%	6	3.2%	131	69.3%	189	100.0%	190	100.0%
			2									2	40.0%	3	60.0%	5	100.0%	5	100.0%
		집단 합계		5	2.6%	20	10.3%	8	4.1%	19	9.8%	8	4.1%	134	69.1%	194	100.0%	195	100.0%
	JMU	D2	1	3	1.7%	5	2.8%	2	1.1%	11	6.3%			155	88.1%	176	100.0%	182	100.0%
			2	2	66.7%									1	33.3%	3	100.0%	3	100.0%
		집단 합계		5	2.8%	5	2.8%	2	1.1%	11	6.1%			156	87.2%	179	100.0%	185	100.0%
	JWH	D2	1	6	2.7%	5	2.3%	6	2.7%	39	17.7%			164	74.5%	220	100.0%	222	100.0%
		집단 합계		6	2.7%	5	2.3%	6	2.7%	39	17.7%			164	74.5%	220	100.0%	222	100.0%
	JWU	D2	1	5	2.5%	1	.5%	6	3.0%	40	20.2%			146	73.7%	198	100.0%	201	100.0%
			2							1	100.0%					1	100.0%	1	100.0%
		집단 합계		5	2.5%	1	.5%	6	3.0%	41	20.6%			146	73.4%	199	100.0%	202	100.0%
	KMH	D2	1	33	17.0%	3	1.5%	66	34.0%	12	6.2%			80	41.2%	194	100.0%	199	100.0%
			2					1	14.3%					6	85.7%	7	100.0%	7	100.0%
		집단 합계		33	16.4%	3	1.5%	67	33.3%	12	6.0%			86	42.8%	201	100.0%	206	100.0%
	KMU	D2	1	28	15.2%	2	1.1%	48	26.1%	8	4.3%			98	53.3%	184	100.0%	188	100.0%
			2					1	25.0%					3	75.0%	4	100.0%	5	100.0%
		집단 합계		28	14.9%	2	1.1%	49	26.1%	8	4.3%			101	53.7%	188	100.0%	193	100.0%
	KWH	D2	1	15	8.7%	2	1.2%	89	51.7%	20	11.6%			46	26.7%	172	100.0%	174	100.0%
			2	1	16.7%			4	66.7%					1	16.7%	6	100.0%	6	100.0%
		집단 합계		16	9.0%	2	1.1%	93	52.2%	20	11.2%			47	26.4%	178	100.0%	180	100.0%
	KWU	D2	1	16	8.6%	4	2.1%	85	45.5%	14	7.5%			68	36.4%	187	100.0%	192	100.0%
			2	1	16.7%			4	66.7%					1	16.7%	6	100.0%	6	100.0%
		집단 합계		17	8.8%	4	2.1%	89	46.1%	14	7.3%			69	35.8%	193	100.0%	198	100.0%
표 합계				115	7.4%	42	2.7%	322	20.7%	165	10.6%	8	.5%	905	58.1%	1557	100.0%	1612	100.0%

집안에서 앉는 방법과 양친에 대한 인사

| | | | | D61 | | | | | | | | | | | | 집단 합계 | | 표 합계 | |
			1		2		3		4		5		6						
			빈도	행 %	빈도	행 %	빈도	행 %	빈도	행 %	빈도	행 %	빈도	행 %	빈도	행 %	빈도	행 %
CLASS 일남고	D3	1	2	3.3%	9	15.0%	3	5.0%	2	3.3%	2	3.3%	42	70.0%	60	100.0%	60	100.0%
		2	2	2.9%	7	10.1%	4	5.8%	13	18.8%	2	2.9%	41	59.4%	69	100.0%	70	100.0%
		3	1	1.5%	4	6.2%	1	1.5%	5	7.7%	4	6.2%	50	76.9%	65	100.0%	65	100.0%
	집단 합계		5	2.6%	20	10.3%	8	4.1%	20	10.3%	8	4.1%	133	68.6%	194	100.0%	195	100.0%
일남대	D3	1	3	9.1%	1	3.0%	1	3.0%	1	3.0%			27	81.8%	33	100.0%	35	100.0%
		2			3	2.9%	1	1.0%	4	3.8%			96	92.3%	104	100.0%	105	100.0%
		3	2	4.7%	1	2.3%			6	14.0%			34	79.1%	43	100.0%	44	100.0%
	집단 합계		5	2.8%	5	2.8%	2	1.1%	11	6.1%			157	87.2%	180	100.0%	184	100.0%
일여고	D3	1	1	4.0%	2	8.0%	2	8.0%	3	12.0%			17	68.0%	25	100.0%	25	100.0%
		2	3	2.0%	2	1.4%	4	2.7%	30	20.3%			109	73.6%	148	100.0%	150	100.0%
		3	2	4.3%	1	2.1%			6	12.8%			38	80.9%	47	100.0%	47	100.0%
	집단 합계		6	2.7%	5	2.3%	6	2.7%	39	17.7%			164	74.5%	220	100.0%	222	100.0%
일여대	D3	1	1	2.6%			1	2.6%	9	23.7%			27	71.1%	38	100.0%	40	100.0%
		2	1	1.0%			4	3.8%	17	16.3%			82	78.8%	104	100.0%	105	100.0%
		3	3	5.4%	1	1.8%	1	1.8%	15	26.8%			36	64.3%	56	100.0%	56	100.0%
	집단 합계		5	2.5%	1	.5%	6	3.0%	41	20.7%			145	73.2%	198	100.0%	201	100.0%
한남고	D3	1	8	18.6%	1	2.3%	12	27.9%	3	7.0%			19	44.2%	43	100.0%	44	100.0%
		2	15	14.9%			37	36.6%	6	5.9%			43	42.6%	101	100.0%	103	100.0%
		3	9	17.3%	2	3.8%	16	30.8%	2	3.8%			23	44.2%	52	100.0%	54	100.0%
	집단 합계		32	16.3%	3	1.5%	65	33.2%	11	5.6%			85	43.4%	196	100.0%	201	100.0%
한남대	D3	1	6	15.0%			9	22.5%	2	5.0%			23	57.5%	40	100.0%	43	100.0%
		2	16	13.4%	2	1.7%	31	26.1%	5	4.2%			65	54.6%	119	100.0%	120	100.0%
		3	6	18.8%			11	34.4%	1	3.1%			14	43.8%	32	100.0%	33	100.0%
	집단 합계		28	14.7%	2	1.0%	51	26.7%	8	4.2%			102	53.4%	191	100.0%	196	100.0%
한여고	D3	1	4	9.5%			23	54.8%	3	7.1%			12	28.6%	42	100.0%	42	100.0%
		2	6	6.7%	1	1.1%	47	52.8%	9	10.1%			26	29.2%	89	100.0%	90	100.0%
		3	7	13.5%	1	1.9%	25	48.1%	9	17.3%			10	19.2%	52	100.0%	53	100.0%
	집단 합계		17	9.3%	2	1.1%	95	51.9%	21	11.5%			48	26.2%	183	100.0%	185	100.0%
한여대	D3	1	4	11.1%			14	38.9%	4	11.1%			14	38.9%	36	100.0%	37	100.0%
		2	8	6.6%	4	3.3%	53	43.8%	10	8.3%			46	38.0%	121	100.0%	123	100.0%
		3	5	13.9%			22	61.1%					9	25.0%	36	100.0%	38	100.0%
	집단 합계		17	8.8%	4	2.1%	89	46.1%	14	7.3%			69	35.8%	193	100.0%	198	100.0%
표 합계			115	7.4%	42	2.7%	322	20.7%	165	10.6%	8	.5%	905	58.1%	1557	100.0%	1612	100.0%

초지일관과 손윗사람에 대한 시선

				D71								집단 합계		표 합계	
				1		2		3		4					
				빈도	행 %	빈도	행 %	빈도	행 %	빈도	행 %	빈도	행 %	빈도	행 %
CLASS	일남고	E4	1	29	37.2%	30	38.5%	11	14.1%	8	10.3%	78	100.0%	78	100.0%
			2	15	27.3%	29	52.7%	9	16.4%	2	3.6%	55	100.0%	55	100.0%
			3	23	37.7%	29	47.5%	3	4.9%	6	9.8%	61	100.0%	61	100.0%
		집단 합계		67	34.5%	88	45.4%	23	11.9%	16	8.2%	194	100.0%	194	100.0%
	일남대	E4	1	42	51.2%	31	37.8%	3	3.7%	6	7.3%	82	100.0%	82	100.0%
			2	11	31.4%	20	57.1%	1	2.9%	3	8.6%	35	100.0%	35	100.0%
			3	25	41.0%	30	49.2%	2	3.3%	4	6.6%	61	100.0%	61	100.0%
		집단 합계		78	43.8%	81	45.5%	6	3.4%	13	7.3%	178	100.0%	178	100.0%
	일여고	E4	1	29	38.7%	37	49.3%	1	1.3%	8	10.7%	75	100.0%	75	100.0%
			2	17	33.3%	30	58.8%			4	7.8%	51	100.0%	51	100.0%
			3	40	42.1%	42	44.2%	4	4.2%	9	9.5%	95	100.0%	95	100.0%
		집단 합계		86	38.9%	109	49.3%	5	2.3%	21	9.5%	221	100.0%	221	100.0%
	일여대	E4	1	47	51.1%	43	46.7%	1	1.1%	1	1.1%	92	100.0%	92	100.0%
			2	24	52.2%	17	37.0%	2	4.3%	3	6.5%	46	100.0%	46	100.0%
			3	28	45.9%	29	47.5%			4	6.6%	61	100.0%	61	100.0%
		집단 합계		99	49.7%	89	44.7%	3	1.5%	8	4.0%	199	100.0%	199	100.0%
	한남고	E4	1	10	14.5%	41	59.4%	14	20.3%	4	5.8%	69	100.0%	69	100.0%
			2	12	15.4%	42	53.8%	18	23.1%	6	7.7%	78	100.0%	78	100.0%
			3	5	10.0%	31	62.0%	8	16.0%	6	12.0%	50	100.0%	50	100.0%
		집단 합계		27	13.7%	114	57.9%	40	20.3%	16	8.1%	197	100.0%	197	100.0%
	한남대	E4	1	27	32.9%	41	50.0%	12	14.6%	2	2.4%	82	100.0%	82	100.0%
			2	16	21.9%	44	60.3%	11	15.1%	2	2.7%	73	100.0%	73	100.0%
			3	8	20.5%	23	59.0%	6	15.4%	2	5.1%	39	100.0%	39	100.0%
		집단 합계		51	26.3%	108	55.7%	29	14.9%	6	3.1%	194	100.0%	194	100.0%
	한여고	E4	1	12	26.1%	27	58.7%	6	13.0%	1	2.2%	46	100.0%	46	100.0%
			2	15	17.2%	57	65.5%	13	14.9%	2	2.3%	87	100.0%	87	100.0%
			3	6	11.8%	37	72.5%	5	9.8%	3	5.9%	51	100.0%	51	100.0%
		집단 합계		33	17.9%	121	65.8%	24	13.0%	6	3.3%	184	100.0%	184	100.0%
	한여대	E4	1	16	18.8%	52	61.2%	13	15.3%	4	4.7%	85	100.0%	86	100.0%
			2	18	22.2%	58	71.6%	5	6.2%			81	100.0%	81	100.0%
			3	5	16.7%	21	70.0%	1	3.3%	3	10.0%	30	100.0%	30	100.0%
		집단 합계		39	19.9%	131	66.8%	19	9.7%	7	3.6%	196	100.0%	197	100.0%
표 합계				484	30.8%	845	53.7%	150	9.5%	94	6.0%	1573	100.0%	1612	100.0%

초지일관과 손아래사람에 대한 시선

				D72								집단 합계		표 합계	
				1		2		3		4					
				빈도	행 %	빈도	행 %	빈도	행 %	빈도	행 %	빈도	행 %	빈도	행 %
CLASS	일남고	E4	1	28	35.9%	35	44.9%	7	9.0%	8	10.3%	78	100.0%	78	100.0%
			2	13	23.6%	27	49.1%	12	21.8%	3	5.5%	55	100.0%	55	100.0%
			3	20	32.8%	28	45.9%	2	3.3%	11	18.0%	61	100.0%	61	100.0%
		집단 합계		61	31.4%	90	46.4%	21	10.8%	22	11.3%	194	100.0%	194	100.0%
	일남대	E4	1	32	39.0%	39	47.6%	4	4.9%	7	8.5%	82	100.0%	82	100.0%
			2	10	28.6%	21	60.0%	1	2.9%	3	8.6%	35	100.0%	35	100.0%
			3	21	34.4%	34	55.7%	1	1.6%	5	8.2%	61	100.0%	61	100.0%
		집단 합계		63	35.4%	94	52.8%	6	3.4%	15	8.4%	178	100.0%	178	100.0%
	일여고	E4	1	29	38.7%	37	49.3%	1	1.3%	8	10.7%	75	100.0%	75	100.0%
			2	15	29.4%	31	60.8%			5	9.8%	51	100.0%	51	100.0%
			3	37	38.9%	44	46.3%	7	7.4%	7	7.4%	95	100.0%	95	100.0%
		집단 합계		81	36.7%	112	50.7%	8	3.6%	20	9.0%	221	100.0%	221	100.0%
	일여대	E4	1	44	47.8%	46	50.0%	1	1.1%	1	1.1%	92	100.0%	92	100.0%
			2	17	37.0%	24	52.2%	2	4.3%	3	6.5%	46	100.0%	46	100.0%
			3	20	32.8%	36	59.0%			5	8.2%	61	100.0%	61	100.0%
		집단 합계		81	40.7%	106	53.3%	3	1.5%	9	4.5%	199	100.0%	199	100.0%
	한남고	E4	1	26	37.7%	38	55.1%	1	1.4%	4	5.8%	69	100.0%	69	100.0%
			2	29	37.2%	38	48.7%	4	5.1%	7	9.0%	78	100.0%	78	100.0%
			3	15	30.0%	25	50.0%	2	4.0%	8	16.0%	50	100.0%	50	100.0%
		집단 합계		70	35.5%	101	51.3%	7	3.6%	19	9.6%	197	100.0%	197	100.0%
	한남대	E4	1	37	45.1%	39	47.6%	4	4.9%	2	2.4%	82	100.0%	82	100.0%
			2	21	28.8%	44	60.3%	4	5.5%	4	5.5%	73	100.0%	73	100.0%
			3	9	23.1%	22	56.4%	1	2.6%	7	17.9%	39	100.0%	39	100.0%
		집단 합계		67	34.5%	105	54.1%	9	4.6%	13	6.7%	194	100.0%	194	100.0%
	한여고	E4	1	25	54.3%	16	34.8%	1	2.2%	4	8.7%	46	100.0%	46	100.0%
			2	28	32.2%	53	60.9%			6	6.9%	87	100.0%	87	100.0%
			3	21	41.2%	24	47.1%	2	3.9%	4	7.8%	51	100.0%	51	100.0%
		집단 합계		74	40.2%	93	50.5%	3	1.6%	14	7.6%	184	100.0%	184	100.0%
	한여대	E4	1	24	28.2%	48	56.5%	6	7.1%	7	8.2%	85	100.0%	86	100.0%
			2	31	38.3%	47	58.0%	2	2.5%	1	1.2%	81	100.0%	81	100.0%
			3	8	26.7%	16	53.3%	1	3.3%	5	16.7%	30	100.0%	30	100.0%
		집단 합계		63	32.1%	111	56.6%	9	4.6%	13	6.6%	196	100.0%	197	100.0%
표 합계				564	35.9%	817	51.9%	66	4.2%	126	8.0%	1573	100.0%	1612	100.0%

전통의 존중과 손윗사람에 대한 시선

CLASS				D71								집단 합계		표 합계	
				1		2		3		4					
				빈도	행 %	빈도	행 %	빈도	행 %	빈도	행 %	빈도	행 %	빈도	행 %
CLASS	일남고	E5	1	48	40.3%	50	42.0%	13	10.9%	8	6.7%	119	100.0%	119	100.0%
			2	7	23.3%	15	50.0%	4	13.3%	4	13.3%	30	100.0%	30	100.0%
			3	12	26.1%	23	50.0%	7	15.2%	4	8.7%	46	100.0%	46	100.0%
		집단 합계		67	34.4%	88	45.1%	24	12.3%	16	8.2%	195	100.0%	195	100.0%
	일남대	E5	1	54	47.4%	49	43.0%	1	.9%	10	8.8%	114	100.0%	114	100.0%
			2	8	40.0%	9	45.0%	1	5.0%	2	10.0%	20	100.0%	20	100.0%
			3	16	36.4%	23	52.3%	4	9.1%	1	2.3%	44	100.0%	44	100.0%
		집단 합계		78	43.8%	81	45.5%	6	3.4%	13	7.3%	178	100.0%	178	100.0%
	일여고	E5	1	62	38.5%	78	48.4%	4	2.5%	17	10.6%	161	100.0%	161	100.0%
			2	3	37.5%	4	50.0%			1	12.5%	8	100.0%	8	100.0%
			3	21	40.4%	27	51.9%	1	1.9%	3	5.8%	52	100.0%	52	100.0%
		집단 합계		86	38.9%	109	49.3%	5	2.3%	21	9.5%	221	100.0%	221	100.0%
	일여대	E5	1	88	51.8%	73	42.9%	1	.6%	8	4.7%	170	100.0%	170	100.0%
			2	5	83.3%	1	16.7%					6	100.0%	6	100.0%
			3	6	27.3%	14	63.6%	2	9.1%			22	100.0%	22	100.0%
		집단 합계		99	50.0%	88	44.4%	3	1.5%	8	4.0%	198	100.0%	198	100.0%
	한남고	E5	1	21	13.1%	90	56.3%	36	22.5%	13	8.1%	160	100.0%	160	100.0%
			2	4	22.2%	12	66.7%	1	5.6%	1	5.6%	18	100.0%	18	100.0%
			3	2	10.5%	12	63.2%	3	15.8%	2	10.5%	19	100.0%	19	100.0%
		집단 합계		27	13.7%	114	57.9%	40	20.3%	16	8.1%	197	100.0%	197	100.0%
	한남대	E5	1	44	27.0%	88	54.0%	26	16.0%	5	3.1%	163	100.0%	163	100.0%
			2	3	20.0%	10	66.7%	2	13.3%			15	100.0%	15	100.0%
			3	4	23.5%	11	64.7%	1	5.9%	1	5.9%	17	100.0%	17	100.0%
		집단 합계		51	26.2%	109	55.9%	29	14.9%	6	3.1%	195	100.0%	195	100.0%
	한여고	E5	1	29	18.1%	106	66.3%	20	12.5%	5	3.1%	160	100.0%	160	100.0%
			2			7	87.5%	1	12.5%			8	100.0%	8	100.0%
			3	4	25.0%	8	50.0%	3	18.8%	1	6.3%	16	100.0%	16	100.0%
		집단 합계		33	17.9%	121	65.8%	24	13.0%	6	3.3%	184	100.0%	184	100.0%
	한여대	E5	1	33	20.5%	107	66.5%	17	10.6%	4	2.5%	161	100.0%	162	100.0%
			2	5	29.4%	11	64.7%	1	5.9%			17	100.0%	17	100.0%
			3	1	5.9%	12	70.6%	1	5.9%	3	17.6%	17	100.0%	17	100.0%
		집단 합계		39	20.0%	130	66.7%	19	9.7%	7	3.6%	195	100.0%	196	100.0%
표 합계				484	30.8%	845	53.7%	150	9.5%	94	6.0%	1573	100.0%	1612	100.0%

전통의 존중과 손아래 사람에 대한 시선

				D72								집단 합계		표 합계	
				1		2		3		4					
				빈도	행 %	빈도	행 %	빈도	행 %	빈도	행 %	빈도	행 %	빈도	행 %
CLASS	일남고	E5	1	40	33.6%	59	49.6%	7	5.9%	13	10.9%	119	100.0%	119	100.0%
			2	10	33.3%	10	33.3%	6	20.0%	4	13.3%	30	100.0%	30	100.0%
			3	11	23.9%	22	47.8%	8	17.4%	5	10.9%	46	100.0%	46	100.0%
		집단 합계		61	31.3%	91	46.7%	21	10.8%	22	11.3%	195	100.0%	195	100.0%
	일남대	E5	1	40	35.1%	62	54.4%	1	.9%	11	9.6%	114	100.0%	114	100.0%
			2	7	35.0%	8	40.0%	2	10.0%	3	15.0%	20	100.0%	20	100.0%
			3	16	36.4%	24	54.5%	3	6.8%	1	2.3%	44	100.0%	44	100.0%
		집단 합계		63	35.4%	94	52.8%	6	3.4%	15	8.4%	178	100.0%	178	100.0%
	일여고	E5	1	63	39.1%	78	48.4%	6	3.7%	14	8.7%	161	100.0%	161	100.0%
			2	1	12.5%	6	75.0%			1	12.5%	8	100.0%	8	100.0%
			3	17	32.7%	28	53.8%	2	3.8%	5	9.6%	52	100.0%	52	100.0%
		집단 합계		81	36.7%	112	50.7%	8	3.6%	20	9.0%	221	100.0%	221	100.0%
	일여대	E5	1	72	42.4%	88	51.8%	1	.6%	9	5.3%	170	100.0%	170	100.0%
			2	3	50.0%	3	50.0%					6	100.0%	6	100.0%
			3	6	27.3%	14	63.6%	2	9.1%			22	100.0%	22	100.0%
		집단 합계		81	40.9%	105	53.0%	3	1.5%	9	4.5%	198	100.0%	198	100.0%
	한남고	E5	1	63	39.4%	82	51.3%	4	2.5%	11	6.9%	160	100.0%	160	100.0%
			2	3	16.7%	9	50.0%	2	11.1%	4	22.2%	18	100.0%	18	100.0%
			3	4	21.1%	10	52.6%	1	5.3%	4	21.1%	19	100.0%	19	100.0%
		집단 합계		70	35.5%	101	51.3%	7	3.6%	19	9.6%	197	100.0%	197	100.0%
	한남대	E5	1	58	35.6%	89	54.6%	8	4.9%	8	4.9%	163	100.0%	163	100.0%
			2	6	40.0%	6	40.0%	1	6.7%	2	13.3%	15	100.0%	15	100.0%
			3	3	17.6%	11	64.7%			3	17.6%	17	100.0%	17	100.0%
		집단 합계		67	34.4%	106	54.4%	9	4.6%	13	6.7%	195	100.0%	195	100.0%
	한여고	E5	1	69	43.1%	76	47.5%	1	.6%	14	8.8%	160	100.0%	160	100.0%
			2	2	25.0%	6	75.0%					8	100.0%	8	100.0%
			3	3	18.8%	11	68.8%	2	12.5%			16	100.0%	16	100.0%
		집단 합계		74	40.2%	93	50.5%	3	1.6%	14	7.6%	184	100.0%	184	100.0%
	한여대	E5	1	54	33.5%	89	55.3%	7	4.3%	11	6.8%	161	100.0%	162	100.0%
			2	6	35.3%	10	58.8%			1	5.9%	17	100.0%	17	100.0%
			3	3	17.6%	11	64.7%	2	11.8%	1	5.9%	17	100.0%	17	100.0%
		집단 합계		63	32.3%	110	56.4%	9	4.6%	13	6.7%	195	100.0%	196	100.0%
표 합계				564	35.9%	817	51.9%	66	4.2%	126	8.0%	1573	100.0%	1612	100.0%

경어의 사용 빈도와 양친에 대한 인사

				D61													집단 합계		표 합계	
				1		2		3		4		5		6						
				빈도	행 %	빈도	행 %	빈도	행 %	빈도	행 %	빈도	행 %	빈도	행 %	빈도	행 %	빈도	행 %
A1	JMH F4	1		2	2.0%	6	6.1%	3	3.0%	11	11.1%	3	3.0%	74	74.7%	99	100.0%	100	100.0%
		2		2	2.4%	13	15.5%	5	6.0%	8	9.5%	2	2.4%	54	64.3%	84	100.0%	84	100.0%
		3				1	10.0%					3	30.0%	6	60.0%	10	100.0%	10	100.0%
		집단 합계		4	2.1%	20	10.4%	8	4.1%	19	9.8%	8	4.1%	134	69.4%	193	100.0%	194	100.0%
	JMU F4	1		3	2.6%	4	3.5%	2	1.8%	8	7.0%			97	85.1%	114	100.0%	114	100.0%
		2		1	1.8%	1	1.8%			2	3.5%			53	93.0%	57	100.0%	58	100.0%
		3		1	33.3%									2	66.7%	3	100.0%	3	100.0%
		집단 합계		5	2.9%	5	2.9%	2	1.1%	10	5.7%			152	87.4%	174	100.0%	175	100.0%
	JWH F4	1		1	1.1%	3	3.4%	4	4.6%	20	23.0%			59	67.8%	87	100.0%	87	100.0%
		2		5	4.1%	2	1.6%	2	1.6%	19	15.4%			95	77.2%	123	100.0%	125	100.0%
		3												6	100.0%	6	100.0%	6	100.0%
		집단 합계		6	2.8%	5	2.3%	6	2.8%	39	18.1%			160	74.1%	216	100.0%	218	100.0%
	JWU F4	1		4	3.3%	1	.8%	6	4.9%	25	20.3%			87	70.7%	123	100.0%	124	100.0%
		2		1	1.5%					14	20.6%			53	77.9%	68	100.0%	68	100.0%
		3												2	100.0%	2	100.0%	2	100.0%
		집단 합계		5	2.6%	1	.5%	6	3.1%	39	20.2%			142	73.6%	193	100.0%	194	100.0%
	KMH F4	1		7	14.6%	2	4.2%	15	31.3%	4	8.3%			20	41.7%	48	100.0%	49	100.0%
		2		24	17.0%	1	.7%	47	33.3%	8	5.7%			61	43.3%	141	100.0%	142	100.0%
		3		1	20.0%			2	40.0%					2	40.0%	5	100.0%	5	100.0%
		집단 합계		32	16.5%	3	1.5%	64	33.0%	12	6.2%			83	42.8%	194	100.0%	196	100.0%
	KMU F4	1		17	15.7%	2	1.9%	31	28.7%	4	3.7%			54	50.0%	108	100.0%	110	100.0%
		2		11	13.9%			18	22.8%	4	5.1%			46	58.2%	79	100.0%	81	100.0%
		3						2	50.0%					2	50.0%	4	100.0%	4	100.0%
		집단 합계		28	14.7%	2	1.0%	51	26.7%	8	4.2%			102	53.4%	191	100.0%	195	100.0%
	KWH F4	1		3	6.4%			28	59.6%	5	10.6%			11	23.4%	47	100.0%	47	100.0%
		2		11	9.0%	1	.8%	61	50.0%	14	11.5%			35	28.7%	122	100.0%	123	100.0%
		3		1	33.3%			1	33.3%					1	33.3%	3	100.0%	3	100.0%
		집단 합계		15	8.7%	1	.6%	90	52.3%	19	11.0%			47	27.3%	172	100.0%	173	100.0%
	KWU F4	1		7	9.2%	3	3.9%	35	46.1%	4	5.3%			27	35.5%	76	100.0%	79	100.0%
		2		8	7.1%	1	.9%	53	47.3%	9	8.0%			41	36.6%	112	100.0%	113	100.0%
		3		1	25.0%			1	25.0%	1	25.0%			1	25.0%	4	100.0%	4	100.0%
		집단 합계		16	8.3%	4	2.1%	89	46.4%	14	7.3%			69	35.9%	192	100.0%	196	100.0%
표 합계				115	7.4%	42	2.7%	322	20.7%	165	10.6%	8	.5%	905	58.1%	1557	100.0%	1612	100.0%

◀ 著者略歴 ▶

韓国外国語大学校(碩士)
漢陽大学校(博士)
日本国立国語研究所 研究員
現在 群山大学校 人文大 日文科 教授(日語学)

◀ 主要論文 ▶

「現代 韓・日 兩言語의 待遇表現의 比較 考察」
「日本語의 敬語表現 構造와 分析」
「異文化圈間의 커뮤니케이션」

異文化圈間의 커뮤니케이션
-韓·日間의 言語的·非言語的 表現을 中心으로-

◉ 2004년 6월 17일 초판 발행
◉ 2004년 6월 22일 1판 1쇄 발행
◉ 지은이 : 고대곤
◉ 펴낸이 : 윤석산
◉ 펴낸곳 : 도서출판 語文學社
◉ 표지디자인 : 조선경
◉ 편집디자인 : 조선경
◉ 등록일자 : 2004년 4월 6일
◉ 등록번호 : 제 7-276호
◉ 주소 : 서울 도봉구 쌍문동 525-13
　　　　 TEL. (02) 998-0094 FAX. (02) 998-2286
　　　　 URL http://www.amhbook.com
　　　　 E-mail am@amhbook.com

ISBN 89-91222-27-7 93730